21世纪远程教育精品教材·经济与管理系列

企业战略管理

主　编　邹昭晞

中国人民大学出版社

·北京·

“21 世纪远程教育精品教材”
编委会

总　序

我们正处在教育史，尤其是高等教育史上的一个重大的转型期。在全球范围内，包括在我们中华大地，以校园课堂面授为特征的工业化社会的近代学校教育体制，正在向基于校园课堂面授的学校教育与基于信息通信技术的远程教育相互补充、相互整合的现代终身教育体制发展。一次性学校教育的理念已经被持续性终身学习的理念所替代。在高等教育领域，从 1088 年欧洲创立博洛尼亚（Bologna）大学以来，21 世纪以前的各国高等教育基本是沿着精英教育的路线发展的，这也包括自 19 世纪末创办京师大学堂以来我国高等教育短短一百多年的发展史。然而，自 20 世纪下半叶起，尤其在迈进 21 世纪时，以多媒体计算机和互联网为主要标志的电子信息通信技术正在引发教育界的一场深刻的革命。高等教育正在从精英教育走向大众化、普及化教育，学校教育体系正在向终身教育体系和学习型社会转变。在我国，党的十六大明确了全面建设小康社会的目标之一就是构建学习型社会，即要构建由国民教育体系和终身教育体系共同组成的有中国特色的现代教育体系。

教育史上的这次革命性转型绝不仅仅是科学技术进步推动的。诚然，以电子信息通信技术为主要代表的现代科学技术的进步，为实现从校园课堂面授向开放远程学习、从近代学校教育体制向现代终身教育体制和学习型社会的转型提供了物质技术基础。但是，教育形态演变的深层次原因在于人类社会经济发展和社会生活变革的需求。恰在这次世纪之交，人类社会开始进入基于知识经济的信息社会。知识创新与传播及应用、人力资源开发与人才培养已经成为各国提高经济实力、综合国力和国际竞争力的关键和基础。而这些仅仅依靠传统学校课堂面授教育体制是无法满足的。此外，国际社会面临的能源、环境与生态危机，气候异常，数字鸿沟与文明冲突，对物种多样性与文化多样性的威胁等多重全球挑战，也只有依靠世界各国进一步深化教育改革与创新，促进人与自然的和谐发展才能得到解决。正因为如此，我国党和政府提出了“科教兴国”、“可持续发展”、“西部大开发”、“缩小数字鸿沟”以及“人与自然和谐发展”的“科学发展观”等基本国策。其中，对教育作为经济建设的重要战略地位和基础性、全局性、前瞻性产业的确认，对高等教育对于知识创新与传播及应用、人力资源开发与人才培养的重大意义的关注，以及对发展现代教育技术、现代远程教育和教育信息化并进而推动国民教育体系现代化，构建终身教育体系和学习型社会的决策更得到了教育界和全社会的共识。

在上述教育转型与变革时期，中国人民大学一直走在我国大学的前列。中国人民大学是一所以人文、社会科学和经济管理为主，兼有信息科学、环境科学等的综合性、研究型大学。长期以来，中国人民大学充分利用自身的教育资源优势，在办好全日制高等教育的同时，一直积极开展远程教育和继续教育。中国人民大学在我国首创函授高等教育。1952 年，校长吴玉章和成仿吾创办函授教育的报告得到了刘少奇的批复，并于 1953 年率先招生授课，为新建的共和国培养了一大批急需的专门人才。在 20 世纪 90 年代末，中国人民大学成立了网络教育学院，成为我国首批现代远程教育试点高校之一。经过短短几年的探索和发展，中国人民大学网络教育学院创建的“网上人大”品牌，被远程教育界、媒体和社会誉为网络远程教育的“人大模式”——面向在职成人，利用网络学习资源和虚拟学习社区，支持分布式学习和协作学习的现代远程教育模式。成立于1955年的中国人民大学出版社是新中国建立后最早成立的大学出版社之一，是教育部指定的全国高等学校文科教材出版中心。在过去的几年中，中国人民大学出版社与中国人民大学网络教育学院合作策划、创作出版了国内第一套极富特色的“21世纪远程教育精品教材”。这些凝聚了中国人民大学、北京大学、北京师范大学等北京知名高校学者教授、教育技术专家、软件工程师、教学设计师和编辑们广博才智的精品课程系列教材，以印刷版、光盘版和网络版立体化教材的范式探索构建全新的远程学习优质教育资源，实现先进的教育教学理念与现代信息通信技术的有效结合。这些教材已经被国内其他高校和众多网络教育学院所选用。中国人民大学出版社基于“出教材学术精品，育人文社科英才”理念的努力探索及其初步成果已经得到了我国远程教育界的广泛认同，是值得肯定的。

2005年4月，我被邀请出席《中国远程教育》杂志与中国人民大学出版社联合主办的“远程教育教材的共建共享与一体化设计开发”研讨会并做主旨发言，会后受中国人民大学出版社的委托为“21世纪远程教育精品教材”撰写“总序”，这是我的荣幸。近几年来，我一直关注包括中国人民大学网络教育学院在内的我国高校现代远程教育试点工程。这次更有机会全面了解和近距离接触中国人民大学出版社推出的“21世纪远程教育精品教材”及其编创人员。我想将我在上述研讨会上发言的主旨作进一步的发挥，并概括为若干原则作为我对包括中国人民大学出版社、中国人民大学网络教育学院在内的我国网络远程教育优质教育资源建设的期待和展望：

● 21世纪远程教育精品教材的教学内容要更加适应大众化高等教育面对在职成人、定位在应用型人才培养上的需要。

● 21世纪远程教育精品教材的教学设计要更加适应地域分散、特征多样的远程学生自主学习的需要，培养适应学习型社会的终身学习者。

● 在我国网络教学环境渐趋完善之前，印刷教材及其配套教学光盘依然是远程教材的主体，是多种媒体教材的基础和纽带，其教学设计应该给予充分的重视。要在印刷教材的显要部位对课程教学目标和要求作明确、具体、可操作的陈述，要清晰地指导远程学生如何利用多种媒体教材进行自主学习和协作学习。

● 应组织相关人员对多种媒体的远程教材进行一体化设计和开发，要注重发挥多种媒体教材各自独特的教学功能，实现优势互补。要特别注重对学生学习活动、教学交互、学习评价及其反馈的设计和实现。

● 要将对多种媒体远程教材的创作纳入对整个远程教育课程教学系统的一体化设计和开发中去，以便使优质的教材资源在优化的教学系统、平台和环境中，在有效的教学模式、学习策略和学习支助服务的支撑下获得最佳的学习成效。

● 要充分发挥现代远程教育工程试点高校各自的学科资源优势，积极探索网络远程教育优质教材资源共建共享的机制和途径。

中华人民共和国教育部远程教育专家顾问

丁兴富

前 言

《企业战略管理》是应中国人民大学网络教育学院之约，与“企业战略管理”课程相配套、适宜本科生使用的教材。本书的编写基础是我于2001年年初在经济管理出版社出版的《企业战略分析》。该教材2005年再版，2008年第三版，并于2006年获批北京市精品教材，国内一些大学还将它列为“经典教材”。此次，本书保留了《企业战略分析》的主要框架，针对本科生的特点对原教材中过于深奥的经济学推理的内容进行了删减，加入了大量更加贴切、更加鲜活的案例，并且每章给出要点提示、关键概念和案例分析，以满足学生的使用。

为了适应教学的需要，本书的结构采用“战略分析——战略选择——战略实施”这样一种逻辑顺序，在内容的安排上尽可能对国内外战略管理理论各种学派的主要观点进行比较全面的阐述与总结。在阐述中本书注意运用对比、归纳等手段，区别于对原著的简单引用，以便帮助读者更好地理解战略管理学家们深刻的思想内涵。例如，分别从计划性和应变性解释企业战备传统概念和现代概念的本质内涵；采用对比的方式分析企业差异化战略与成本领先战略的竞争地位、优势、应用条件和风险；运用归纳的方式研究产业结构分析中购买者与供应者讨价还价能力的来源；分别从克服零散以获得规模经济、保持差异化特色、目标集聚等几个角度展开对零散产业中企业的战略分析等。

对于近年来国内外学者在企业战备研究中日益完善的理论和方法，本书做了较为广泛的介绍与阐述。例如，对波特提出的产业中战略群体理念做了进一步延伸；对波特基本竞争战略以“战略钟”形式进行概括；在竞争战略中加入对“蓝海战略”的阐述；在产业环境研究中加入产业演变、产业集聚；在阐述波特价值链理念的基础上，对“价值链”、“供应链”、“价值系统（产业链)”做了区分等。

根据“企业战略管理”课程特点，本书引用了较多的实例，将这些实例的阐述融入主干内容的阐述之中。为了加强教学的实践环节，本书各章还配以一些案例，这些案例来源于多个渠道：有不少取自我近年来承接各类政府与企业课题的研究报告、专家点评，有些来源于近年来所辅导的MBA论文，也有些来自我讲授的MBA课堂上学员们的作业，还有些参考了各种媒体提供的资料。

本书适于作为经济管理类“企业战略管理”课程的教材，也可作为企业管理人员培训的参考教材。

作者

目录

第一章

导论

本章要点提示

- 企业战略的定义
- 企业的使命与目标
- 企业战略的层次
- 企业战略管理过程

本章内容引言

本章是企业战略分析的基础。从企业战略的两类定义入手，阐述企业战略的本质内涵；进而阐述企业的使命与目标的基本概念及相互关系，企业战略三个层次的基本概念和战略构成要素；最后阐述战略管理的过程和战略问题管理。

第一节　企业战略的基本概念

一、企业战略的定义

对企业战略的定义有多种表述。一些学者将战略的概念用传统概念（广义定义）和现代概念（狭义定义）来分类。

（一）传统概念（广义定义）

哈佛大学教授波特（ M. Porter）教授对战略的定义堪称为企业战略传统定义的典型

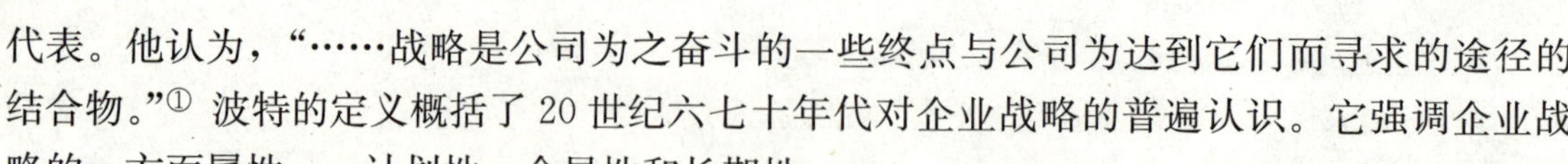

代表。他认为，“……战略是公司为之奋斗的一些终点与公司为达到它们而寻求的途径的结合物。”① 波特的定义概括了20世纪六七十年代对企业战略的普遍认识。它强调企业战略的一方面属性——计划性、全局性和长期性。

（二）现代概念（狭义定义）

20世纪80年代以来，由于企业外部环境变化速度的加快，使得以计划为基点的广义定义受到不少批评，于是战略的现代概念受到广泛的重视。

明兹伯格（H. Mintzberg）在1989年提出，以计划为基点将企业战略视为理性计划的产物是不完整的，企业中许多成功战略是在事先无计划的情况下产生的。他将战略定义为“一系列或整套的决策或行动方式”②，这套方式包括刻意安排的（计划性）战略和任何临时出现的（非计划性）战略。

许多学者开始研究组织的有限理性，并将重点放在组织在不可预测的或未知的内外部因素约束下的适应性上。日本一桥大学教授伊丹敬之认为，“……它（战略）决定公司业务活动的框架并对协调活动提供指导，以使公司能应付并影响不断变化的环境。战略将公司偏爱的环境和它希望成为的组织类型结合起来。”③

从字面上看，现代概念与传统概念的主要区别在于，现代概念认为战略只包括为达到企业的终点而寻求的途径，而不包括企业终点本身。但是，从本质上看，现代概念更强调战略的另一方面属性——应变性、竞争性和风险性。

事实上，公司大部分战略是事先的计划和突发应变的组合。“战略既是预先性的（预谋战略），又是反应性的（适应性战略）”。换言之，“战略制定的任务包括制定一个策略计划，即预谋战略，然后随着事情的进展不断对其进行调整。一个实际的战略是管理者在公司内外各种情况不断暴露的过程中不断规划和再规划的结果。”④

例如，山东东星表业公司是一家专业生产钛合金和高档不锈钢表壳的企业，年产180万套表壳，90%的产品出口到欧美、日本等发达国家和地区市场。在国际金融危机的冲击下，在世界手表销售数量持续下滑、计时行业萎靡不振的严峻形势下，东星及时调整产品结构，适应国际需求的变化，销售收入和利润仍能稳中有升，订单连续不断，工厂满负荷生产，比较好地防范了国际金融危机的冲击。东星表业公司能够在危机面前从容应对，是公司长期树立“应机”战略思维、不断适应环境变化的必然结果。

在当今瞬息万变的环境里，公司战略意味着企业要采取主动态势预测未来、影响变化，而不仅是被动地对变化做出反应。企业只有在变化中不断调整发展战略，保持健康的发展活力，并将这种活力转变成惯性，通过有效的战略不断表达出来，才能获得并持续强化竞争优势，构筑企业的成功。

进入21世纪后，许多巨型跨国公司进行的战略调整就体现了战略上述两种属性的结合。面对经济全球化的强烈冲击和错综复杂的外部竞争环境，跨国公司正在适时地调整全球战略。作为全球消费类电子、家电业翘楚的索尼在产品层面上也做出了向娱乐、媒体和

---

① ［美］迈克尔·波特，陈小悦译：《竞争战略》，北京，华夏出版社，1997。

② ［英］托马斯·加拉文、杰拉德·菲茨杰拉尔德、迈克·莫利，马春光等译：《企业分析》，上海，上海三联书店，1997。

③ Itami，H. Mobilizing Invisible Assets，Cambridge，MA：Harvard University Press，1987.

④ ［美］汤姆森等，段盛华等译：《战略管理》，北京，北京大学出版社，2000。

网络供应商的转变，而业内专家认为其面临的转型压力不仅仅是产品层面的，而是已到了业务战略调整的临界点。它应该把自己从制造商的定位中解脱出来，逐步过渡到服务供应商的角色。其他企业如 IBM、诺基亚、CA 等也都没有懈怠。[①]

二、公司的使命与目标

对于波特在《竞争战略》中所提出的公司“终点”的概念，有的公司愿意使用“使命”或者“目的”，也有的公司用“使命”与“目标”加以区别。在这里，我们将企业生存、发展、获利等根本性目的作为公司使命的一部分，将公司的使命作为目标的前提，将公司目标作为使命的具体化。

(一) 公司的使命

公司的使命首先是要阐明企业组织的根本性质与存在理由，一般包括以下三个方面。

1. 公司目的

公司目的特别是指公司的经济目的。公司的生存、发展、获利等三个经济目的决定着企业的战略方向。

例如，国有企业的性质、目的的确定直接影响着企业的产业结构与产品结构；又如，面对金融危机，不少企业将企业目的调整为“过冬”，即将生存放在第一位。在不同的时期，企业生存、发展、获利不同目的的定位影响着企业的战略方向。

2. 公司宗旨

公司宗旨旨在阐述公司长期的战略意向，其具体内容主要是说明公司目前和未来所要从事的经营业务范围。美国学者德鲁克（Drucker）认为，提出“公司的业务是什么”，也就等于提出了“公司的宗旨是什么”。公司的业务范围应包括企业的产品（或服务）、顾客对象、市场和技术几个方面。

例如，20 世纪 60 年代诺基亚成为法国公司通信产品的代理商，70 年代进入移动电话设备制造行业。20 世纪 80 年代又进一步扩张，进入电视机、电脑、塑料、电力等行业。1990 年其行业分布为：电子 29%；机械与电缆 24%；数据产品 21%；移动电话 11%；通信系统 10%；基础工业 8%。1991 年苏联解体对芬兰经济造成极大影响，诺基亚陷入空前的困境。1992 年，新任总裁奥利拉果断采取了归核化战略，选定数字式移动电话为核心业务，逐步出售其他业务。在移动电话的发展上，又集中力量发展研究与开发能力，而将大部分零部件生产都外包出去；在地域市场上则积极进入像中国这样的新兴市场。1996 年，诺基亚成为全球第一位移动电话制造商。1999 年，诺基亚在全球移动电话市场的占有率为 26%[②]，2001 年这一数值接近 40%。[③] 2002—2003 年，由于手机价格不断下降，使得诺基亚的销售额逐渐减少，已经处于全球领先的移动电话制造商诺基亚又决定将调整产品结构，重点开发的产品包括照相手机、游戏控制台及企业市场设备等，公司最大的部门仍是手机业务部。这是诺基亚 1999—2003 年进行的最大一次战略调整，决定公司未来的命运。[④]

---

① 慧聪商务网，2004-01-09。

② 康荣平：《大型跨国公司战略新趋势》，北京，经济科学出版社，2001。

③ 《太平洋电脑网》，2002-12-31。

④ 《金融时报》，2003-12-18。

又如，北京燕京啤酒公司将其市场开发战略定位为：巩固北京市场、逐步扩大华北市场、全面开发全国市场、分期进入国际市场。这一市场定位显示出燕京稳坐行业老大的信心①。

再如，2001 年美国商业零售业巨子“沃尔玛”以家庭财富超过了微软，位于全球经济 500 强之首。有人说，这是传统企业重新取代以微软为代表的新经济，成为美国经济增长的火车头。事实上，这里的传统产业已经不是本来意义上的传统产业，沃尔玛在 20 世纪 80 年代初花 4 亿美元买卫星，到 20 世纪 90 年代初，沃尔玛在电脑和卫星通信系统上的投资达 7 亿美元。高科技的运用使一个传统企业取得了惊人的发展，它不仅能使管理者随时控制进货和出货，降低成本，让自己的每一美元以最快的速度增值，而且，它带来了传统行业管理理念的全新变革，验证了如今网络业最流行的一句话：“e 化的传统企业等于成功”。

3. 经营哲学

经营哲学是公司为其经营活动方式所确立的价值观、基本信念和行为准则，是企业文化的高度概括。经营哲学主要通过公司对利益相关者的态度、公司提倡的共同价值观、政策和目标以及管理风格等方面体现出来，它制约着公司的经营范围和经营效果。

1981 年初，韦尔奇（J. Welch）出任美国通用电气公司（GE）第八任总裁。他领导了对 GE 的深刻改革。他提出了“数一数二原则”：

（1）市场领导。任何业务必须在该行业市场上居第一或第二的位置，否则将出售或关闭重组。

（2）股东权益报酬率≥18%。

（3）明显的竞争优势。

（4）GE 特定优势——大型资本密集、复杂项目等的相关运用。经过近十年的改革重组，GE 的业务单位由 300 多个小的产品事业部、46 个战略经营单位收编至 11 个公司，管理层由 9 层减为 4 层，高级经理从 700 人减至 400 人，公司总部职员从2 100人减至1 000人，员工总数从 40 万人减至 30 万人。

20 世纪 80 年代末，GE 把“数一数二”原则扩展至全球市场。经过多年的努力，GE 将海外营业额占总营业额的比重，从 1980 年的 15%提高到 1994 年的 20%，又提高到 1997 年的 45%，2001 年为 31.7%。

我国青岛海信公司明确提出，不把进入世界 500 强作为公司的主要目标。海信公司认为，为了进入世界 500 强，企业对销售额的追求不亚于在计划体制下对产值的追求。海信公司在这样的经营哲学指导下，实施稳健经营的发展思路。稳健的经营思路体现在三个方面：

（1）稳健的财务制度。海信集团设立单独的统管集团财务的部门，各集团子公司都没有权利干涉财务部门，所以规避了发生财务漏洞的风险。

（2）稳健的经营策略。从这几年的财报来看，海信的资产负债率保持在 45%左右，维持在相当良性的状态。

（3）稳健的战略目标。海信集团对每一个重大的策略都会进行严格的认证，杜绝冒进

① 《北京晚报》，2001-06-19。

措施。

在这几方面稳健发展的基础上，海信公司实现了利润的稳定增长①。

(二) 公司的目标

公司目标是公司使命和战略展望的具体化。德鲁克对企业目标作了恰如其分的概括：各项目标必须从“我们的企业是什么，它将会是什么，它应该是什么”引导出来。它们不是一种抽象，而是行动的承诺，借以实现企业的使命，同时也是一种用以衡量工作成绩的标准。换句话说，目标是企业的基本战略②。

公司目标是一个体系。一般包括战略目标、财务目标和年度目标三个层次。建立目标体系的目的是将公司的使命转换成明确具体的业绩目标，从而使得公司的进展有一个可以测度的标准。

从整个公司的角度来看，需要建立两种类型的业绩标准：一是与战略业绩有关的标准；二是与财务业绩有关的标准。获取良好的战略业绩和良好的财务业绩要求公司的管理层既要建立战略目标体系又要建立财务目标体系。

1. 战略目标

战略目标体系的建立目的在于：获取足够的市场份额；在产品质量、客户服务或产品革新等方面压倒竞争对手；使整体成本低于竞争对手的成本；提高公司在客户中的声誉，在国际市场上建立更强大的立足点；建立技术上的领导地位，获得持久的竞争优势，抓住每一次成长机会，等等。

2. 财务目标

财务目标体系表明公司必须致力于：市场占有率、收益增长率、满意的投资回报率；股利增长率、股票价格评价、良好的现金流、公司的信任度等。

3. 年度目标

战略目标体系和财务目标体系都应该从长期目标和近期目标两个角度体现出来。长期目标体系主要是促使公司的管理者考虑现在应该采取什么行动，才能使公司在相当长的一段时期内保持一种良好的经营状态；短期目标体系则主要是集中精力提高公司的短期经营业绩。

年度目标是指企业实施战略的年度作业目标，是战略实施过程中一种必要的手段，是企业短期目标的具体体现。它与企业的长期目标有着内在联系，为监督和控制企业的绩效提供具体的可以衡量的依据，具有较强的可操作性。

目标体系的建立需要所有管理者的参与。公司中的每一个单元都必须有一个具体的、可测度的业绩目标，其中，各个单元的目标必须与整个公司的目标相匹配。如果整个公司的目标体系分解成了各个组织单元和低层管理者的明确具体的分目标，那么，在整个公司中就会形成一种以结果为导向的气氛。如果公司内部对所作所为混沌无知，那么，公司将一事无成。最理想的情形是，建立团队合作精神，组织中的每一个单元都努力完成其职责范围内的任务，从而为公司经营目标的实现和公司战略的实施作出应有的贡献。

■ 三、企业战略的层次

在军事上，习惯于用战略和战术（或称之为策略）来区分不同层次和范围的决策，前者

---

① 胡春民、胡洪森：《平板“海信现象”：国内外市场齐头并进》，载《中国电子报》，2007-06-01。

② 李令德等：《企业战略管理》，上海，华东理工大学出版社，1998。

多指最高统帅对某次战略或重大战役的整体部署，而后者指某一将领或指挥人员对某一次战斗行动的具体策划。而在企业战略范畴内，通常不是用战略和战术对上述问题做出处理，而是将战略分为三个层次：公司战略（corporate strategy）、业务战略（business strategy）和职能战略（functional strategy）。

(一) 公司战略

公司战略，又称总体战略。在大中型企业里，特别是多种经营的企业里，公司战略是企业最高层次的战略。它需要根据企业的目标，选择企业可以竞争的经营领域，合理配置企业经营所必需的资源，使各项经营业务相互支持、相互协调。公司战略常常涉及整个企业的财务结构和组织结构方面的问题。图 1—1 描述了业务多元化公司战略的核心要素①。

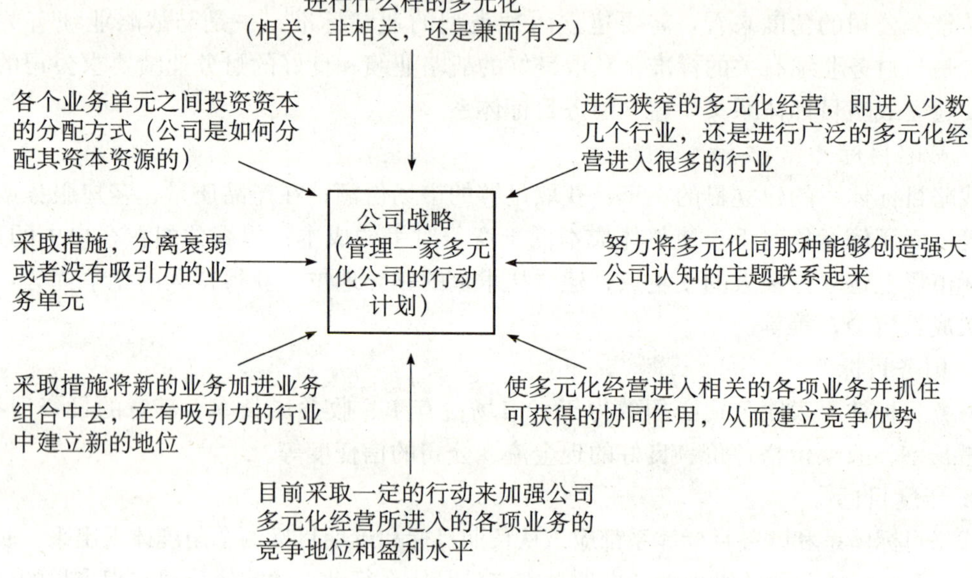

图 1—1 公司战略的核心要素

(二) 业务战略

公司的二级战略常常被称作业务战略或竞争战略。业务战略涉及各业务单位的主管以及辅助人员。这些经理人员的主要任务是将公司战略所包括的企业目标、发展方向和措施具体化，形成本业务单位具体的竞争与经营战略。业务战略要针对不断变化的外部环境，在各自的经营领域中有效竞争。为了保证企业的竞争优势，各经营单位要有效地控制资源的分配和使用。对于一家单业务公司来说，公司战略和业务战略只有一个，合二为一；只有对业务多元化的公司来说，公司战略和业务战略的区分才有意义。图 1—2 展示了业务战略的核心要素②。

(三) 职能战略

职能战略，又称职能层战略，主要涉及企业内各职能部门，如营销、财务、生产、研发、人力资源、信息技术等，如何更好地配置企业内部资源，为各级战略服务，提高组织效率。

---

①② ［美］汤姆森等，段盛华等译：《战略管理》，北京，北京大学出版社，2000。

各职能部门的主要任务不同，关键变量也不同，即使在同一职能部门里，关键变量的重要性也因经营条件不同而有所变化，因而难以归纳出一般性的职能战略。

在职能战略中，协同作用具有非常重要的意义。这种协同作用首先体现在单个的职能中各种活动的协调性与一致性，其次是体现在各个不同职能战略和业务流程或活动之间的协调性与一致性。图1—2左下角表示职能战略的基本内容以及职能战略与业务战略的关系。

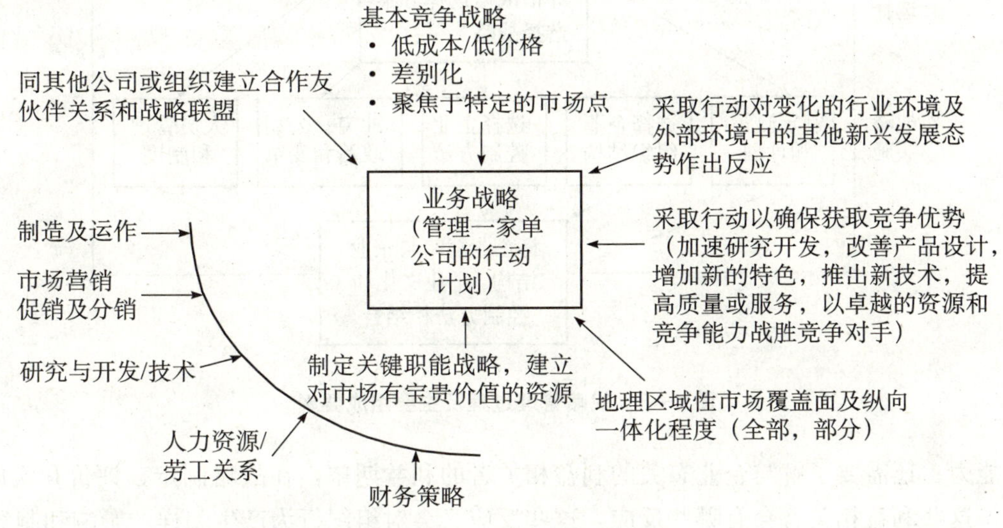

图1—2 业务战略的核心要素

三个层次的战略都是企业战略管理的重要组成部分，但侧重点和影响的范围有所不同。

第二节 企业战略的管理

一、战略管理过程

一般说来，战略管理包含三个关键要素：战略分析——了解组织所处的环境和相对竞争地位；战略选择——战略制定、评价和选择；战略实施——采取措施使战略发挥作用。图1—3是战略管理过程及主要组成要素的示意图，它给出了战略管理过程的大致构架，可以作为理解战略管理过程的向导①。

（一）战略分析

战略分析的主要目的是评价影响企业目前和今后发展的关键因素，并确定在战略选择步骤中的具体影响因素。战略分析包括三个主要方面：

（1）确定企业的使命和目标。企业使命和目标为企业战略的制定和评估提供依据。

（2）外部环境分析。战略分析要了解企业所处的环境正在发生哪些变化，这些变化给企业将带来更多的机会还是更多的威胁。外部环境包括宏观环境和微观环境两个层次。

（3）内部条件分析。战略分析还要了解企业自身所处的相对地位，具有哪些资源以及

① ［英］托马斯·加拉文、杰拉德·菲茨杰拉尔德、迈克·莫利：《企业分析》，上海，上海三联书店，1997。

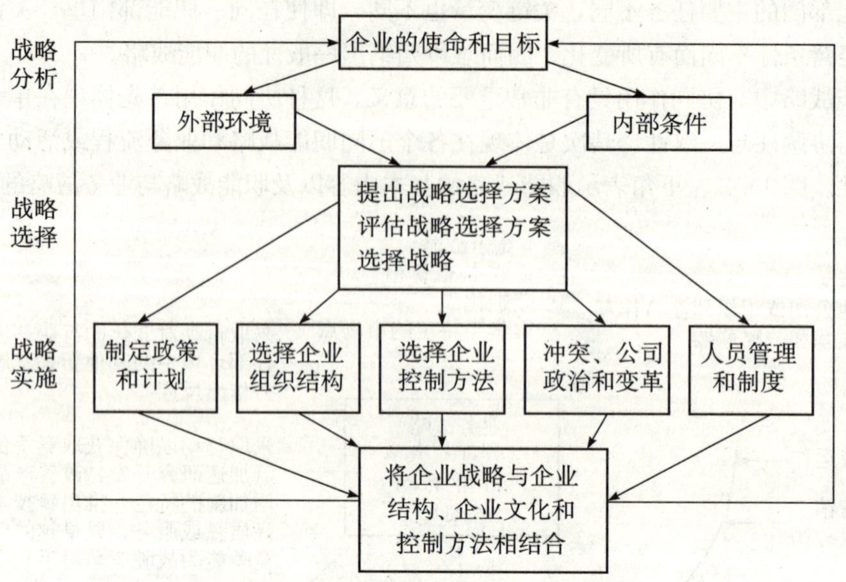

图1—3 战略管理过程及主要组成要素

战略能力；还需要了解与企业有关的利益相关者的利益期望，在战略制定、评价和实施过程中，这些利益相关者会有哪些反应，这些反应又会对组织行为产生怎样的影响和制约。

（二）战略选择

战略分析阶段明确了“企业目前处于什么位置”，战略选择阶段所要回答的问题是“企业向何处发展”。约翰逊和施乐斯（Johnson & Scholes）在1989年提出了战略选择过程的四个组成部分①。

1. 制定战略选择方案

在制定战略过程中，可供选择的方案越多越好。根据不同层次管理人员介入战略分析和战略选择工作的程度，可以将战略形成的方法分为三种形式：

（1）自上而下的方法。即先由企业总部的高层管理人员制定企业的总体战略，然后由下属各部门根据自身的实际情况将企业的总体战略具体化，形成系统的战略方案。

（2）自下而上的方法。在制定战略时，企业最高管理层对下属部门不作具体规定，而要求各部门积极提交战略方案。企业最高管理层在各部门提交的战略方案基础上，加以协调和平衡，对各部门的战略方案进行必要的修改后加以确认。

（3）上下结合的方法。即企业最高管理层和下属各部门的管理人员共同参与，通过上下级管理人员的沟通和磋商，制定出适宜的战略。三种方法的主要区别在于战略制定中对集权与分权程度的把握。企业可以从对企业整体目标的保障、对中下层管理人员积极性的发挥以及企业各部门战略方案的协调等多个角度考虑，选择适宜的战略制定方法。

2. 评估战略备选方案

评估备选方案通常使用两个标准：一是考虑选择的战略是否发挥了企业的优势，克服了劣势，是否利用了机会，将威胁削弱到最低程度；二是考虑选择的战略能否被企业利益

---

① ［英］托马斯·加拉文、杰拉德·菲茨杰拉尔德、迈克·莫利：《企业分析》，上海，上海三联书店，1997。

相关者所接受。需要指出的是，实际上并不存在最佳的选择标准，经理们和利益相关团体的价值观和期望在很大程度上影响着战略的选择。此外，对战略的评估最终还要落实到战略收益、风险和可行性分析的财务指标上。

3. 选择战略

选择战略即最终的战略决策，确定准备实施的战略。如果由于用多个指标对多个战略方案的评价产生不一致时，最终的战略选择可以考虑以下几种方法：

（1）根据企业目标选择战略。企业目标是企业使命的具体体现，因而，选择对实现企业目标最有利的战略方案。

（2）提交上级管理部门审批。对于中下层机构的战略方案，提交上级管理部门能够使最终选择方案更加符合企业整体战略目标。

（3）聘请外部机构。聘请外部咨询专家进行战略选择工作，利用专家们广博和丰富的经验，给出较客观的说法。

4. 战略政策和计划

制定有关研究与开发、资本需求和人力资源方面的政策和计划。

（三）战略实施

战略实施就是将战略转化为行动，主要涉及以下一些问题：如何在企业内部各部门和各层次间分配及使用现有的资源；为了实现企业目标，还需要获得哪些外部资源以及如何使用；为了实现既定的战略目标，需要对组织结构做哪些调整；如何处理可能出现的利益再分配与企业文化的适应问题，如何进行企业文化管理，以保证企业战略的成功实施等等。

企业战略的实践表明，战略制定固然重要，战略实施同样重要。

一个良好的战略仅仅是战略成功的一部分，如果又能保证有效地实施这一战略，企业的战略目标就能够顺利地实现。本章第一节曾介绍了两个成功的实例——1992 年诺基亚的“归核化”战略与 1981 年 GE 公司所推行的深刻战略变革，两个战略的成功都是良好的战略与有效的实施相结合的必然结果。

但是，如果对一个良好的战略贯彻实施很差，就只会导致事与愿违，甚至失败的结果。例如，美国在 1951—1975 年间，180 家跨国公司购并外国公司而建立的 5 914 家国外子公司中，有 22.5%最终被清理和出售，13%被并入其他的子公司，购并的失败率达到 35.5%。这些失败的案例，并非全部归咎于购并战略本身的决策失误，有不少是由于实施购并战略的过程中，没有处理好利益分配与文化协调等原因所致。

另外，如果企业没能够完善地制定出合适的战略，但是在战略实施中，能够克服原有战略的不足之处，那么也有可能最终完善与成功。例如，1985 年美国可口可乐公司准备改变沿用了 99 年之久的老配方，“再创可口可乐在世界饮料产业中的新纪录”，这一战略变革虽然也是建立在广泛的市场调查和产品试验的基础之上，但在实施过程中却遭到众多老顾客的强烈抗议。于是公司立即决定恢复老配方产品的生产，新配方可口可乐也同时继续生产。其结果是，新老顾客竞相购买可口可乐，销量比上年同期增长 8%。可口可乐公司在战略实施中及时调整不完善的战略变革方向，反而获得了更好的结果。

当然，如果对于一个不完善的战略选择，在实施中又不能随时调整，就只有失败。

事实上，战略制定与实施之间的界限正在逐渐模糊。

传统概念认为，由于专业化分工的结果，先制定后实施的顺序在战略管理过程中是顺理成章的事情，因而战略决策者与战略实施者的分离也是大多数企业的习惯做法。但是，这种状况的弊端也是显然的，例如，组织刚性化；制定与实施之间缺少信息的双向交流，容易产生“战略漂移”现象，战略制定者正确的战略思想难以被战略实施者理解和接受；实施过程中积累起来的知识与能力不能及时有效地反映在新一轮的战略形成过程之中；不利于在实施过程中及时根据环境变化对战略进行必要的微调。

战略的制定与实施开始从分离逐渐走向模糊，主要基于以下三个方面的原因：一是战略长期以来被动于环境的倾向正在向“战略在一定程度上能够控制或改变其环境状况”转化，这就要求战略制定者和战略实施者在动态变化的环境中，共同控制与影响环境；二是战略制定者与战略实施者之间的信息交流日益频繁，并且，随着战略者的范围由高层向中低层延伸，战略制定者与战略实施者呈现交叉甚至融合的态势；三是随着控制技术的不断发展和战略管理实践的变迁，企业组织结构逐渐向网络型过渡，这种企业内部组织结构与外部联系的网络化缩短了战略管理过程中制定与实施的距离，从组织结构上推动了制定与实施二者的同步。

■ 二、战略问题管理

战略问题是指那些对企业实现战略、达到目标的能力有重大影响的企业内部或外部即将出现的问题。它们可以是企业外部环境中新出现的机会或威胁；也可以是企业内部可以开发的优势或足以危及企业绩效甚至生存的劣势。

战略问题管理可以较好地处理好企业战略两重属性——计划性、长期性、全局性和应变性、风险性、竞争性的矛盾，将一些应变性的、临时性的重大战略问题从企业的长期战略规划中分离出来，单独进行分析与管理。这样，既可以避免对长期战略规划进行繁杂的、经常性的修订，又可以对战略问题迅速做出反应。

(一) 战略问题的判定标准

判定战略问题是战略问题管理的重要组成部分，并不是所有的战略问题都值得进行管理。

1. 问题的重要性

如果该问题对企业或社会影响不大，不很重要，就没有必要当做战略问题处理。

2. 问题与战略相关的程度

如果出现的问题与企业战略不相关，即使它对整个社会很重要，企业也不需要考虑对它进行管理。例如，对于一些政治事件，即波特称之为“临时性变故”的一些问题，虽然对整个社会影响很大，但是对大多数企业来说，这些问题不是战略相关的，因而没有必要作为战略问题进行管理。

3. 能否对问题采取行动

如果该问题具有战略相关性，但企业不能对它采取行动或暂时不能采取行动，则只能关注这一问题的发展，等待解决的时机。例如，据世界银行报告，从20世纪60年代到20世纪70年代初，有22个资本出口国的1 535个公司受到76个国家511次征用[①]。对于被

① 徐二明：《国际企业管理概论》，北京，中国人民大学出版社，1995。

征用的跨国公司的子公司来说，虽然面临着巨大的生存威胁，但它们对此无能为力，也没有可能作为战略问题处理；但是对于其母公司来说，可以将这一问题作为战略问题，考虑从这一地区撤出后进入哪一地区。

4. 问题的紧迫性

在问题性质重要、与战略相关、可采取行动的情况下，企业应优先处理比较紧急的问题。例如，在2003年，我国一些地区暴发“非典”疫情，给不同行业的企业带来的影响是不同的，但不管是机遇还是风险，对于许多企业来说，都是相当紧迫的问题。有些企业能抓住这一紧迫的问题，把握住了可能的机遇或回避了可能的风险；有些企业却未能及时处理好这一问题，只能被动地应付“非典”带来的意外变化。

（二）战略问题管理过程

战略问题管理过程与整个战略管理过程是一致的，只是将一些意外的问题单独处理而已，一般分为五个阶段。

（1）判定问题。企业可以从相互依存和影响的环境因素与企业内部各职能领域之间的变化上找出问题，并按前述的判定标准分析问题对整个企业可能的影响，同时将所判定的战略问题整理分类，按重要程度加以排序。

（2）分析问题。分析的方法有：1）战略问题寿命周期分析。从过去、现在和将来分析问题的发展趋势。这种方法适合于企业全面综合地描述比较大的问题。2）战略问题分解。将战略问题逐层分解，有针对性地收集有助于做出判断的数据，研究各个层次的问题以及它们对企业战略的影响，系统、翔实地掌握企业的战略问题。3）假设分析。从相关利益群体角度，对战略问题提出正反两方面的假设，然后评估这些假设的重要程度和可靠程度。

（3）提出与战略问题相关的战略。如果这些问题所牵涉的面较广，则应考虑制定总体战略；如果问题只涉及局部单位，则可只制定相应的局部战略。

（4）战略的实施。

（5）衡量与反馈。

◀本章小结▶

· 企业战略的两种概念——传统概念（广义定义）和现代概念（狭义定义）事实上是战略二重性的体现。传统概念强调战略的长期性、计划性、全局性；现代概念更强调战略的应变性、竞争性和风险性。

· 企业为之奋斗的终点可以分为使命和目标两个层次，使命是目标的前提，目标是使命的具体化。

· 战略管理可以分为公司战略、业务战略和职能战略三个层次。三个层次的战略都是企业战略管理的重要组成部分，但其战略构成要素和影响的范围有所不同。

· 战略管理过程分为“战略分析——战略选择——战略实施”三个部分。这是战略管理的一般思维逻辑。本书的结构也是按照这一逻辑展开的。

· 战略问题管理是处理战略二重性矛盾的一种好方法。

 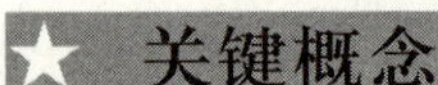

★ 关键概念

企业战略传统概念 战略是公司为之奋斗的目标与公司为达到目标而寻求的途径的结合物。

企业战略现代概念 一系列或整套的决策或行动方式。

使命 阐明企业组织的根本性质与存在理由，一般包括公司目的、公司宗旨、公司经营哲学三个方面。

目标 公司使命的具体化，包括战略目标、财务目标、年度目标三个层次。

公司战略 企业最高层次的战略。主要构成要素：一是经营范围；二是资源配置。

业务战略 又称竞争战略，公司的二级战略。涉及各业务单位的主管以及辅助人员。主要构成要素：一是竞争优势；二是资源配置。

职能战略 又称职能层战略，主要涉及企业内各职能部门。主要构成要素：一是资源配置；二是协同作用。

企业战略管理过程 战略管理过程包含三个关键要素：战略分析、战略选择、战略实施。

战略问题 指那些对企业实现战略、达到目标的能力有重大影响的企业内部或外部即将出现的问题。它们可以是企业外部环境中新出现的机会或威胁；也可以是企业内部可以开发的优势或足以危害企业绩效以至生存的劣势。

案例分析

案例1—1 山东东星表业积极应对国际金融危机①

东星是一家专业生产钛合金和高档不锈钢表壳的企业，年产180万套表壳，90%的产品出口到欧美、日本等发达国家和地区。在国际金融危机的冲击下，在世界手表销量持续下滑、计时行业萎靡不振的严峻形势下，东星的销售收入和利润仍能稳中有升，订单不断，工厂满负荷生产，较好地防范了国际金融危机的冲击。

东星积极应对国际金融危机，注重经营体系建设的主要做法是：

(1) 优化产品结构。当美国次贷危机导致的金融危机开始影响欧美、日本等发达国家和地区市场的时候，东星决策层敏锐地察觉到国际金融市场的动荡很可能会影响到国际手表市场的消费能力。他们从手表销售景气报告中看到，低档表的销量持续下滑，而品牌价值高的中高档手表的销售状况一直保持平稳状态。因此，东星果断地对产品重新定位，调整了产品结构，将中高档表壳产量由占整个生产总量的60%调整到80%。目前，尽管总产量稍有降低，但总产值上升了20%。

(2) 加大技术革新力度。表壳制造业通常选用塑胶作为表壳的内罩，而东星通过技术攻关，克服尺寸匹配难度大的困难，成功开发并生产出不锈钢材质的表壳内罩。由于大幅提升了机芯固定在表壳中的准确性和稳定性，所以赢得了稳定的市场。

(3) 降低原材料生产成本。欧洲市场的男表表壳外径一般在50mm～60mm，内径在

① 徐克强：《山东东星表业：注重经营体系建设 多措并举应对挑战》，载《经济日报》，2008-11-25。

30mm～35mm，而部分坤表的表壳外径在 35mm 以内。以前，东星把钢板上裁截男表表壳后的材料作为废料处理了。现在，他们用这些边角余料加工小款坤表表壳，变废为宝，提高了原材料的利用率，节省的原材料费用占到整个坤表表壳价值的 30%。这个举措极大地降低了原材料生产成本。

(4) 不断开发适应市场要求的新产品。2006 年，应国际一家著名手表制造商的要求，东星先后为欧洲两支世界知名足球队设计制作了运动表的表壳。在保留了运动表手感好、防火、抗压、抗摔打等原有特点的前提下，又将时尚风格充分融入运动表壳的造型中，因此得到客户的赞赏。于是，东星能够制造高品质表壳的声誉在国际手表业引起关注。后来，另外一家欧洲手表制造商也慕名而来。这家手表制造商在为西亚地区某国家制造航空飞行员纪念表时，专门找到东星为其制造表壳。此外，东星还曾应香港地区客户的要求，为其制造了极富浓郁中国风情的特色表壳，该款特色表壳造型新颖独特。在应用传统数控机床加工难以达到对细微部位精准加工要求的时候，东星创新出不规则孔切割新技术，由此制造出来的产品满足了客户的要求。

(5) 坚持客户至上的服务原则。欧洲一家专走时尚路线的著名手表厂商，想在 2008 年 1 月举办的米兰时装周上推出自己的新款时装表。他们开出了一张 5 万套表壳的订单。但由于该新款时装表壳质量标准高，加工难度大，型号多，使世界上众多表壳生产厂商望而却步。通常，表壳制造需要造模、冲压、车钳、研磨、组立等多道必要生产工序，常规型号表壳制造时间为 40 天，加工难度较大的则要 50～60 天。为满足客户尽快推出新款时装表的要求，东星尽最大努力把制造时间缩短到 30 天，解决了客户的燃眉之急。随后，客户就把订单追加到了 7.5 万套。

(6) 拓展经营范围。2007 年 6 月，日本一家著名精密机械公司在淄博开业，急需寻求一家高品质的钣金加工供应商。此时，美国次贷危机的影响已经在国际市场显现。为避免单一表壳生产难以抵抗国际市场动荡的危险，东星决定开拓钣金加工这个生产项目，以稳定主业，拓展和垒实企业的盈利根基。在短短 3 个月内，克服了技术上的种种困难，根据客户的要求不断提升钣金加工质量，以细致周到的追踪服务，最终赢得了客户的长期订单。此外，他们还增加了生产计量器具、金表壳和成表组装等新项目，使企业新增加了多个盈利平台。

(7) 降低劳动力成本。在表壳制造行业，月产 20 万套表壳需要配置1 000名员工。东星长期致力于多的技能工的培养和高级技工的梯队建设，全体员工都掌握了两项跨工种技能，有 45%的员工还掌握了 3 项甚至更多的技能。由于多技能工队伍不断壮大，东星表业月产 20 万套表壳只需 800 人，使人力资源配置达到最优，大大降低了劳动力成本，提高了利润率。

(8) 注重以人为本的企业文化建设。东星始终坚定地认为人才是企业最重要的财富，企业要和员工共同成长。1997 年，东南亚发生金融危机时，东星的订单曾受到严重影响，甚至一度减少了 80%。在那段艰难的日子里，东星将保证员工收入当做第一任务，从企业积累中拨出专款支付员工工资，不但没有裁减一名员工，还保证工人不减少收入。由于企业聚合力大为增强，东星顺利渡过了东南亚金融危机的艰难时期。

面对此次国际金融危机，东星表示要坚定信心，克服不利因素，发挥经营体系建设比较完善的优势，积极应对国际金融危机的挑战。“不经历风雨怎么见彩虹？在国际金融危机结束的时候，东星一定会获得更大的发展空间。”总经理杨冰满怀信心地对记者说。

分析与思考

分析山东东星表业能够积极应对国际金融危机的成功之处。

东星表业公司能够在危机面前从容应对，成功之处在于：

（1）树立“应机”的战略思维。东星表业公司此次金融危机中能够及时调整产品结构，适应国际需求的变化，是此前公司不断开发适应市场要求的新产品、拓展经营范围等举措的自然延续，是公司长期树立“应机”战略思维、不断应对环境变化的必然结果。

（2）培育适应“应机”战略的核心竞争力。“应机”战略的实施，需要企业的核心竞争力作保障。东星表业公司为了能够适应国际市场变化莫测的经营环境，持之以恒地在提升企业的核心竞争力上下工夫：加大技术革新力度、降低原材料生产成本、降低劳动力成本、加强员工技能培训以及注重以人为本的企业文化建设等。通过不断的创造、学习和磨炼，东兴表业公司才能够多次在世界众多厂家望而却步的客户需求面前，“坚定信心，精神不倒，方寸不乱”，按质、按量、按时完成任务。

案例 1—2　公司使命表述①

海信公司

致力于电子信息技术的研究与应用，以卓越的产品与服务满足顾客的需求，提升人类社会生活品质。

万科公司

我们的宗旨——建筑无限生活

我们的愿景——成为中国房地产行业的领跑者

我们的核心价值观——创造健康丰盛的人生

麦当劳公司

麦当劳公司的使命是占领全球的食品服务业。在全球范围内处于统治地位以及在建立客户满意标准的同时，通过执行“服务便利·增加价值·履行承诺”的战略，提高市场占有率和盈利率。

微软公司

这样一个使命左右我们的一言一行：每个家庭的每台桌子上都有一台电脑，使用伟大的软件作为一种强大的工具。

英特尔公司

英特尔公司为计算机行业提供芯片、主板、系统和软件。英特尔的产品一向被看做是“建筑街区”，被用来为个人电脑用户建立高级的计算机系统。英特尔的使命就是要成为全球新计算机行业最重要的供应商。

---

① ［美］汤姆森等，段盛华等译：《战略管理》，北京，北京大学出版社，2000。

康柏计算机公司

成为所有客户细分市场上个人电脑和个人电脑服务最主要的供应商。

福特汽车公司

我们通过下列方式满足我们的客户：提供高质量的汽车和卡车；缩短新产品的问世时间；改善我们所有工厂和工艺过程的效率；建立我们同雇员、工会、特约经销商和供应商的团队合作精神。

埃克森公司

使我们的股东的投资安全可靠，得到上乘的收益和回报。

北京新长科国际有限公司

我们的使命：

· 注重质量

· 投资回报

· 员工福利

分析与思考

公司的使命包括哪些内容？为什么一些公司对于使命的表述不是很全面？

（1）公司使命要阐述公司的根本性质和存在理由，一般包括的内容有：企业目的，企业宗旨（产品或服务、顾客对象、市场、技术），经营哲学。

（2）一些公司使命的表述不是很全面，其原因有两个：

第一，考虑战略两种属性的关系。使命的表述抽象一些、务虚一些能够更好地适应不断变化的内外部环境，过于具体、过于完整可能会束缚公司实现终点途径的选择。特别是总公司的使命定位不要过于具体、完整，要为下属公司的战略选择留有空间。

第二，公司使命应该成为全体员工铭刻于心、朗朗上口、为之奋斗的前进方向。如果过于具体和冗长，则很难奏效。

案例1—3　北京北方华德尼奥普兰客车股份有限公司的使命与目标

公司使命

北京北方华德尼奥普兰客车股份有限公司以“让国人享受世界最好的公路乘载”为己任，以卓越诚信服务的业绩实现对社会的承诺，为出行者营造豪华、舒适、安全之环境，为城市交通增添现代、华丽、清新之风采。

公司曾经开创了中国豪华大客车生产之先河。公司将一如既往地站在中国客车发展的前沿，继续保持技术领先的优势，努力成为中国客车制造业的中坚力量。

公司将坚定不移地实施品牌发展战略，加大品牌建设力度；依据国家与北京市发展规划进一步拓展国内市场；积极努力寻求资源，优化整合产业链；并在适当时机，进军国际市场。公司将在发展中不断完善产权结构、组织体制和内部管理系统，构建开拓、进取、高效、拼搏的企业文化，力争用五年左右的时间，发展成为以高档豪华大客车为龙头，以中高档系列客车及低地板公交客车为两轮，建造多种车辆制造平台，形成产品多品种、宽系列、跨地区，集资本运营、产品经营、高科技投资于一体的、充分适应市场竞争的企业集团。

公司战略目标

·2003—2005年，调整巩固阶段。以高速公路豪华大客车为主打产品，做精现有业务，打造“北方华德尼奥普兰”品牌，进一步开拓国内市场；同时，借办奥运会这一契机，充分运用区位优势，开发北京高档公交客车市场。

·2006—2008年，发展创新阶段。在高速公路豪华大客车业务的基础上，确立“一业（高速公路豪华大客车业务）为主，两轮（低地板公交客车、中高档系列客车）并进”的发展模式，使企业做大做强，实现资本运营、高科技投资收益占到总收益的××%左右，成为国内具有绝对竞争力的客车龙头企业。

公司财务目标

·2003—2005年，平均每年生产销售车辆××辆，总投资量××亿元人民币，实现销售收入××亿元人民币，净利润××万元。

·2006—2008年，平均每年生产销售车辆××辆；总投资量××亿元人民币，实现销售收入××亿元人民币，净利润××万元。

分析与思考

（1）公司的使命是目标的前提，目标是使命的具体化。

（2）公司目标是一个体系。建立目标体系的目的是将公司的使命转换成明确具体的业绩目标，从而使得公司的进展有一个可以测度的标准。从整个公司的角度来看，需要建立两种类型的业绩标准：与财务业绩有关的业绩标准；与战略业绩有关的标准。获取良好的财务业绩和良好的战略业绩要求公司的管理层既建立财务目标体系又建立战略目标体系。

（3）本案例中使命的表述虽然很全面，但过于具体、冗长，应该加以提炼，使其更加精炼，能够更好地适应不断变化的内外部环境，成为公司全体员工铭刻于心、朗朗上口、为之奋斗的前进方向。“让国人享受世界最好的公路乘载”这一句话可以作为公司使命的主旋律。

第二章

企业外部环境分析

本章要点提示

- 宏观环境分析的主要因素——PEST 分析
- 产业五种竞争力
- 产业内的战略群体
- 产业的演变
- 产业集聚
- 市场需求分析
- 成功关键因素分析

本章内容引言

从企业战略角度分析企业的外部环境，是要把握环境的现状及变化趋势，利用有利于企业发展的机会，避开环境可能带来的威胁，这是企业谋求生存发展的首要问题。企业的外部环境分为宏观环境和微观环境。

第一节　宏观环境分析

一般说来，宏观环境因素可以概括为四类，即政治和法律环境（Political）、经济环境

(Economic)、社会文化和自然环境(Social)、技术环境(Technological),简称 PEST,如图 2—1 所示。

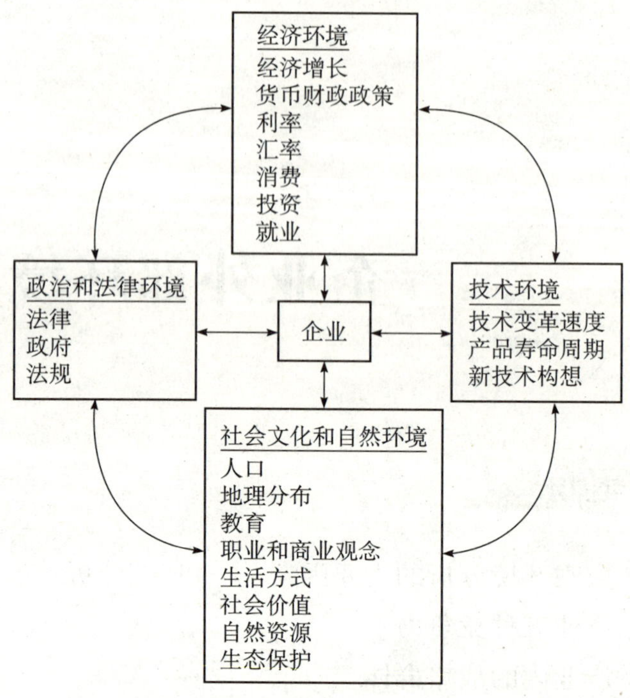

图 2—1 主要外部环境影响①

一、政治和法律环境

政治和法律环境是指那些制约和影响企业的政治要素和法律系统,以及其运行状态。政治环境包括国家的政治制度、权力机构、颁布的方针政策、政治团体和政治形势等因素。法律环境包括国家制定的法律、法规、法令以及国家的执法机构等因素。政治和法律因素是保障企业生产经营活动的基本条件。只有在一个稳定的法治环境中,企业才能够真正通过公平竞争,获取自己正当的权益,并得到长期、稳定的发展。国家的政策法规对企业的生产经营活动具有控制和调节作用,同一个政策或法规,可能会给不同的企业带来不同的机会或制约。

二、经济环境

经济环境是指构成企业生存和发展的社会经济状况及国家的经济政策,包括社会经济结构、经济体制、发展状况、宏观经济政策等要素。衡量这些因素的经济指标有国内生产总值、就业水平、物价水平、消费支出分配规模、国际收支状况,以及利率、通货供应量、政府支出、汇率等国家货币和财政政策。与政治法律环境相比,经济环境对企业生产经营的影响更直接、更具体。

---

① 成功关键因素是市场层次的特征,在第三章我们将比较成功关键因素与企业资源和能力的异同。

三、社会文化和自然环境

社会文化环境是指企业所处的社会结构、社会风俗和习惯、信仰和价值观念、行为规范、生活方式、文化传统、人口规模与地理分布等因素的形成和变动。自然环境是指企业所处的自然资源与生态环境，包括土地、森林、河流、海洋、生物、矿产、能源、水源、环境保护、生态平衡等方面的发展变化。社会文化和自然环境对企业生产经营的影响也是不言而喻的。例如，人口规模、社会人口年龄结构、家庭人口结构、社会风俗对消费者消费偏好的影响、环境保护与生态平衡状况等因素都是企业在确定投资方向、产品改进与革新等重大经营决策问题时必须考虑的因素。

四、技术环境

技术环境是指企业所处的环境中的科技要素以及与该要素直接相关的各种社会现象的集合，包括国家科技体制、科技政策、科技水平和科技发展趋势等。在科学技术迅速发展变化的今天，技术环境对企业的影响可能是创造性的，也可能是破坏性的，企业必须能够预见这些新技术带来的变化，在战略管理上作出相应的战略决策，以获得新的竞争优势。

第二节 微观环境——产业与市场环境分析

波特教授在《竞争战略》一书中指出：形成竞争战略的实质就是将一个公司与其环境建立联系。尽管相关环境的范围广阔，包括社会的、也包括经济的因素，但公司环境的最关键部分就是公司投入竞争的一个或几个产业。[①] 因此，战略经济学研究公司所面临的环境，着重于产业与市场的微观层面。

产业和市场是两个既有联系又不完全相同的概念。波特在《竞争战略》中采用了一种关于产业的常用定义："一个产业是由一群生产相似替代品的公司组成的。"[②] 乔治·斯蒂格勒（G. Stigler ）和罗伯特·舍温（R. Sherwin）把市场定义为"一系列供应商和需求商的集合，它们的交易确定了商品的价格。"[③] 可见，产业是产出的概念，而市场是需求的概念。但是，在我们从战略角度讨论公司所面对的竞争环境时，严格区分这两个概念既不容易也没有必要。

一、产业五种竞争力

波特教授在《竞争战略》一书中，从产业组织理论的角度，提出了产业结构分析的基本框架——五种竞争力[④]分析。波特认为，在每一个产业中都存在五种基本竞争力量，即潜在进入者、替代品、购买者、供应者与现有竞争者间的抗衡，如图 2—2 所示。二十多

---

① ［英］托马斯·加拉文、杰拉德·菲茨杰拉尔德、迈克·莫利：《企业分析》，上海，上海三联书店，1997。

②③ ［美］迈克尔·波特，陈小悦译：《竞争战略》，北京，华夏出版社，1997。

④ Stigler，G. and R. Sherwin，"*The Extent of the Market*"，Journal of Law and Economics，28，1985，pp. 555～585.

年之后的今天，五种竞争力的分析方法仍然能够灵活地适应新的经济概念。

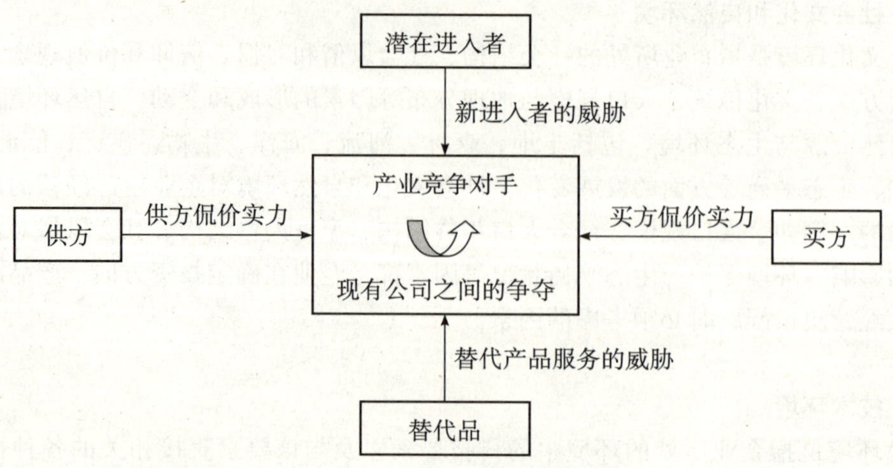

图 2—2　驱动产业竞争的力量

在一个产业中，这五种力量共同决定产业竞争的强度以及产业利润率，最强的一种或几种力量占据着统治地位并且从战略形成角度来看起着关键性作用。产业中众多经济技术特征对于每种竞争力的强弱都是至关重要的。

（一）五种竞争力分析

1. 潜在进入者的进入威胁

利润是对投资者的一个信号，并能够经常导致潜在进入者的进入。潜在进入者将在两个方面减少现有厂商的利润：第一，进入者会瓜分原有的市场份额获得一些业务；第二，进入者减少了市场集中，从而激发现有企业间的竞争，减少价格—成本差。对于一个产业来说，进入威胁的大小取决于呈现的进入障碍与准备进入者可能遇到的现有在位者的反击，统称为进入障碍，前者称为“结构性障碍”，后者称为“行为性障碍”。

（1）进入障碍。进入障碍是指那些允许现有企业赚取正的经济利润，却使产业的新进入者无利可图的因素[①]。

1）结构性障碍。波特指出存在七种主要障碍：规模经济、产品差异、资金需求、转换成本、分销渠道、其他优势及政府政策。如果按照乔恩·贝恩（Joe Bain）的分类，这七种主要障碍又可归纳为三种主要进入障碍：规模经济、现有企业对关键资源的控制、现有企业的市场优势[②]。

第一，规模经济。规模经济是指在一定时期内，企业所生产的产品或劳务的绝对量增加时，其单位成本趋于下降。本书第四章将给出规模经济形成的多方面原因。当产业规模经济很显著时，处于最小有效规模（MES）或者超过最小有效规模经营的老企业对于较小的新进入者就有成本优势，从而构成进入障碍。

例如，汽车产业的规模经济显著。根据美国哥伦比亚大学的一份研究报告的观点，汽车工厂最低经济规模，排气量为1～2升的单系列生产轿车厂为25万～30万辆，中型货车

---

① 波特称这种竞争为“拓展竞争”（extended rivalry）。

② ［美］戴维·贝赞可等，武亚军等译：《公司战略经济学》，北京，北京大学出版社，1999。

厂为6万～8万辆，轻型货车总装厂为10万～12万辆，按此标准，中国前几年能够达标的厂商寥寥无几，并且这些厂商与最低经济规模还有较大差距。① 这也是中国汽车进入国际市场的一个主要障碍。随着中国汽车工业的迅速发展，2006年中国汽车总产量达720万辆，集中度也大大提高。据统计，2007年，中国共有100多家整车生产企业，一汽、上汽、东风、长安等十大汽车厂家产销量占全国汽车产销总量的八成以上。其中，仅长安集团2007年就生产汽车87万辆。到2010年，长安的“西南、华东、华中、华北”四大基地将实现汽车年产销量200万辆以上，年产值超过1 000亿元，为长安集团开拓国际市场、跻身于世界级汽车企业集团行列奠定了基础。②

第二，现有企业对关键资源的控制。现有企业对资源的控制一般表现为对资金、专利或专有技术、原材料供应、分销渠道、学习曲线（learning curve）等资源及资源使用方法的积累与控制。如果现有企业控制了生产经营所必需的某种资源，那么它就会受到保护而不被进入所侵犯。例如，我国北京“三元”牌鲜奶对北京地区销售网络的控制，迫使内蒙古“伊利”牌鲜奶在进入北京市场初期，不得不以低价竞争战略克服这种障碍；美国施乐复印机公司选择出租复印机而不是销售它们，使流动资金的需求大大增加，从而形成主要障碍，以防止其他公司进入复印机产业③，等等。

上面所提到的“学习曲线”（又称“经验曲线”），是指当某一产品累积生产量增加时，由于经验和专有技术的积累所带来的产品单位成本的下降。它与规模经济往往交叉地影响着产品成本的下降水平。因而，区分由于学习曲线所产生的学习经济和由于规模而产生的规模经济很重要。规模经济使得当经济活动处于一个比较大的规模时，能够以较低的单位成本进行生产；学习经济是由于积累经验而导致的单位成本的减少。即使在学习经济很小的情况下，规模经济也可能是很大的，这在如铝罐制造这样的简单资本密集型的生产中通常能够产生④。同样，在规模经济很小时，学习经济也可以很大，这种情况存在于如计算机软件开发等复杂的劳动密集型产业中。

第三，现有企业的市场优势。现有企业的市场优势主要表现在品牌优势上。这是产品差异化的结果。产品差异化是指由于顾客或用户对企业产品的质量或商标信誉的忠实程度不同，而形成的产品之间的差别。例如，2003年一项对北京饮料市场的调查显示，可口可乐、健怡可口可乐、芬达和雪碧等可口可乐系列产品占据了北京饮料市场65%的份额⑤。究其原因，是可口可乐产品具有产品差异化的优势，新加入者要花费较长的时间克服这一障碍，并且会以一定时期的亏损作为代价。此外，现有企业的优势还表现在政府政策上。政府的政策、法规和法令都会在某些产业中限制新的加入者或者清除一些不合格者，这就给在位企业造成了强有力的进入障碍。例如，政府对某些自然垄断产业实施限制进入政策；垄断企业因此可以获得高额利润，等等。

---

① Joe Bain, Barriers to New Competition: Their Character and Consequences in Manufacturing Industries, Cambridge, MA: Harvard University Press, 1956.

② 王莉：《我国汽车工业的规模化之路》，载《中国社会科学院院报》，引自中国社会科学院网站，2004-12-31。

③ 商务部：《2006年，中国汽车总产量达720万辆，首次超过德国》，中国经济网，2007-07-02；王金涛：《长安汽车集团公司2010年汽车产量目标是200万辆》，新华网，2008-01-03。

④ ［美］迈克尔·波特，陈小悦译：《竞争战略》，北京，华夏出版社，1997。

⑤ 铝罐的生产只包含几个步骤：切割—成型—冲压—焊接铝罐盖。但这一简单的生产线大约需要花费$5 000万。详见［美］戴维·贝赞可等著，武亚军等译：《公司战略经济学》，北京，北京大学出版社，1999。

2）行为性障碍（或战略性障碍）。行为性障碍是指现有企业对进入者实施报复手段所形成的进入障碍。报复手段主要有以下两类：

第一，限制进入定价。限制进入定价往往是在位的大企业报复进入者的一个重要武器，特别是在那些技术优势正在削弱，而投资正在增加的市场上，情况更是如此。在限制价格的背后包含有一种假定，即从长期看，在一种足以阻止进入的较低价格条件下所取得的收益，将比一种会吸引进入的较高价格条件的收益要大。在位企业试图通过低价告诉进入者自己是低成本的，进入将是无利可图的。例如，在中国，以生产空调为主的“美的”集团准备进入微波炉领域时，微波炉行业中的龙头老大“格兰仕”集团大幅度降低价格，以阻止“美的”的进入。

第二，进入对方领域。进入对方领域是寡头垄断市场上常见的一种报复行为，其目的在于抵消进入者首先采取行动可能带来的优势，避免对方的行动给自己带来的风险。例如，美国一家生产经营咖啡的企业麦氏公司主要在美国的东海岸经营，另一家企业福格公司主要在美国西海岸。当福格公司被宝洁公司收购后进入东海岸，麦氏公司立即在西海岸加强销售攻势予以反击。又如，2000 年 8 月，中国青岛啤酒收购美国亚洲战略投资公司持有的北京亚洲双合盛啤酒有限公司及北京三环亚太啤酒有限公司的股权，进入北京市场。几个月之后，北京燕京啤酒收购山东“三孔”、“无名”、“莱州”三个品牌，进入山东市场。

（2）退出障碍。与进入障碍相对应、相联系的一个概念是退出障碍。退出障碍是指那些迫使投资收益低、甚至亏损的企业仍然留在产业中从事生产经营活动的各种因素。这些因素主要有以下几点：

1）固定资产的专用性程度。当资产涉及具体业务或地点的专用性程度较高时，就会使其清算价值低，或者转移及转换成本高，从而难以退出现有产业。例如，我国烟草业生产能力过剩，但大量低效益的小型烟厂仍在维持生产。其中，烟机的专用性程度高是一个很重要的原因。

2）退出成本。退出成本包括劳工协议、重新安置的成本、备件维修能力等。例如，在我国的国有企业开始退出某些领域时，对于多余的人员，一些企业采用“买断”方式，即按工龄给予职工一定的补偿，从而终结原企业与职工的劳动合同。如果这些成本过高，就会加大退出障碍。

3）内部战略联系。这是指企业内某经营单位与公司其他单位在市场形象、市场营销能力、利用金融市场及设施共用等方面的内部相互联系。这些因素使公司认为，留在该产业中具有战略重要性。例如，一个公司下属的金融公司往往由于与其他公司的债权债务关系很难迅速撤出。

4）感情障碍。企业在制定退出战略时，会引发一些管理人员和职工的抵触情绪，因为企业的退出往往会伤害到这些人员的利益。一些学者指出，在国有企业从某些领域退出时，必须充分考虑广大员工的基本感情和利益。

5）政府与社会约束。政府考虑到失业问题和对地区经济的影响，有时会出面反对或劝阻企业轻易退出的决策。例如，我国一些国有企业虽然早已陷入困境，但至今未破产，其原因在很大程度上是政府与社会的约束。

尽管进入障碍与退出障碍的概念有所不同，但它们共同构成了产业分析的一个重要方面。当考虑进入与退出障碍只分成高、低两类简单情况时，可以将产业分为四种类型，如图 2—3 所示。

		退出障碍	
		低	高
进入障碍	低	回报低，稳定	回报低，有风险
	高	回报高，稳定	回报高，有风险

图 2—3　障碍与盈利性[①]

从产业利润角度来看，最好的情况是进入障碍高而退出障碍低。在这种情况下，进入将受到抵制，而不成功的竞争者会离开该产业。当进入与退出一个产业的障碍都很高时，利润潜力很大，但通常带有较大的风险。虽然进入行为受到阻挡，但未获成功的企业将仍留在产业中坚持战斗。如果进入与退出障碍都很低时，企业可以保持较低但稳定的收益。最糟糕的情况是进入障碍低而退出障碍高。在这种情况下，新加入者容易进入产业，还会因为经济条件好转或其他暂时的意外利润而吸引更多的竞争对手进入该产业。但是，当条件恶化时，企业不能撤离该产业，这就造成生产能力积压，企业面临大的风险，但经济收益较低。

2. 替代品的替代威胁

研究替代品的替代威胁，首先需要澄清产品替代的两种概念。

(1) 产品替代的两种概念。产品替代有两类：一类是直接产品替代；另一类是间接产品替代。

1) 直接产品替代，即某一种产品直接取代另一种产品，如苹果计算机取代王安计算机。前面所引用的波特关于产业的定义中的替代品，是指直接替代品。

2) 间接产品替代，即由能起到相同作用的产品非直接地取代另外一些产品，如人工合成纤维取代天然布料。波特在这里所提及的对某一产业而言的替代品的威胁，是指间接替代品。

当然，对某些产品来说，直接替代品与间接替代品的界限并不一定十分清晰，因而，直接产品替代与间接产品替代只能是一个相对的概念。

(2) 替代品的威胁。替代品往往是新技术与社会新需求的产物。对于现有产业来说，这种“替代”威胁的严重性是不言而喻的。例如，1992 年我国 13 家生产录像机的企业联合成立“华录集团”，引进日本自动生产线，雄心勃勃地要发展中国录像机产业。但是到了 1997 年，尽管录像机产品在欧美国家需求仍然不减，而在中国，华录集团却彻底失败，其原因就在于 VCD 产品对录像机产品的替代。又如，电脑排版取代铅字排版，使我国原属于机械行业的印刷机械产品的市场被电子行业的打印机、复印机等产品占据了半壁江山。

老产品能否被新产品替代，或者反过来说，新产品能否替代老产品，主要取决于两种产品的性价比的比较。如果新产品的性价比高于老产品，新产品对老产品的替代就具有必然性；如果新产品的性价比一时还低于老产品的性价比，那么，新产品还不具备足够的实力与老产品竞争。这里“性价比”的概念事实上就是价值工程中“价值”的概念。价值工程中的一个基本公式：价值=功能/成本，贯穿于价值分析的整个过程，而价值工程就是

① 《北京晚报》，2003-01-19。

起源于寻找物美价廉的替代品。[①]

由于老产品和新产品处于不同的产品周期，所以，提高新老产品价值的途径不同。本书第六章将对新产品提高价值的途径展开分析，这里着重讨论老产品提高价值的途径。

对于老产品来说，当替代品的威胁日益严重时，老产品往往已处于成熟期或衰退期，此时，产品的设计和生产标准化程度较高，技术已相当成熟。因此，老产品提高产品价值的主要途径是降低成本与价格。例如，面对数字系统电视机的严峻挑战，我国模拟系统电视机的生产厂家在几年内大幅度地降低彩电产品价格，这一行为主要是产业内现有竞争者激烈竞争的结果，但它确实有效地抵御了目前还处于技术不稳定、成本价格较高状况的数字系统彩电的替代威胁。

当然，替代品的替代威胁并不一定意味着新产品对老产品最终的取代。几种替代品长期共存也是很常见的情况。例如，在运输工具中，汽车、火车、飞机、轮船长期共存；城市交通中，大公共汽车、小公共汽车、地铁、出租汽车长期共存等。但是，替代品之间的竞争规律仍然是不变的，那就是，价值高的产品获得竞争优势。

3. 供应者、购买者讨价还价的能力

五种竞争力模型的水平方向是对产业价值链（Value Chain）的描述。它反映的是产品（或服务）从获取原材料开始到最终产品的分配和销售的过程。企业战略分析的一个中心问题就是如何组织纵向链条。产业价值链描述了厂商之间为生产最终交易的产品或服务，所经过的价值增值的活动过程。因此，产业价值链上的每一个环节都具有双重身份，对其上游单位，它是购买者，对其下游单位，它是供应者。购买者和供应者讨价还价的主要内容围绕价值增值的两个方面——功能与成本。讨价还价的双方都力求在交易中使自己获得更多的价值增值，因此，对购买者来说，希望购买到的产品物美价廉；而对供应者来说，则希望提供的产品质次价高。购买者和供应者讨价还价能力的大小，取决于以下几个方面的实力：

（1）买方（或卖方）的集中程度或业务量的大小。当购买者的购买力集中，或者对卖方来说是一笔很可观的交易，该购买者讨价还价的能力就会增加。例如，大型超市的商品零售价格往往低于小型超市，主要原因在于，大型超市以其规模经济优势增强了对供应者讨价还价的能力。相应地，当少数几家公司控制着供应者集团，在其将产品销售给较为零散的购买者时，供应者通常能够在价格、质量等条件上对购买者施加很大的压力。例如，在一些高度垄断的产业中，广大消费者就不得承受质次价高的产品和服务。

（2）产品差异化程度与资产专用性程度。当供应者的产品存在差别，替代品不能与供应者所销售的产品相竞争时，供应者讨价还价的能力就会增强。例如，我国一些企业生产所需的外购件外国品牌的价格远远高于国产品牌，外商不肯降价的主要原因在于国内产品还不能替代国外产品。反之，如果供应者的产品是标准的，或者没有差别，又会增加购买者讨价还价的能力。因为在产品无差异的条件下，购买者总可以寻找到最低的价格。目前，我国家用电器产品中的国际品牌与国产品牌之间的差异已微乎其微，导致国际品牌产品也不得不参与国内品牌产品的价格竞争。与产品差异化程度相联系的是资产专用化程度，当上游的供应者的产品是高度专用的，则它们的顾客将紧紧地与它们联系在一起，在这种情况下，投入品供应商就能够影响产业利润。[②]

---

① ［美］迈克尔·波特，陈小悦译：《竞争战略》，北京，华夏出版社，1997。

② 邹昭晞：《论替代品的威胁与新兴产业的风险》，载《首都经济贸易大学学报》，2000（3）。

（3）纵向一体化程度。如果购买者实行了部分一体化或存在后向一体化的现实威胁，在讨价还价中就处于能迫使对方让步的有利地位。例如，通用汽车公司和福特汽车公司通常以“自己生产”这一筹码作为讲价的手段而著称，它们实际采取所谓的“渐变一体化”，即对某一零部件，自己生产一些满足部分需要，其余的向外部供应商购买。在这种情况下，不仅存在进一步一体化的现实威胁，而且购买者自己生产一部分零件而使其具有详尽的成本知识，对于谈判极有帮助。同样，当供应者表现出前向一体化的现实威胁，也会提高其讨价还价能力。

（4）信息掌握的程度。当购买者充分了解需求、实际市场价格，甚至供应商的成本等方面信息时，要比在信息贫乏的情况下掌握更多的讨价还价的筹码。购买者将处于更有利的位置，保证自己从供应者那里得到最优惠的价格，并可以在供应者声称它们的经营受到威胁时予以回击。同样，如果供应者充分地掌握了购买者的有关信息，了解购买者的转换成本（即从一个供应者转换到另一个供应者的成本），就增加了讨价还价的能力，并能够在购买者盈利水平还能承受的情况下，拒绝给予更优惠的供货条件。

处于产业价值链不同阶段的购买者或供应者讨价还价的能力可能是不同的，因而可能导致在各个阶段的价值增值有很大差异。例如，在美国钢铁生产的价值链上，碎钢、钢锭、粗钢的生产商只能获得全部创造价值的一小部分，在这些环节很少能给卖者提供讨价还价的机会，其结果是卖者间激烈的价格竞争和由此带来的低盈利；分销商和零部件商则与之相反，它们获得价值链创造的价值中相当大的部分。其原因在于，在这两个环节中，卖者能够获得较好的讨价还价的条件。比如，由于现代钢铁服务中心的运行以相当大的规模经济为特征（一个典型的服务中心会在四面拥有城市的街区），进入当地市场的壁垒很强。[①]

还需要注意的是，劳动力也是供应者的一部分，他们可能对许多产业施加压力。许多经验表明，短缺的、高技能雇员以及紧密团结起来的劳工可以讨价还价从而削减相当一部分产业利润潜力。将劳动力作为供方来考虑其潜在实力的基本方法与上面的讨论十分相似，在估计供方实力时，需要补充的关键一点是其组织起来的程度，以及短缺种类劳动的供应是否会增加。当劳工紧紧地团结起来或者稀缺劳动力的供应受到某些限制无法增加时，劳务供应方的势力就会很强大。

4. 产业内现有企业的竞争

产业内现有企业的竞争是指一个产业内的企业为市场占有率而进行的竞争。产业内现有企业的竞争是通常意义上的竞争，这种竞争通常是以价格竞争、广告战、产品引进以及增加对消费者的服务等方式表现出来。

产业内现有企业的竞争在下面几种情况下可能是很激烈的：

（1）产业内有众多的或势均力敌的竞争对手。

（2）产业发展缓慢。

（3）顾客认为所有的商品都是同质的。

（4）产业中存在过剩的生产能力。

（5）产业进入障碍低而退出障碍高。

产业内现有企业的竞争分析，是公司战略分析的重点部分。我们将在本章的另一部分“产业内的战略群体”中，对产业内现有企业的竞争进行更深入的研究。

---

① 当战略思维从竞争转向竞合，则下游企业与提供专用性资产的供应商的关系也会发生重大变化。

（二）对付五种竞争力的战略

五种竞争力分析表明了产业中的所有公司都必须面对产业利润的威胁。公司必须寻求几种战略来面对这些竞争。首先，公司必须自我定位，通过利用成本优势或差异优势把公司与五种竞争力相隔离，从而能够超过它们的竞争对手。例如，格兰仕公司和海信公司各自成功地运用成本领先战略与差异化战略在残酷的竞争中立于不败之地。第五章将详细地讨论这两种对偶的战略定位。其次，公司必须识别在产业中哪一个细分市场中，五种竞争力的影响更少一点，这就是波特提出的“集中战略”。例如，深圳的万佳超市为对付沃尔玛的成本领先战略，采取“错位经营”的集中战略，2000年摘取了广东零售企业第一的桂冠。最后，公司必须努力改变这五种竞争力。公司可以通过与供应者或购买者建立长期战略联盟，以减少相互之间的讨价还价；公司还必须寻求进入阻绝战略以减少潜在进入者的威胁，等等。

（三）第六个要素——互动互补作用力[①]

哈佛商学院教授大卫·亚非（David B. Yoffie）在波特教授研究的基础上，根据企业全球化经营的特点，提出了第六个要素，即互动互补作用力，进一步丰富了五种竞争力理论框架，如图2—4所示。

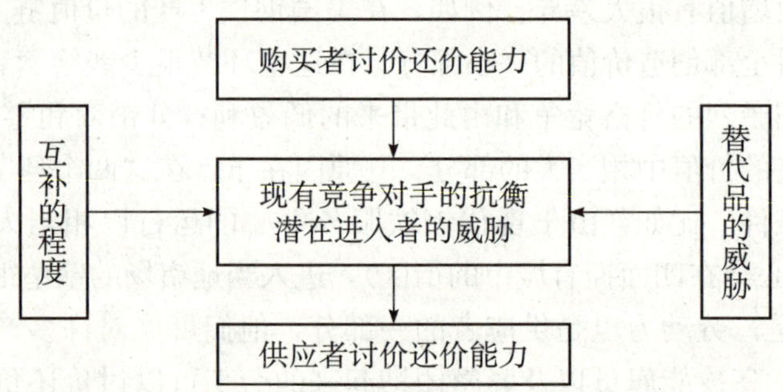

图2—4　影响产业利润的六个要素

亚非认为，任何一个产业内部都存在不同程度的互补互动（指互相配合一起使用）的产品或服务业务。例如，对于房地产业来说，交通、家具、电器、学校、汽车、物业管理、银行贷款、有关保险、社区、家庭服务等会对住房建设产生影响，进而影响到整个房地产业的结构。企业认真识别具有战略意义的互补互动品，并采取适当的战略（包括控制互补品、捆绑式经营或交叉补贴销售），会使企业获得重要的竞争优势。

根据亚非教授提出的互补互动作用力理论，在产业发展初期阶段，企业在进行经营战略定位时，可以考虑控制部分互补品的供应，这样有助于改善整个行业结构，包括提高行业、企业、产品、服务的整体形象，提高行业进入壁垒，降低现有企业之间的竞争程度。随着行业的发展，企业应有意识地帮助和促进互补行业的健康发展，如为中介代理行业提供培训、共享信息等，还可考虑采用捆绑式经营或交叉补贴销售等策略。

■ 二、产业内的战略群体

产业分析的另一个重要方面是要确定产业内所有主要竞争对手的特征。波特用“战略群体”的划分来研究这些特征。一个战略群体是指某一个产业中在某一战略方面采用相同或相

① ［美］戴维·贝赞可等著，武亚军等译：《公司战略经济学》，北京，北京大学出版社，1999。

似战略，或具有相同战略特征的各公司组成的集团。如果产业中所有的公司基本认同了相同的战略，则该产业中就只有一个战略群体；就另一极端而言，每一个公司也可能成为一个不同的战略群体。一般来说，在一个产业中仅有几个群体，它们采用特征完全不同的战略。

（一）战略群体的特征

如何确定战略群体？很难对此问题做出清晰的解答。尽管各公司在许多方面会有差异，但并非所有差异都有利于区分战略群体。识别战略群体的特征可以考虑以下一些变量①：

（1）产品（或服务）差异化（多样化）的程度；

（2）各地区交叉的程度；

（3）细分市场的数目；

（4）所使用的分销渠道；

（5）品牌的数量；

（6）营销的力度（如广告覆盖面、销售人员的数目等）；

（7）纵向一体化程度；

（8）产品的服务质量；

（9）技术领先程度（是技术领先者还是技术追随者）；

（10）研究开发能力（生产过程或产品的革新程度）；

（11）成本定位（如为降低成本而作的投资大小等）；

（12）能力的利用率；

（13）价格水平；

（14）装备水平；

（15）所有者结构（独立公司或者母公司的关系）；

（16）与政府、金融界等外部利益相关者的关系；

（17）组织的规模。

为了识别战略群体，必须选择这些特征的二至三项，并且将该产业的每个公司在“战略群体分析图”上标出来。选择划分产业内战略群体的特征要避免选择同一产业中所有公司都相同的特征。例如，很少有饭店被看做研发（R&D）的领先者，也很少有航空公司会涉及其他商品和服务的多样化。

图2—5（a）列示了20世纪80年代欧洲食品工业的战略群体图，该图用营销力度和地区覆盖两个战略特征将四个群体清楚地区分开来。A1是具有著名品牌、在全世界范围内经营的跨国公司；A3是具有较强品牌和较高的营销能力的国内公司，比A1的经营范围要小得多；B2在国内经营但通常不是市场领导者；C3专门经营自己供应的有自己品牌的产品，并且致力于低成本产品。

（二）战略群体分析

战略群体分析有助于企业了解相对于其他企业的战略地位以及公司战略的变化可能带来的竞争性影响。

（1）有助于很好地了解战略群体间的竞争状况，主动发现近处和远处的竞争者，也可

① 马春光：《国际企业经营与管理》，北京，对外经济贸大学易出版社，2002。

以很好地了解某一群体与其他群体间的不同。从图 2—5（a）中可以看到，跨国公司 A1 主要致力于营销（尤其是品牌的推广）及各国家之间生产资源的控制；而自有品牌的供应商 C3 特别注意保持低成本。

（2）有助于了解各战略群体之间的“移动障碍”。移动障碍即一个群体转向另一个群体的障碍。图 2—5（b）中列示了欧洲食品工业中企业在各群体间转移的各种障碍。进入 A1 的市场阻力是很大的，在国内品牌不太知名、市场覆盖面较小的企业，可能不能保证其在国际市场中的地位，容易受著名国际品牌和由规模经济导致的低价竞争的影响。

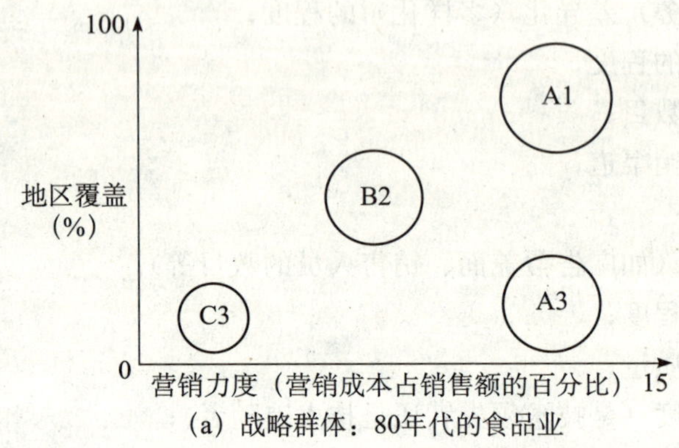

（a）战略群体：80年代的食品业

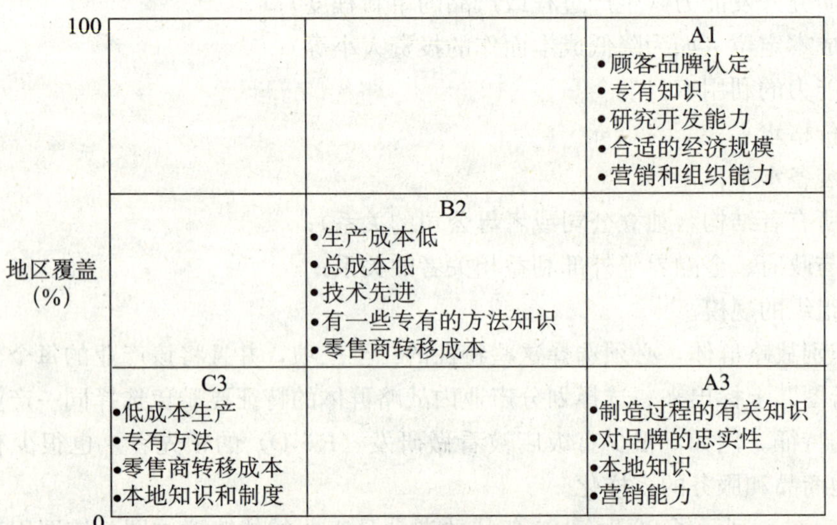

（b）移动障碍汇总

地区覆盖（%）			
100	C1 跨欧洲自有品牌供应商	B1 跨欧洲品牌	A1 跨国著名品牌
	C2 地区性自有标志供应商	B2 地区性自有标志供应商	A2 地区主要品牌
0	C3 国家自有品牌供应商	B3 国内较小的品牌	A3 国内主要品牌

营销力度（营销成本占销售额的百分比）

（c）战略区间分析

图 2—5　战略群体分析图

（3）有助于了解战略群体内企业竞争的主要着眼点。同一战略群体内的企业虽然采用了相同的或类似的战略，但由于群体内各个企业的优势不同会形成各企业在实施战略的能力上的不同，因而导致实施同样战略而效果不同。战略群体分[①]析可以帮助企业了解其所在战略群体的战略特征以及群体中其他竞争对手的战略实力，以选择本企业的竞争战略与战略开发方向。

（4）利用战略群体图还可以预测市场变化或发现战略机会。如图 2—5（c）所示，在欧洲食品产业中已存在"空缺"，这些领域能为新战略或新的战略群体提供机会。当然，重要的是要了解这些领域所能提供的战略机会的可行性。如 B1（著名的欧洲品牌）就很有吸引力，因为它能在跨市场中实现规模经济，难度也远远小于进入 A1 群体。事实上，在 20 世纪 90 年代，一些欧洲食品企业已经开始瞄准类似战略了。2005 年欧洲工商管理学院的两位教授 W·钱·金和勒妮·莫博涅撰写的《蓝海战略》（Blue Ocean Strategy）一书，进一步延伸了这一思路。他们认为，过去的战略思维立足于当前已存在的行业和市场，采取常规的竞争方式与同行业中的企业展开针锋相对的竞争，那是一种"红海战略"，而蓝海战略是指不局限于现有产业边界，而是极力打破这样的边界条件，通过提供创新产品和服务，开辟并占领新的市场空间的战略。我们还将在第六章对"蓝海战略"作进一步阐述。

三、产业的演变

对产业的分析不能仅停留在一个或几个静态的分析框架，产业的演变对战略制定至关重要，它会增加或减少某个产业作为一种投资机会的吸引力，并且常常要求公司做出战略调整。

研究产业的演变可以从两个角度入手：一是产业生命周期的变化；二是产业结构的演变规律。前者是对一个产业的发展变化进行考察，后者则是从多个产业部门之间的关系进行分析。

（一）产业的生命周期

产业生命周期概念的基础是我们熟知的产品生命周期。由于产业是用产出来定义，那么，产品的生命周期阶段就是产业的生命周期阶段。

如图 2—6 所示，产业生命周期可分为四个阶段：开发期、成长期、成熟期和衰退期。这些阶段是以产业销售额增长率曲线的拐点划分。产业的增长与衰退由于新产品的创新和推广过程而呈 S 形。

当产业走过它的生命周期时，竞争的性质将会变化。波特总结了常见的关于产业在其生命周期中如何变化以及它如何影响战略的预测（见表 2—6）。

表 2—6 有关战略竞争和经营业绩的产品生命周期理论预测[②]

阶段	开发期	成长期	成熟期	衰退期
买主和买主行为	高收入购买者；买主的迟疑；必须说明买主尝试该产品	正在扩大的买主群会接受参差不齐的质量	巨大的市场饱和；重复购买；在各种品牌间选购	客户是对该产品非常精明的买主

① ［美］格里·约翰逊、凯万·斯科尔斯：《公司战略教程》，北京，华夏出版社，1998。

② J. McGee and S. Segal-Horn, "Strategic space and industry dynamics", *Journal of Marketing Management*, vol. 6, no. 3 (1990).

续前表

阶段	开发期	成长期	成熟期	衰退期
产品及产品变化	质量低劣；重点在产品设计及开发；许多产品种类没有统一标准；频繁的设计变化；基本产品设计	产品具有技术和性能方面的歧异性；复杂产品的关键在于可靠性；竞争产品的改进；优良的质量	质量优异；产品歧异性不明显；标准化；产品变化不迅速——更多的是细小变化；折价具有重要意义	产品歧异性小；产品质量出现问题
市场营销	很高的广告/销售额之比（a/s）；撇脂价格战略；高营销成本	广告费高，但比导入期占销售额之比低；多为心理促销；广告和分销对非技术性产品很关键	市场细分；努力延长生命周期；拓宽产品线；服务和代理更为盛行；包装很重要；广告竞争；低 a/s 比	低 a/s 比及其他营销
制造与分销	能力过剩；生产周期短；高技能劳动力；高生产成本；专门渠道	能力不足；向大批量生产转换；争夺分销；大宗分销渠道	有些能力过剩；最佳能力；生产过程的稳定性增强；较低的劳动力技能；生产周期长、技巧稳定；分销渠道削减长度以增加利润；宽产品系列导致的有形分销成本；大宗分销渠道	能力大大过剩；大批量生产；专门渠道
研究与开发	改进生产技巧			
对外贸易	一些出口	大量出口；少量进口	出口下降；大量进口	没有出口；大量进口
总体战略	扩大市场份额的最好时机；研究开发，工程技术是重要职能	改变价格或质量形象非常实用；市场营销是关键职能	不利于增加市场份额的时机，特别是市场份额占有率低的公司；竞争成本为关键因素；不利于改变价格形象或质量形象；市场营销的有效性是关键	成本控制是关键
竞争	少量公司	进入；许多竞争者；许多兼并和意外事件	价格竞争；裁汰；私有品牌增加	退出少数竞争者
风险	高风险	因为增长可以弥补风险，所以在此阶段可以冒险	周期性品牌出现	
毛利与净利	高价格，高毛利，低净利；价格弹性不如成熟阶段高	高净利，净利最高；适当的高价，比导入期低；抗萧条高 P/E；较好的收购时机	价格下降；净利润较低；毛利较低；代理商毛利低；市场份额及价格结构稳定性增强；收购环境较差——出售公司较困难；价格和毛利最低	低价格，低毛利；价格下降；在衰退后期，价格可能上扬

（二）产业结构演变

1. 配第—克拉克（Petty-Clark）定理

“配第—克拉克定理”是研究经济发展中的产业结构演变规律的学说。这个定理是英国经济学家科林·克拉克（J. B. Clark）在威廉·配第（W. Petty）研究成果的基础之上，深入地分析研究了就业人口在三次产业中分布结构的变动趋势后得出的。

克拉克产业结构的研究是以三次产业分类法，即将全部经济活动分为第一产业、第二产业和第三产业为基本框架的。克拉克的结论是：随着经济的发展，人均国民收入水平的提高，劳动力首先由第一产业向第二产业移动；当人均国民收入水平进一步提高时，劳动力便向第三产业转移。劳动力在产业间的分布状况为：第一产业将减少，第二、三产业将增加。这就是配第—克拉克定理。

克拉克认为，劳动力从第一产业转向第二、三产业的原因是由经济发展中各产业间出现收入（附加价值）的相对差异造成的。人们总是从低收入的产业向高收入的产业移动的。这不仅可以从一个国家经济发展的时间序列分析中得到印证，而且还可以从处于不同发展水平上的国家在同一时点的横断面比较中得到类似的结论。人均国民收入水平越高的国家，农业劳动力在全部劳动力中所占的比重相对来说就越小，而第二、三产业中劳动力所占的比重相对来说就越大；反之，人均国民收入水平越低的国家，农业劳动力所占比重相对越大，而第二、三产业劳动力所占比重相对越小。

2. 库兹涅茨提出的产业结构演变规律

美国著名经济学家库兹涅茨在继承克拉克研究成果的基础上，对产业结构的演变规律作了进一步探讨，阐明了劳动力和国民收入在产业间分布结构演变的一般趋势，从而在深化产业结构演变的诱因分析方面取得了突出成就。他从国民收入和劳动力在产业间的分布两个方面，对伴随经济发展的产业结构变化做了分析研究，收集和整理分析了 20 多个国家的庞大数据，把三次产业分别称为“农业部门”、“工业部门”和“服务部门”。

关于各国国民收入和劳动力在产业间分配结构的演变趋势，库兹涅茨得出了以下结论：

(1) 农业部门实现的国民收入在整个国民收入中的比重，以及农业劳动力在全部劳动力中的比重，随着时间的推移处于不断下降之中。

(2) 工业部门的国民收入的相对比重，大体是上升的，然而工业部门劳动力的相对比重，大体不变或略有上升。

(3) 服务部门的劳动力相对比重几乎在所有国家都呈上升趋势。但是，国民收入的相对比重却未必和劳动力的相对比重的上升是同步的。

3. 工业结构的重工业化——霍夫曼（W. Hoffmann）定理

在“配第—克拉克定理”中所归纳的经验性的经济规律，以及库兹涅茨对产业结构演变规律的探讨，实际上描述的是一个国家走上工业化的过程和动因。工业在一定的经济发展阶段，是一个国家经济发展的主导部门。近代经济发展的过程同工业的发展有着紧密的联系。经济发展过程也就是“工业化”的过程。

在西方经济学家中，对工业化过程的工业结构演变规律作了开拓性研究的是德国经济学家霍夫曼。他根据近 20 个国家的时间系列数据，分析了制造业中消费资料工业和资本资料工业的比例关系。这一比例关系就是消费资料工业的净产值和资本资料工业的净产值之比，其比值就是霍夫曼比例。

所谓“霍夫曼定理”，就是在工业化的进程中霍夫曼比例不断下降的规律。

霍夫曼根据霍夫曼比例的变化趋势，把工业化的过程分为四个阶段，如表 2—1 所示。

表 2—1 霍夫曼工业阶段指标①

	消费资料工业/资本资料工业
第一阶段	5（±1）
第二阶段	2.5（±1）
第三阶段	1（±0.5）
第四阶段	1 以下

表中的比例是依净产值（即附加价值）计算的。括号内的数字，表示前面的数字作为基准时允许存在的幅度。

霍夫曼认为，在工业化的第一阶段，消费资料工业的生产在制造业中占有统治地位，资本资料工业的生产是不发达的；第二阶段，与消费资料工业相比，资本资料工业获得了较快的发展，但消费资料工业的规模，显然还比资本资料工业的规模大得多；第三阶段，消费资料工业和资本资料工业的规模达到了大致相当的状况；第四阶段，资本资料工业的规模将大于消费资料工业。

4. 主导产业与产业的协调发展

经济发展的历史进程表明，无论是工业发达国家，还是新兴的工业化国家或发展中国家，在工业化的不同阶段，都先后出现过一些影响全局的、在国民经济中居于主导地位的产业部门。这些部门在利用新技术的特殊能力使其具有很高的增长率。由于这些产业部门在整个国民经济发展中具有较强的前后关联性，其发展能够涉及所有产业部门，并因此带动整个经济的高涨。美国学者罗斯托（W. W. Rostow）将这些产业部门称之为“主导产业”部门。

罗斯托把那些高投资率和高增长率的产业区分为两类，即主导产业和支柱产业。前者是由于创新引进新的生产函数并带动产业结构高级化的产业，如在不同经济发展阶段曾起过作用的电力工业、机械工业、电子工业等。这些产业当时不仅具有创新的特征，而且通过关联效应，将新技术扩散至整个产业系统，引起整个产业的技术创新，并在此基础上建立起新的产业间技术经济联系，带动产业结构转换。后者是指在一定经济发展阶段，吸收应用新技术快，处于供求关系的中心，规模大、生产率高、附加值大，成为该时期国民收入增加和人民生活提高的主要来源。罗斯托指出，主导产业才是推动产业结构升级的关键所在。恰当选择主导产业，制定行之有效、持之以恒的产业政策加以扶持与引导是应对产业发展风险的有效手段。

5. 工业化不同阶段的标志值

衡量一个国家或地区的工业化水平，一般可以采取不同的理论方法和指标体系。由于工业化是一个综合性的动态演变过程，因此，目前国内学术界大多采用综合性的指标体系进行综合评价。这些指标主要包括人均收入水平（人均 GDP）、产业结构变化、农业从业人员比重、工业结构高度化等。按照钱纳里（H. Chenery）等人的划分方法，工业化过程大体可分为工业化初期、中期和后期三个不同的发展阶段。在这三个不同的发展阶段，上述工业化指标的标志值具有较大的差异。表 2—2 列举了按国际经验估计的不同工业化阶段的标志值。

① ［美］迈克尔·波特著，陈小悦译：《竞争战略》北京，华夏出版社，1997。

按照世界银行在《1999/2000 年世界发展报告》中的划分方法：1998 年人均 GNP 在 760 美元及其以下为低收入经济（I）；761～9 360 美元为中等收入经济（II），9 361 美元及其以上为高收入经济（III）；中等收入经济又按人均 GNP 为 3 030 美元的标准进一步划分为下中等收入经济（IIa）和上中等收入经济（IIb）。①

表 2—2　　工业化不同阶段的标志值②　　单位：美元

	工业化起始阶段	工业化实现阶段			工业化阶段
		初期阶段	中期阶段	后期阶段	
1. 人均 GDP （1）1970 年 （2）1996 年	140～280 620～1 240	280～560 1 240～2 480	560～1 120 2 480～4 960	1 120～2 100 4 960～9 300	2 100 以上 9 300 以上
2. 三次产业增加值构成	第一产业占绝对支配地位，S＜20％	P＞20％；S 值较低，但超过了 20％	P＜20％，S＞T 且在 GDP 中最大	P＜10％，S 值保持最高水平	S 值相对稳定或下降，T＞S
3. 农业从业人员占全社会从业人员的比重	60％以上	45％～60％	30％～45％	10％～30％	10％以下
4. 工业内部结构变化	—	以原料工业为重心的重工业化阶段	以加工装配工业为重心的高加工度化阶段	技术集约化阶段	—

说明：P、S、T 分别代表第一、第二和第三产业在 GDP 中所占的比重。

对产业结构演变的研究对于公司战略定位有至关重要的意义。公司应考虑其所在的国家和地区所处的工业化阶段，决定本公司的主要业务方向。

四、产业集聚

产业集聚一般是指属于某种特定产业及其相关支撑产业，或属于不同类型的产业在一定地域范围内的地理集中。产业聚群现象很早以前就引起了经济学家们的注意，它是工业化过程中一个非常引人注目的特征，也是非常现实的经济地理现象。产业集聚的主要代表理论如下所述。

（一）马歇尔（Marshall A.）的产业区理论

早在 100 多年前，英国著名经济学家马歇尔就已关注了具有分工性质的工业在特定地区的集聚现象，马歇尔将这一“特定地区”叫做“产业区”。③ 产业区内集中了大量种类相似的中小型企业，它们规模经济较低，但专业化程度较高，联系十分密切。马歇尔把地方性工业在产业区的集聚归结为企业追求外部规模经济，即企业层面的规模报酬不变、社会层面的规模报酬递增，并且指出这种外部经济给集聚企业带来的好处如下。

1. 技术的外溢

由于马歇尔时代信息的流动是按距离衰减的，所以知识在当地的传播要比远距离流动更容易。“对于机械、流程和企业一般组织的发明和改进，人们很快进行研究；如果一个

① 杨治：《产业经济学导论》，转引自李贤沛等：《工业经济学》，北京，经济管理出版社，1994。

② 在《2003 年世界发展报告》中，世界银行提出了新的划分标准：2001 年人均 GNI 在 745 美元及其以下为低收入经济（I），746～9 205 美元为中等收入经济（II），9 206 美元及其以上为高收入经济（III），中等收入经济又按人均 GNI 为 2 975 美元的标准进一步划分为下中等收入经济（IIa）和上中等收入经济（IIb）。

③ 根据钱纳里等主编的《工业化和经济增长的比较研究》（1989）和周叔莲、郭克莎主编的《中国工业增长与结构变动研究》（2000）的有关资料整理。转引自魏后凯等主编的《国际大都市建设与北京工业发展研究》，2004-05。

人有一个好的思想，会被别人采纳，这个思想又与他们自己的建议结合起来，因此它又成为新思想的源泉”。[①] 这样就营造了一种协同创新的区域环境，知识信息的扩散是创新的源泉，不断的创新使这些产业区的经济持续增长，更加激励着相关产业的新企业的加盟。

2. 提供一个专业技术工人共享的劳动市场

产业区内集聚了许多潜在的劳动力需求和潜在的劳动力供应。“雇主们往往到能找到他们所需要的有专门技能的工人的地方去（办厂），同时，找工作的劳动者，自然也到有许多雇主需要他们的技能的地方去谋职”。[②] 所以，这种集聚既降低了工人的失业概率，也确保了厂商无论是在“好时光”还是在“坏时光”的劳动力供应。这种潜在的供需关系又加强了既有的产业集聚。

3. 提供共享的中间投入品

产业集聚可以支持该产业专用的多种类、低成本的非贸易投入品的生产。众多使用中间投入品的企业集中在一起才使辅助性工业能够使用专业化的、高成本的机械设备，以较低的生产成本来供应众多的消费者，马歇尔认为在收益不变、完全竞争的假设前提下企业的集聚是为了追求企业外部的规模经济。他特别强调当地文化的影响即企业的“根植性”。

马歇尔的外部经济虽然在一定程度上解释了产业集聚的原因，但并没有阐明这种外部经济的最初来源何在，他只论述了集中生产的优势，而没有描述可能导致集中的过程，忽略了区位和运输成本因素，因此也就没有注意到不同的产业和区位产业集聚的程度和持续性是不同的。

（二）韦伯（W. Weber）工业区位理论

1909 年，韦伯在《工业区位论》中阐述了微观企业由于相互协作、动力使用、成组分布（分工序列化，互相投入—产出联系）而在选址决策中趋向于集聚。他把区位因子分为地方因子和集聚因子，地方因子使工业固定于一定地点（如趋于使运费最小或劳动成本最小的区位），集聚因子使工业趋于集中或分散（如相互分工协作或地价上涨等）。

韦伯认为合理的工业区位应这样确定：在地方因子决定了工业企业的区位后，相互关联的企业为了节约运费和交易成本而做趋于集聚的区位调整。韦伯将产业集聚归因于企业决策者将集聚所得的利益与因迁移而追加的运输和劳动成本进行大小比较后的结果。

由于韦伯的工业区位论是以古典经济学为基础、以成本分析为依据来研究自由竞争资本主义的工业地域结构，所以他没有考虑垄断价格给企业带来的超额利润，也没有考虑政府的作用、当地社会文化的影响，他只从资源禀赋的角度考虑了资源型产业的集聚。

（三）增长极理论

增长极理论是一种合成理论，是指那些通过解释地区的发展过程，说明在增长中的都市中心确实诱使周围地区的经济增长的各种假说，包括缪尔达尔的循环积累因果原理。1950 年，法国经济学家帕鲁（F. Peroux）在一篇分析有支配效果发生的经济的非均衡增长的文章中引入了“推动性单位”（Propulsive Unit）和“增长极”（Growth Pole）的概念。所谓推动性单位，就是一种起支配作用的经济单位，当它增长或创新时，能诱导其他经济单位增长，推动性单位有可能是一个工厂，或是同部门内的一组工厂，或是有共同合同关系的某些工厂的集合。帕鲁致力于推动性单位的特征及推动性单位对其他经济单位增

---

①② Marshall A, *Principles of Economics* ［M］, London : Macmillan. 1920 (1890) .

长诱导机制的研究。“如果一个有支配效应发生的经济空间被定义为力场，那么位于这个力场中的推动性单位就被描述为增长极”，“增长极是在特定环境中的推动性单位”，“它是和周围相联系的推动性单位”。根据他的思想，后来的学者把增长极定义为“围绕主导工业部门而组织的有活力的高度联合的一组工业，它不仅本身迅速增长，而且通过乘数效应带动其他经济部门增长”。

(四) 新产业区学派

1977年，意大利的社会学者巴格纳斯科（A. Bagnasco）首次对意大利东北部（他称为“第三意大利”）地区的特点进行了研究；巴卡提尼（A. Bacattini）在系统分析了意大利佛罗伦萨附近的图斯坎（Tuscan）的一些产业区后，首次提出了新产业区的概念：新产业区是具有共同社会背景的人们和企业在一定自然地域上形成的社会地域生产综合体。他指出了产业区的经济特点是劳动分工中的外部性，产业区内企业间的互动是有社会文化支持的。

1984年，皮埃尔（M. Piore）和赛伯（C. Sabel）在二人合著的《第二次产业分工》（The Second Industrial Divide）一书中，首次对19世纪的产业区再现的现象进行了解释，并提出了这种发展模式的特点是灵活性加专业化。他们认为，“第三意大利”的产业区发展，是中小企业在弹性专精基础上实现的集聚。而这些中小企业集聚区，由于专业化程度高、企业间协同作用强，可以与以大企业为核心的区域进行竞争。

意大利学派对集群研究的贡献主要有以下三点[①]：

(1) 意大利学派所做出的“灵活性和专业化作为大批量生产的替代”的这一论断是基本正确的。目前，这种论断获得了学术界和企业界的广泛承认。统计数字也支持了这种观点。

(2) 意大利学派提出的“创新和技术的学习是一种有特殊地方性的现象”的观点，也越来越普遍地被经济学者所接受。

(3) 意大利学派强调，区域经济成功地应对未知世界的根本，是适当的制度网络。在他们的影响下，现代经济学界和管理学界的大量文献对生产系统的网络范式进行了研究，而且已经从单一的企业分析转向了商品链的分析。

以弹性专精为主要理论依据的意大利学派虽然提出了关于合作和竞争、信任和制度以及网络的重要性。但是，他们过于理想化地认为，世界经济都由参加贸易的专业化产业区组成，而且没有足够重视产业区长期发展的“学习”因素，因此，这个理论是不完整的。

(五)“新的产业空间”学派

该学派认为，不确定的市场条件和技术路径已经取代了过去那些外生的和内生的确定性市场条件。因此，为了减少技术锁定（technological lock-in）、劳动力囤积以及生产能力过大的风险，生产需要外部化（垂直分离）。他们认为，交易费用成为和地理距离有关的各种生产费用中最重要的费用。因此，为了使交易费用最小化，企业需要集聚。不仅如此，该学派还认识到，集聚本身就是一种动力源泉。集聚一旦存在于一地，它会形成产业社区，因此，知识和技术的交流会随之而知，内生的发展就会出现。

“新的产业空间”学派没有特别强调历史方面的背景，而是建立新的产业空间的概念，

---

① Marshall A. *Principles of Economics* [M], London: Macmillan. 1920 (1890).

用这种理论可以解释美国硅谷的产生。也就是说，在工业发展的历史长河中，常常会出现这样的情况：在原先主要工业地区或城市中心之外意料不到的地方，突然兴起了工业。洛杉矶这个历史上以橘园和健康疗养胜地而驰名的地方，在第一次世界大战时变成了飞机制造中心，20 世纪 30 年代跻身世界先进之列；圣克拉拉、菲尼克斯、达拉斯在美国过去都是不显眼的地方，20 世纪 50 年代成为半导体工业的发源地，从此迅猛发展。

这种理论比意大利学派的新产业区理论优越的是，它可以解释任何企业规模的组合形式，可以解释任何产业部门，任何产业间的联系。该学派的不足之处在于片面强调投入产出关系的本地化、贸易相互依赖的本地化等，不足以分析弹性生产中的集聚现象。

(六)“创新环境”学派

“创新环境”学派以马歇尔有关知识和组织的论述为主要理论渊源。他们的主要概念是社会文化环境，通过这个概念把产业的空间集聚现象与创新活动联系起来。创新环境理论认为，产业的本地化包括提升整个社区的技术和专业化水平，提供丰富的高素质劳动力，增加辅助的贸易和专业化服务，满足众多公司的需求，为采用更加专业化的机械创造条件。企业集聚使大家可以共享单个企业无法实现的大规模生产和技术、组织创新的好处。不过，相对于马歇尔强调企业家个人主义的自由发展，反对政府干预的倾向，创新环境研究则更强调产业区内创新主体的集体效率，强调创新行为的协调作用，并把创新网络和集体学习的概念应用到公共管理政策中去。

创新环境理论实际上重申了马歇尔产业区学派的主体—创新存在于某种无形的氛围之中，有创新环境的地方才有创新。尽管创新环境学派反复强调环境的性质，但是没有特别说明它的机制和过程，也没有说清为什么本地化可以使技术和组织更加富有活力。因此，创新环境理论也是一种不完全的理论。

(七)新经济地理学理论

20 世纪 90 年代以克鲁格曼（P. Krugman）为代表的新经济地理学理论为产业集聚的产生提供了很好的解释。克鲁格曼以规模报酬递增、不完全竞争的市场结构为假设前提，在迪克西和斯蒂格里茨（Dixit and Stiglitz）1977 年一个有独创性的垄断竞争分析模型的基础上，认为产业集聚是由企业的规模报酬递增、运输成本和生产要素移动通过市场传导的相互作用而产生的。他偏重密切的经济联系导致集聚而非比较优势，并且认为技术外溢是集聚的次要因素，因为低技术产业也能形成集聚。在迪克西和斯蒂格里茨模型中，运输成本以萨缪尔森的“冰山”形式而内生。对于消费者：他喜好多样化的消费，不同种类的消费品替代弹性越小，种类越多，价格指数就越低，消费者的效用水平也就越高；对于生产者：由于企业规模报酬递增，面对消费者对产品种类的不同偏好，每个企业生产不同的工业品，这样就加深了生产的分工程度。为实现足够的规模经济，每个企业都想使自己的产品能够独占一国的消费市场；为使运输成本最小化，他便倾向于将区位选择在市场需求大的地方，但大的市场需求又取决于所有其他企业的区位选择。以制造业为例，一方面，只有制造业集中的区位才有较大的当地市场需求，这就产生一种向心力驱使新企业的加盟；另一方面，只有有较大市场需求的区位才有更大规模的制造业部门，有较大制造业部门的区位有较低的制造品价格指数，从而有能力支付工人一个较高的实际工资，这就产生了对劳动力的吸引。两方面结合就增强了产业集聚的程度。这样的循环累积过程使产业集聚一旦发生，就能自我增强而持续下去。克鲁格曼将最初的产业集聚归于一种历史的偶然，初始的优势因“路径依赖”而被放大，从而产生“锁定”效应，所以，集聚的产业和集聚的区位都具有“历史依赖性”。

克鲁格曼认为，产业集聚并不是在任何情况下都能产生的。当贸易成本很低接近自由贸易时，各个区位的因素价格趋于均等化，因素价格差异不可持续，集聚不可能发生；在贸易成本很高时，各个区位只服务于本地的最终消费者；只有在维持中等水平的贸易成本、互为投入—产出联系的厂商之间的前后向联系效应最强。有较大制造业部门或拥有较多产业份额的国家能提供较多种类的中间产品，而中间产品种类较多的区域有较低的价格指数，使得该区域的厂商有较低的生产成本，这种前向联系效应使外部厂商被吸引力而进入该区域；而一个区域内的厂商越多，对中间投入品的需求也越大，这种后向联系效应就为既是中间投入的生产者又是消费者的厂商提供了巨大的本地市场。这种前后向联系产生的强大的向心力，集聚才得以发生。

产业的空间集聚以相同的演化原理可以体现在不同的层次上：（1）在一个区域内第一产业与第二、三产业因集聚而造成的分离导致城乡分开；（2）一个国内制造业或服务业在某特定地域内范畴的集聚导致产业地方化；（3）在国际范围内，某种制造业或服务业在某一个或几个国家内集聚导致国际专业化。

克鲁格曼将贸易理论和区位理论相结合，用模型化的方法通过严密的数学论证从深层次上揭示了产业集聚发生的机制，弥补了马歇尔和韦伯观点的不足。但是，他比较强调大型公司的内部增长和组织间能量化的市场联系，而忽视了公司活动所产生的难以量化的非物质联系（如信息、技术联系）和非正式联系（如人际关系间基于信任的联系）。再者，企业层面上的规模收益递增应该指的是企业内部的规模经济，它是一个涉及企业规模大小的有度的概念，只有在企业节约的交易费用大于其内部组织成本时，企业规模才会扩大。企业规模扩大的界限是：企业将倾向于扩张到企业内部组织一笔额外交易的成本等于通过公开市场上完成同一笔交易的成本或在另一个企业中组织同样交易的成本为止。[①] 企业通过外部经济内部化来扩大规模其实是市场向企业转化的规模，超过一定的限度，企业的规模经济就变为规模不经济了。所以，产业集聚的优势应是企业内部规模经济和企业外部规模经济（包括市场、劳动和资本的规模收益递增）共同作用的结果。产业集聚的程度越大，规模越大，也就使企业所在产业的整个规模扩大了。这样，中间投入品的种类更多，分工更细，消费品种类也更多，提高了居民的效用水平。但产业集聚规模也有一个最佳限度，视产业集聚区的承载力及可开发性、基础设施的可通达性而定。过度的集聚会造成地价上升、场地拥挤、环境污染等，虽然企业间的前后向联系所产生的向心力与贸易成本和地租所产生的离心力的强弱抗衡会决定集聚与分散，但企业迁移的惰性和市场机制的自发作用倾向于增大集聚规模。因此，要使集聚与分散适度，必须加强政府的干预。

（八）波特的产业集群理论

1990 年，波特在《国家竞争优势》一书中，从产业竞争力角度，引入了“产业集群”（industrial cluster）（作为产业集聚的表现形式）概念，进一步丰富了五种竞争力分析[②]，也标志着波特的战略思维从“竞争”转向“竞合”。

---

① 王辑慈：《创新的空间——企业集群与区域发展》，北京，北京大学出版社，2001。

② 李仁君：《 产权界定与资源配置：科斯定理的数理表述》，载《南开经济研究》，1999（1）。

波特指出，传统的比较优势理论认为，一国产业竞争力主要来源于劳动力、自然资源、金融资本等物质禀赋的投入。然而，越来越多的例证显示，生产要素的比较优势并不足以解释国家或地区的产业竞争优势。例如，朝鲜战争结束时的韩国，资本奇缺，却建立了出口导向的钢铁、造船、汽车等资本密集产业；在资源有限、必须依赖进口原料的意大利，小型、私人与松散的家庭企业构成制鞋、纺织与珠宝等产业的骨干，成为这些产业创新与发展的动力温床；荷兰长年低温、湿寒，却每年出口鲜花高达10亿美元，成为全球第一大鲜花出口国。

事实上，全球化移去了人为的贸易和投资壁垒，使传统投入要素的产地变得不再重要，竞争力的大小也不再由先天承继的自然条件所决定，公司因此也没有必要设立在原料或者低成本的劳动力市场附近，而应该选择有利于生产率增长的地域。

国内外大量例证显示，集群不仅仅降低了交易成本、提高了效率，而且改进了激励方式，创造出信息、专业化制度、名声等集体财富，更重要的是，改善了创新条件，加速了生产率的成长，也有利于新企业的形成。

为了进一步研究产业集聚的形成机制，波特运用了“钻石体系”（见图2—7），即生产要素、需求条件、企业结构与同业竞争、相关产业和支持产业的表现四个要素。四要素中的前两项——生产要素与需求条件是对比较优势分析方法的继承与延伸，而后两大因素对钻石体系的动态发展影响深远，它们的重要性在于推动了整个钻石体系的升级，促使钻石体系内部各要素之间的互动。换言之，国家或地区产业竞争优势不仅取决于生产要素与市场发展空间的优劣势，更取决于要素的组合方式，如企业所有制结构、组织结构、同业竞争状况、相关产业与支持产业的发展状况等。

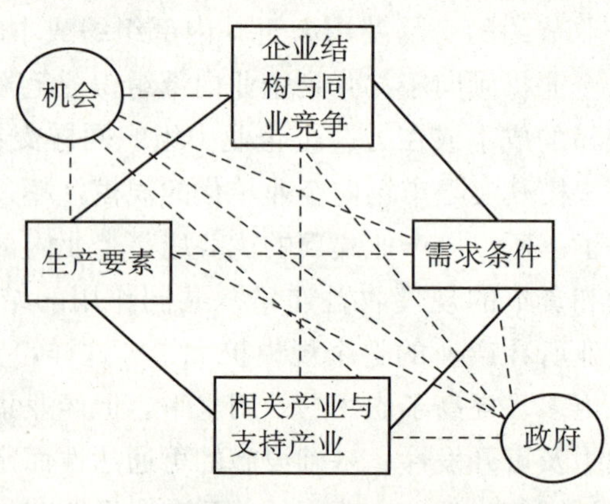

图2—7 钻石体系①

钻石体系中还有两个重要因素不可忽略，那就是“机会”与“政府”。这两个因素虽然不是钻石要素的组成部分，但它们对钻石体系中每个要素都会产生或多或少的影响。引发机会的事件会打破钻石体系原本的平衡，提供新的竞争空间，也会影响到各个要素本身的变化；政府可以以不同的方式和不同的角色来改善钻石体系中各要素的状态，政府的政策也受到环境中其他关键要素的影响。

产业集聚的理论与实践使传统的产业结构升级理论受到挑战。意大利、荷兰都属于发

① ［美］迈克尔·波特：《国家竞争优势》，北京，华夏出版社，2002。

达国家，但由于产业集聚的优势，制鞋、时装、家具、食品、纺织、珠宝、鲜花等产业至今仍是其主要的产业。此外，丹麦的家庭用品产业（日用品到家具）、瑞典的造纸业等，都是这些发达国家相对于其他国家而言，具有优势的产业。这些国家产业结构的状况揭示了一个传统产业升级理论无法解释的产业结构升级路径：传统产业通过创新提高附加价值。

当企业投资于集群经济的网络中，它将得益于由竞争者、购买方和供应方组成的一个稠密的网络的协调作用。这种资源和能力的集中可以吸引“寻求效率”的国内外公司的投资。跨国公司投资地点的选择也开始由具有比较优势的地区转向集群经济发达的地区。例如，技术创新活动集聚的地区（如美国加利福尼亚的硅谷、剑桥的硅沼、斯德哥尔摩的无线电谷、北京的中关村）对于吸引国外高科技直接投资具有显著的有利条件。①

■ 五、市场的需求状况

市场分析的另一个重要方面是对市场需求状况的分析。市场需求状况直接与公司营销战略决策有关。下面从市场需求的决定因素与需求价格弹性两个角度，对市场需求进行探讨。

（一）市场需求的决定因素

经济学理论认为，决定一个消费者对一种产品的需求数量的主要因素有：该产品的价格、消费者的收入水平、相关产品的价格、消费者的偏好、消费者对产品的价格预期等。一个市场上所有消费者对该种产品的总需求量还取决于这个市场上消费者的数量。市场营销学中有这样一个公式：市场需求＝人口×购买力×购买欲望。这个公式概括了上述的各个决定因素：人口对应一个市场上消费者的数量；购买力对应消费者的收入水平；购买欲望对应产品价格、消费者偏好、相关产品的价格和消费者对应产品的价格预期等。

在市场需求的决定因素中，人口和购买力是生产厂商难以控制的因素，对这两方面因素的研究一般作为进入一个新的领域的考察依据。例如，自1993年以来，我国连续多年成为吸收外商直接投资的第二大国，主要原因之一，就是我国众多的消费人口和日益强劲的购买力。在改革开放以前与改革开放初期，我国虽然也有同样的人口优势，但消费者收入水平低下，不能形成强大的市场需求，因而大大影响了外商投资的数量。

市场需求的决定因素中消费者购买欲望这一因素则是生产厂商可以把握的因素，也是众多厂商市场营销策略的着眼点。产品的价格、差异化程度、促销手段等环节可能会影响消费者的购买欲望，而这些环节又往往与市场竞争策略交织在一起。

（二）需求价格弹性

经济学为了简化分析，在决定产品需求量的各种因素中，假定其他因素保持不变，仅分析一种产品的价格变化对该产品需求量的影响，即把一种产品的需求量仅仅看成是这种产品价格的函数，于是，就有了需求函数的概念，即需求函数表示一种产品的需求量和价格之间存在着一一对应的关系。当我们用一个横轴代表需求量、纵轴代表价格的坐标系来描述这种关系时，需求函数又可以用需求曲线表示出来（见图2—8）。

一般说来，一种产品价格越高，该产品的需求量就会越小；反之，价格越低，需求量

---

① ［美］迈克尔·波特：《国家竞争优势》，北京，华夏出版社，2002。

就会越大。所以，需求曲线一般向右下方倾斜。

与需求函数相关的另一个重要的概念是需求的价格弹性（简称为需求弹性），即需求对价格变化的反应程度。粗略地说，如果需求相对于价格的变化反应大，我们就说该产品的需求价格弹性大，反之，则说明该产品的需求价格弹性小。需求价格弹性在需求曲线上表现为曲线的斜率，即曲线的倾斜程度。在图 2—9 中，产品 A 与产品 B 的两条需求曲线 D_A 与 D_B 的斜率不同，产品 A 的需求价格弹性较小，而产品 B 的需求价格弹性较大。

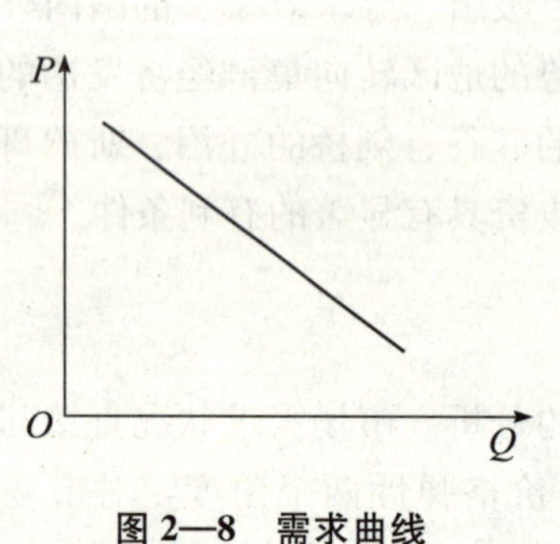

图 2—8　需求曲线

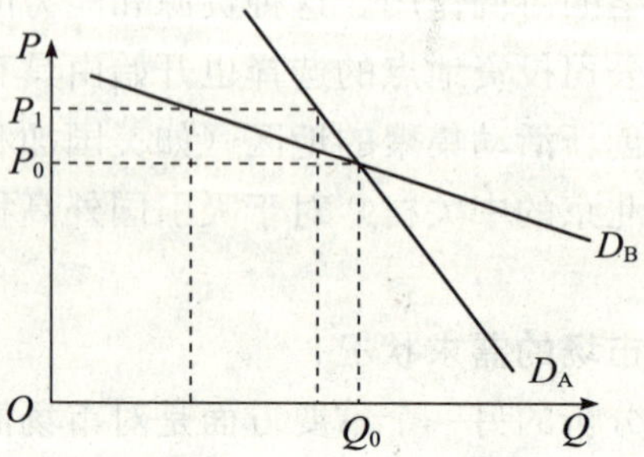

图 2—9　需求曲线与需求价格弹性

产品的需求弹性也是市场需求分析的重要内容，它是决定公司收益水平的关键因素。为了阐明论述，我们不妨先讨论一个国人早已关注到的现象：

一些外国的产品，在我国市场上的销售价格反而低于该产品在生产国本国的销售价格，如日本的富士胶卷和美国的柯达胶卷在我国的售价远远低于其在日本和美国的售价。对这一“胶卷现象”，有人解释为是外国生产厂家占领中国市场的惯用手段——早期低价占市场，后期高价赚利润；也有人解释为是由于我国民族工业的支柱——乐凯胶卷的价格牵制作用。这些解释当然不无道理，但难以用来全面解释其他类似的现象。例如，日本生产的 PENTAX 相机，在韩国市场上的售价低于在日本本国的售价，而在中国市场上的售价不仅低于在日本本国的售价，也低于在韩国的售价。

可以明确的是，这些现象的背后，是产品的需求价格弹性在起作用。产品的需求价格弹性可能是不同的（这种不同，可能表现为同一地域上的两种产品，也可能表现为一种产品在不同的地域），那么，生产厂商最佳的定价策略，应遵循“逆弹性法则”，即对需求弹性低的产品定高价，而对需求弹性高的产品定低价。其中的道理可用图 2—9 来说明。

在图 2—9 中，产品 A 的需求弹性小，当价格从 P_0 升至 P_1 时，需求量减少很少，总销售收益增加。而当价格从 P_1 降至 P_0 时，需求量增加很少，总销售收益减少；而产品 B 的需求弹性大，当价格从 P_0 升至 P_1 时，需求量减少很多，总销售收益减少；而当价格从 P_1 降至 P_0 时，需求量增加很多，总销售收益增加。因此，生产厂商采用“逆弹性法则”，可以获得更高的收益。

影响产品需求价格弹性的主要因素有：

（1）产品的可替代程度。一般来说，一种产品的可替代品越多，相近程度越高，该产品的需求弹性就越大；反之，该产品的需求弹性就越小。

（2）商品对购买者的重要程度。一般来说，生活或生产的必需品的需求弹性较小，非必需品的弹性较大。

（3）购买者在某一商品上的支出在其总支出中所占的比重。一般来说，购买者在该商品上的消费支出在其总支出中所占的比重越大，该商品的需求弹性越大；反之，则越小。

(4) 购买者转换到替代品的转换成本。转换成本越大，需求弹性越小，转换成本越小，需求弹性越大。

(5) 购买者对商品的认知程度。一种新产品，购买者对其不了解时，需求弹性一般比较大，当购买者认知了该产品，甚至对产品产生了依赖，其需求弹性就会变小。

(6) 购买者对产品互补品的使用状况。例如，对一个拥有汽车的人来说，汽油价格的升降不大会影响其汽油消费量。

影响需求价格弹性的因素与五种竞争力模型中影响购买者讨价还价能力的因素有很多相似之处。事实上，一种产品需求弹性与购买该商品的购买者的讨价还价能力是正相关的。

六、成功关键因素

成功关键因素（KSF）是指公司在特定市场获得盈利必须拥有的技能和资产。[①] 成功关键因素所涉及的是那些每一个产业成员所必须擅长的东西，或者说公司要取得竞争和财务成功所必须集中精力搞好的一些因素。

成功关键因素是企业取得产业成功的前提条件。下面三个问题是确认产业的关键成功因素必须考虑的：

(1) 顾客在各个竞争品牌之间进行选择的基础是什么？

(2) 产业中的一个卖方厂商要取得竞争成功需要什么样的资源和竞争能力？

(3) 产业中的一个卖方厂商获取持久的竞争优势必须采取什么样的措施？

在啤酒行业，其成功关键因素是充分利用酿酒能力（以使制造成本保持在较低的水平上）、强大的批发分销商网络（以尽可能多地进入零售渠道）、上乘的广告（以吸引饮用人购买某一特定品牌的啤酒）；在服装生产行业，其成功关键因素是吸引人的设计和色彩组合（以激发购买者的兴趣）以及低成本制造效率（以便制定吸引人的零售价格并获得高利润率）；在铝罐行业，由于空罐的装运成本很大，所以成功关键因素之一就是将生产工厂置于最终用户的近处，从而使得生产工厂出来的产品可在经济的范围之内进行销售（区域性市场份额远远比全国性的市场份额重要）。表 2—3 列出了几种最一般的关键成功因素清单。

表 2—3　　常见的几种成功关键因素[②]

与技术相关的成功关键因素：
•科学研究技能（在下面这些领域中尤为重要：制药产业、药品产业、空间探测以及其他一些高科技产业）
•在产品生产工艺和过程中进行有创造性的改进的技术能力
•产品革新能力
•在既定技术上的专有技能
•运用互联网发布信息、承接订单、送货或提供服务的能力

① 联合国贸易和发展会议《2001 年世界投资报告》。

② 成功关键因素的概念由 Hofer C 和 D. Schendel 提出，见 *Strategy Formulation: Analytical Concepts*, St, Paul, West, 1977。

（续前表）

与制造相关的成功关键因素： • 低成本生产效率（获得规模经济，取得经验曲线效应） • 固定资产很高的利用率（在资本密集型/高固定成本的产业中尤为重要） • 低成本的生产工厂定位 • 能够获得足够的娴熟劳动力 • 劳动生产率很高（对于劳动力成本很高的商品来说尤为重要） • 成本低的产品设计和产品工程（降低制造成本） • 能够灵活地生产一系列的模型和规格的产品照顾顾客的订单
与分销相关的成功关键因素： • 强大的批发分销商/特约经销商网络（或者拥有通过互联网建立起来的电子化的分销能力） • 能够在零售商的货架上获得充足的空间 • 拥有公司自己的分销渠道和网点 • 分销成本低 • 送货很快
与市场营销相关的成功关键因素： • 快速、准确的技术支持 • 礼貌的客户服务 • 顾客订单的准确满足（订单返回很少或者没有出现错误） • 产品线和可供选择的产品很宽 • 商品推销技巧 • 有吸引力的款式/包装 • 顾客保修和保险（对于邮购零售、大批量购买以及新推出的产品来说尤为重要） • 精明的广告
与技能相关的成功关键因素： • 劳动力拥有卓越的才能（对于专业型的服务，如会计和投资银行，这一点尤为重要） • 质量控制诀窍 • 设计方面的专有技能（在时装和服装产业尤为重要，对于低成本的制造也是一个关键的成功因素） • 在某一项具体的技术上的专有技能 • 能够开发出创造性的产品和取得创造性的产品改进 • 能够使最近构想出来的产品快速地经过研究与开发阶段到达市场上组织能力 • 卓越的信息系统（对于航空旅游业、汽车出租业、信用卡行业和住宿业来说很重要） • 能够快速地对变化的市场环境作出反应（简捷的决策过程，将新产品推向市场的时间很短） • 能够娴熟地运用互联网和电子商务的其他侧面来做生意 • 拥有比较多的经验和诀窍
其他类型的成功关键因素： • 在购买者中间拥有正面、良好的公司形象/声誉 • 总成本很低（不仅仅在制造过程中） • 便利的设施选址（对于很多的零售业务都很重要） • 公司的职员在所有与顾客打交道的时候都很礼貌、态度和蔼可亲 • 能够获得财务资本（对那些最新出现的有着高商业风险的新兴产业和资本密集型产业来说是很重要的） • 专利保护

成功关键因素随着产业的不同而不同，甚至在相同的产业中，也会因产业驱动因素和竞争环境的变化而随时间变化。对于某个特定的行业来说，在某一特定时候，极少有超过三四个关键成功因素。甚至在这三四个关键成功因素之中，也有一两个占据较重要的

地位。

如表 2—4 所示，原料资源是石油工业的关键，决定了石油生产者的利润。在纯碱工业中，生产技术是关键。企业要获得同样质量的纯碱，汞制作法的效益要比半透膜法高两倍以上，利用后一种方法的企业，无论做多大的努力减少额外成本，也不可能在经营上取得成功。

表 2—4　　不同产业中的成功关键因素①

工业部门类别	成功关键因素
铀、石油	原料资源
船舶制造、炼钢	生产设施
航空、高保真度音响	设计能力
纯碱、半导体	生产技术
百货商场、零部件	产品范围、花色品种
大规模集成电路、微机	工程设计和技术能力
电梯、汽车	销售能力、售后服务
啤酒、家电、胶卷	销售网络

随着产品寿命周期的演变，成功关键因素会也发生变化（见表 2—5）。

表 2—5　　产品寿命周期各阶段中的成功关键因素②

阶段	投入期	成长期	成熟期	衰退期
市场	广告宣传，争取了解，开辟销售渠道	建立商标信誉，开拓新销售渠道	保护现有市场，渗入别人的市场	选择市场区域，改善企业形象
生产经营	提高生产效率，开发产品标准	改进产品质量，增加花色品种	加强和顾客的关系，降低成本	缩减生产能力，保持价格优势
财力	利用金融杠杆	集聚资源以支持生产	控制成本	提高管理控制系统的效率
人事	使员工适应新的生产和市场	发展生产和技术能力	提高生产效率	面向新的增长领域
研究开发	掌握技术秘诀	提高产品的质量和功能	降低成本，开发新品种	面向新的增长领域
成功关键因素	销售、消费者的信任、市场份额	对市场需求的敏感、推销产品质量	生产效率和产品功能、新产品开发利用	回收投资，缩减生产能力

同一产业中的各个企业，也可能对该产业成功关键因素有不同的侧重。③ 例如，在书写产业中，美国的派克公司和柯尔斯公司均很成功，但它们对书写产业的成功关键因素各有侧重。派克公司侧重于无孔不入的广告宣传和大量的销售渠道，而柯尔斯公司侧重于产品质量、产品在消费者心目中的形象和有选择的销售渠道。又如，在我国 VCD 生产企业中，“步步高”和“新天利”都曾经是比较成功的企业，但是前者更注重各种媒体的宣传，而后者则将工作重心放在新产品的开发上。

---

① ［美］汤姆森等，段盛华等译：《战略管理》，北京，北京大学出版社，2000。

②③　徐二明：《企业战略管理》，北京，中国经济出版社，1998。

◀本章小结▶

·宏观环境的主要影响因素是PEST四个主要方面。运用PEST分析要把握宏观环境的现状及变化趋势，利用有利于企业发展的机会，避开环境可能带来的威胁。

·波特建立在产业组织理论基础上的五种竞争力模型是研究产业竞争环境的重要方法，亚非提出了第六个要素，即互动互补作用力，进一步丰富了波特产业结构理论框架。

·波特产业内战略群体理论以及20世纪90年代后人们对战略群体理论新的发展，使得这一理论成为产业环境分析的一个重要工具。

·产业的演变包括两个层面：一是产业生命周期的变化；二是产业结构的演变规律。前者是对一个产业的发展变化进行考察，后者则是从多个产业部门之间的关系进行分析。

·波特关于竞争战略的研究从五种竞争力发展至钻石模型，标志着战略思维从“竞争”转向“竞合”。

·市场需求的决定因素、产品需求价格弹性概念，是市场需求分析的主要内容，也是企业营销战略重要的理论基础。

·成功关键因素分析是产业和市场分析不可或缺的重要内容，是企业取得产业成功的前提条件。不同的产业、产业不同的生命周期阶段，成功关键因素不尽相同；不同的企业对产业的成功关键因素侧重点也有所不同。

★ 关键概念

PEST分析 宏观环境分析主要因素，即政治与法律环境（Political)、经济环境（Economic)，社会文化和自然环境（Social)、技术环境（ Technological)。

五种竞争力 波特于1980年提出了产业结构分析的基本框架——五种竞争力分析，即潜在进入者、替代品、购买者、供应者与现有竞争者。

进入障碍 指那些允许现有企业赚取正的经济利润，却使产业的新进入者无利可图的因素。

规模经济 指在一定时期内，企业所生产的产品或劳务的绝对量增加时，其单位成本趋于下降。

学习曲线（经验曲线） 指当某一产品累积生产量增加时，由于经验和专有技术的积累所带来的产品单位成本的下降。

直接产品替代 即某一种产品直接取代另一种产品。

间接产品替代 即由能起到相同作用的产品非直接地取代另外一些产品。

战略群体 指某一个产业中在某一战略方面采用相同或相似战略，或具有相同战略特征的各公司组成的集团。

产业生命周期 由于产业是用产出来定义，产品的生命周期阶段就是产业的生命周期阶段。可分为开发期、成长期、成熟期和衰退期四个阶段。

钻石模型 波特1990年从生产要素、需求条件、企业结构与同业竞争、相关产业和支持产业的表现四个方面研究产业集聚。

成功关键因素 指公司在特定市场获得盈利必须拥有的技能和资产。

案例分析

案例 2—1 产业内现有企业的竞争①

一个权威的市场研究机构估计，2015 年，中国将成为世界第三大汽车市场（仅次于美国和日本）；2020 年中国将成为世界最大的汽车市场。因此，自 2000 年起，在中国汽车市场上，国内国外各大汽车厂商群雄逐鹿。近年来，在轿车市场上的竞争呈现出以下特点。

1. 众多的竞争对手

至 2002 年，世界主要汽车集团已经全部在我国建立了生产轿车的合资企业，国内资本也纷纷投向轿车制造业。1998 年，中国汽车整车生产企业为 115 家，2004 年为 119 家，加上 2004 年的几起并购案，目前数量仍在 100 家左右，这个数量相当于美日欧各主要汽车生产国汽车厂数量之和。其中，轿车生产企业总数达 32 家，产能已达 380 万辆。

2. 差异化竞争是竞争的主要方面

在国内轿车市场上，品牌、车型、排气量等方面的差异性，成为目前影响销售量的重要因素。

2004 年国内 32 家轿车生产企业销售的轿车总计有 65 个品牌，全年销量超过 10 万辆的品牌有 5 个，其销量占全部销量的 31.05%。全年销量超过 5 万辆的品牌，其品牌的数量占品牌总数量的 26.15%，而其销量占总销量的65.60%。有 47.69%品牌的销量在 1 万～5 万辆之间，其销量也占全部销量的 31.23%。值得关注的是，有 26.15%品牌的年销量在 1 万辆以下，仅占全部销量的 3.17%。

2004 年国内轿车市场上在 160 个车型大类（仅按发动机排量、变速器形式和两厢或三厢区分）中，年销量在 10 万辆以上的车型只有 2 个；将近 50%的年销量集中在 30.63%的车型上；42.50%的车型的合计年销量只占总销量的 6.58%。许多车型并未得到消费者的广泛认同，这些车型必将被淘汰。

目前，国产轿车的发动机排量从 0.8～3.5L 共有 18 个档次，将近 60%的年销量集中在 1.6L、1.8L 和 2.0L 这三种排量上，原因是这样的车型兼顾了私人用车、城市出租车和一般公务用车的需要。1.0L、1.3L 及 1.4L 排量的车型主要是家庭私人用车，同时也有相当一部分是小城镇用于营业的车辆。81.41%的销量集中在 1.0～2.0L 的七个排量的车型上。大排量的车型有一些需求，总销售量不会太大。

3. 价格竞争日趋激烈

从 2004 年 4 月份开始，我国轿车市场增长趋缓，累计销量的增幅与去年同期相比逐月下降，从 3 月末的 52.97%下降到年末的 14.18%，这一变化令轿车业内人士始料不及。为增加销售数量，各生产厂家纷纷降低销售价格。2004 年轿车销售按发动机排量统计的情况降价涉及的车型之多、幅度之大以及频率之高是前所未有的。

从目前的情况看，中国车市的价格仍然整体偏高。从汽车单价上看，尽管和欧美市场相比，中国汽车排量、顶级豪华车和豪华车在整个汽车市场所占到比例不高，但中国汽车单价为 2.5 万美元以上，远远高出欧美市场 2.1 万美元左右的市场单价，这意味着中国汽车市场

① 资料来源：首都经济贸易大学 2003 级研究生作业，载中国报告大厅市场研究报告网，2005-05-11。

仍有不小的降价空间，毕竟，中国在制造成本、劳动力生产成本方面要远远低于欧美市场。

4. 退出壁垒大

有关统计表明，到2003年年底，我国汽车生产能力已超过550万辆，其中轿车产能在250万辆以上。2007年，我国汽车生产能力在1 200万辆左右，汽车工业生产能力有50%的富余。但是目前，不论是具有数十亿资金投入的跨国公司，还是年产不过几百部的众多的小型汽车制造厂，依然急于在群雄林立的市场上争夺一块蛋糕。其主要原因除对中国汽车市场前景总体看好外，同时也是被巨额投资套牢了，是“做了过河卒子，只好拼命向前”。此外，政府对于某些汽车企业的“过度保护”也使得该行业的退出机制受到很大程度的约束。

分析与思考

综上所述，进入21世纪，中国轿车市场的现有企业之间竞争激烈，产能过剩，退出障碍高。目前，竞争的主要着眼点仍然主要以差异化为主，但价格竞争正逐步成为主要的竞争手段。

1. 潜在进入者

在轿车产业现有生产能力利用率尚不高的情况下，2004年在建或准备生产轿车的企业有七家，现有企业中有两家企业易地新建生产基地、九家企业扩建工程已开工，新建和扩建的新增产能为181万辆。

根据影响因素的不同，潜在进入者有两大类：一是目前已在其他产业完成原始积累的民营企业；二是现有非轿车汽车厂商。

目前，中国一部分民营企业在完成了在其他产业的原始资本积累后，受到汽车产业高利润的诱惑，受到汽车产业中已有的民营汽车厂商榜样力量的影响，正踌躇满志准备进入这一产业。但是，由于受到轿车产业规模经济显著、现有企业对关键资源的控制、现有企业的市场优势、政府政策的限制等进入障碍的阻隔，现阶段这些民营企业想要成功进入并占有一席之地，其机会是相当渺小的。

第二类潜在进入者指国内现有非轿车汽车生产商，如厦门金龙、郑州宇通等客车生产商。这类企业目前在其细分市场中，已基本实现了规模经济，积累了丰富的管理运作经验，一旦进入轿车生产领域，将能够用较短时间和相对较低的成本实现规模经济。与潜在的民营企业相比，这类企业在一定程度上拥有技术优势，尽管其在发动、制动等技术方面尚不存在优势，但由于客车的安全舒适性要求比轿车要高，因此其拥有安全等方面的技术优势。国内一些中高档客车在消费者中已树立了良好的品牌形象，具有较高的品牌认知度，如果其进入轿车生产领域，将比民营企业拥有更高的品牌优势。但是，由于轿车与客车针对的购买者不同，轿车针对个人消费者和企业，客车主要针对企业或运输公司，目前这类企业现有的分销渠道是不适合轿车销售的，因此，与现有轿车生产厂商相比，其在分销体系中将长时间处于劣势。

综上，现有非轿车汽车生产商比民营企业具有更大的潜在进入威胁，对现有轿车生产商造成了一定的潜在进入危险。尽管目前轿车市场有较高的利润，但这些企业是否进入新的细分市场则取决于企业对风险的偏好程度。

2. 替代品

(1) 直接替代品的威胁。

由于资源与环境的制约，节能型、环保型汽车正日益形成对现行汽车产品的重大威胁。目前，汽车新能源的开发进程有三种方向：西欧大力发展轿车柴油化，已进入大规模产业化阶段；美国研究氢动力，尚未实现产业化；日本发展混合动力，已开始小规模产业化。欧洲清洁城市运输计划正在帮助九个欧洲城市获得燃料电池公共汽车和燃料补给站。中国在2004年初宣布要订购燃料电池汽车，在北京和上海试运行。

对轿车产业而言，直接替代品的威胁还必须考虑越来越多的城市由于公路拥挤、道路堵塞、停车空间有限等原因以及优先发展公共交通的政策对轿车产业造成的威胁。

(2) 间接替代品威胁。

即其他产业所提供的具有相同功能和用途的产品，如火车、轮船、飞机、地铁、自行车等。

除以上两种形式的替代外，还有几种常见的广义替代：一是二手产品对原产品的替代，如旧车市场，会或多或少地影响到同类新产品的销售；二是以提供特殊服务替代传统销售，如提供租车服务等。

3. 供应者

汽车产业中的供应商主要指零部件供应商，包括发动机系统、制动系统、燃料系统、安全系统、内饰件系统、车身和结构系统、玻璃系统、轮胎系统等。

目前，全球零部件产业发展呈现出企业兼并重组步伐加快的趋势。汽车零部件供应商兼并重组的一个主要动力来自降低成本的需要，将降低成本作为获得竞争优势的最重要手段。通过兼并重组减少了零部件企业数量，而零部件企业数量的减少，意味着扩大了单个零部件企业的规模，单个企业固定成本费用就会降低，从而使整车生产成本下降。

当前，全球汽车工业一级零部件供应商有600余家，二级供应商有1 000余家，通过企业之间兼并重组，未来几年的汽车零部件一级供应商将只有十几家、二级企业几百家、三级企业几千家。汽车零部件企业的整合所带来的规模经济特别是专业化，将促使零部件供应商提高集中程度，大幅度提高业务量。汽车零部件跨国公司的500强地位在上升，它们历年的排名次序都有所提升。这是因为21世纪以来，国际汽车产业实行重新分工，加大了汽车零部件供应商工作量的推动力。例如，博世公司，2000年为145名，2003年跃到94名，进入500强的前百名；电装公司从2000年的271位，上升到2003年的213位。相反，汽车公司主要企业排序则有所下降。例如，通用汽车公司1999年前一直保持500强首位，2000年降到第3位，2003年降到第5位；福特公司2000年为第4位，2003年下降到第6位。这些跨国零部件集团由于实现了规模上的高度集中和业务量的扩大，从而大大提高了其在汽车产业的供应链中讨价还价的能力。

在汽车产业全球化的过程中，跨国公司将零部件工业中的劳动密集型产业向低工资成本国家转移，在此背景下，国内集聚了世界主要零部件供应商和本土零部件企业。截止到2003年，我国可以统计的零部件企业有4 413家，其中三资企业800多家，约占1/5。国际资本的加入不仅带来了先进的技术，而且带来了新的观念、新的管理方法和新的运作方式。国外独资企业正在成为国内零部件产业的主力军。目前，一些国际跨国零部件集团已经在国内设立了多家独资公司，如德尔福公司，1994年进入中国，现在已经在中国投资4.5亿美元，拥有14家企业、一个技术中心和一个培训中心，其中4家为独资企业。独资的零部件企业拥有雄厚的资本、技术实力和丰富的运作经验。在激烈的市场竞争中，跨国零部件集团与本土零部件企业表现出了截然不同的讨价还价能力。

全球零部件产业发展呈现出的另一显著趋势是整车企业与零部件企业相互剥离、独立，提高了专业化分工程度。前者致力于整车开发、动力总成开发、装配技术和生产制造；后者接替了从整车企业中转移出来的制造和研发任务，在专业化分工的基础上，实现大规模生产，以满足全球同类企业的需求。同时，两者的关系更加紧密，即在整车厂开发深度和生产深度逐步降低的同时，零部件厂更多地参与整车企业的产品开发，进行联合开发、同步开发，甚至超前开发，零部件厂的生产和开发深度也不断提高，以至于能提供完整功能的零部件系统。正是在这样的趋势下，跨国零部件企业在供应链中表现出越来越强的讨价还价能力，其根本原因在于，不断深入的甚至是超前的研发活动，能够在供应链中提供越来越具差异化的产品。

跨国零部件集团提供的产品依据技术优势所体现的高度专用性，大大影响了零部件供应商的产业利润，在汽车产业中，强大的技术实力、研发能力是零部件企业能够处于讨价还价优势地位的核心竞争力。

与之相反，本土企业由于缺乏技术研发优势，在供应链中处于劣势地位。不但无法获得足够的订单，还要一次一次承受整车厂商由于整车降价带来的压力。本土企业不仅在技术上落后（例如，福耀玻璃由于无法达到某大厂商关于车身玻璃的技术要求，而不得不放弃丰厚的利润），而且其产品研发观念也相对陈旧。从产品开发方面讲，多数本土企业仍处于一种产品导向型观念，就是只从企业自身的专业基础出发，有什么产品，就向客户提供什么产品。市场要求客户具备一种导向型能力，即客户要什么产品，在企业专业产品范围中，就应该能够提供什么产品，暂时没法供应的，就要去开发，绝不能把客户拒之门外，这种理念上的转变至关重要。

综上，在汽车产业的供应链中，中国市场作为全球市场不可分割的一部分，充分体现了全球市场的发展现状。在中国市场上，跨国零部件集团以其强大的技术研发实力，有强大的话语权，讨价还价能力强；本土企业由于处于较低层次，没有技术的支持，在供应链中处于劣势地位。

4. 购买者

（1）买者的集中程度或业务量大小。

在汽车市场中，主要买方为私人和集体两类。在集体购买中又可以分：公司为使用购买；公司为租赁购买；公司为代理购买。私人购买由于买方规模小，很难在讨价还价上对汽车销售者构成威胁。一般汽车明码标价，私人购买者按价付钱。此外，据统计，全国小轿车私人购买率已达到70%，北京小轿车购买率已达到90%，预示着将来的购买市场主要集中在私人上。私人的讨价能力有限，所以对汽车制造商是有利消息。

集体购买时，会产生一定的讨价条件，但是10辆左右的业务量仍构不成威胁。所以，相对于汽车行业来说，买者一般都没有太大的规模，以至于来自讨价还价的威胁不会太大。

汽车代理商对汽车价格的讨价还价能力较强。作为汽车的经常性的大批量购买者，代理商们对供应商的价格有很大的讨价优势。制造厂商一定程度的让利是必然的，但是考虑到国内轿车代理商的数量几倍于轿车制造商，在讨价还价过程中占绝对优势的还是汽车厂商们，他们对最低价的控制起着决定性的作用。

（2）降价激发了消费者畸形的理性形成。

随着我国进入 WTO，很多贸易受到国际化的影响，轿车产业更是如此。轿车进口关税大幅下调，从从前的 200%逐渐下降到 2006 年 7 月 1 日的 25%，进口车的成本低了，自然会降价。这使国产车的压力增大，以至于国产车必须降价促销。我国汽车产业连续的降价冲击：一方面要求制造商进一步降低成本；另一方面也激发了消费者的购买欲。

同时，消费者开始理性地考虑自己的购买行为。随着价格的不断调整，消费者会继续选择持币待购，这会进一步刺激厂家降价，加大消费者对降价的进一步期待，形成“持币待购——轿车降价——进一步观望与持币待购”的怪圈。

（3）购买者自身条件的变化。

我国城乡居民的工资水平上涨有望促进轿车车市场的繁荣。

从我国城镇居民目前的收入情况来看，至少有 3 亿左右的居民有能力购车。经过三十余年改革开放的积累，我国居民收入水平普遍提高，按国际惯例，人均 GDP 超过 1 000 美元就进入汽车私人消费的快速增长期，我国东部沿海地区大部分居民已有能力进行汽车消费。中国城市人口有 2 亿多，略低于美国的人口，超过日本的人口，规模相当大，是一个潜力巨大的市场。

另据调查，五成以上城镇居民有购车意愿；八成居民认为家用轿车的合适价位是 10 万元以内。这些数据集中反映了家用轿车买方市场的基本倾向和购买力，也表明生产销售这一价位轿车的广阔市场。

综上所述，买方市场对汽车行业是有一定压力的。买方各种信息的增加和自身队伍的壮大对卖方来说既是机遇又是压力。但是，汽车是一种奢侈品，价格弹性较高，所以卖方稍一降价就会引起买方的大量购买，销售总额会大于降价造成的利润损失。

分析与思考

（1）通过上述中国轿车产业的五种竞争力分析，可以得到下表，显示五种竞争力的强弱。

中国轿车产业五种竞争力分析

竞争力量	对利润的威胁程度
产业内现有企业竞争	高
潜在进入者	中等
替代品	高
供应者的力量	高
购买者的力量	高

（2）建议学员借鉴轿车产业五种竞争力分析，分析某个产业的五种竞争力状况。

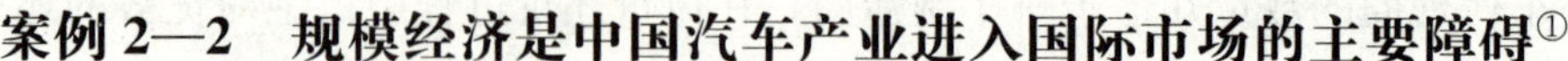

案例 2—2 规模经济是中国汽车产业进入国际市场的主要障碍①

根据美国哥伦比亚大学的一份研究报告的观点，汽车工厂最低经济规模，排气量为1～2升的单系列生产轿车厂为25万～30万辆，中型货车厂为6万～8万辆，轻型货车总装厂为10万～12万辆。按此标准，中国前几年能够达标的厂商寥寥无几，大多数厂商距最低经济规模还有较大差距，这也是中国汽车进入国际市场的一个主要障碍。随着中国汽车工业的迅速发展，2006年中国汽车总产量达720万辆，集中度也大大提高。据统计，2007年，中国共有100多家整车生产企业，一汽、上汽、东风、长安等十大汽车厂家产销量占全国汽车产销总量的八成以上。其中，仅长安集团一家2007年生产汽车87万辆。2010年，长安的"西南、华东、华中、华北"四大基地实现汽车年产销量200万辆以上，年产值超过1 000亿元，这为长安集团开拓国际市场、跻身于世界级汽车企业集团行列奠定了基础。

分析与思考

（1）比较规模经济与学习曲线的概念。

规模经济是指在一定时期内，企业所生产的产品或劳务的绝对量增加时，其单位成本趋于下降。学习曲线是指当某一产品累积生产量增加时，由于经验和专有技术的积累所带来的产品单位成本的下降。规模经济与学习曲线往往交叉地影响产品成本的下降水平，因而，区分由于规模而产生的规模经济和由于学习曲线所产生的学习经济是很重要的。规模经济使得当经济活动处于一个比较大的规模时，能够以较低的单位成本进行生产；学习经济是由于积累经验而导致的单位成本的减少。即使在规模经济很小时，学习经济也可以是很大的；同样，学习经济很小的情况下，规模经济也可能很大。

（2）为什么说规模经济是中国汽车产业进入国际市场的主要障碍？

产业规模经济很显著时，处于最小有效规模或者超过最小有效规模经营的老企业对于较小的新进入者就有成本优势，从而构成进入障碍。如案例所阐述的，汽车产业的规模经济显著，中国前几年能够达到美国哥伦比亚大学的研究报告所提出的最低经济规模寥寥无几，大多数厂商距最低经济规模还有较大差距。因而，规模经济成为中国汽车产业进入国际市场的一个主要障碍。

案例 2—3 "华录集团"的破产②

1992年我国13家生产录像机的企业联合成立"华录集团"，引进日本自动生产线，雄心勃勃地要发展中国录像机产业。到了1997年，尽管录像机产品在欧美国家需求仍然不减，而在中国，华录集团却彻底失败，宣告破产。因为当时中国一批家电生产企业开发了

① 资料来源：商务部：《2006年，中国汽车总产量达720万辆，首次超过德国》，中国经济网，2007-07-02；王金涛：《长安汽车集团公司2010年汽车产量目标是200万辆》，新华网，2008-01-03。

② 作者根据调研材料整理。

运用数字技术的 VCD 产品，运用模拟技术的录像机在中国还没有发展起来就被淘汰了。

分析与思考

(1) 比较直接替代品与间接替代品的概念。

产品替代有两类：一类是直接产品替代；另一类是间接产品替代。直接产品替代，即某一种产品直接取代另一种产品。波特关于产业的定义中的替代品是指直接替代品。间接产品替代，即由能起到相同作用的产品非直接地取代另外一些产品。波特所提及的对某一产业而言的替代品的威胁是指间接替代品。

(2) 分析“华录集团”破产的主要原因。

“华录集团”破产的主要是由波特五力模型中“替代品的威胁”所导致。运用数字技术的 VCD 产品是中国市场新技术和新需求的产物，它对运用模拟技术的录像机的替代威胁不言而喻。

第三章

企业资源与战略能力分析

本章要点提示

- 企业竞争优势
- 企业核心能力
- 价值链
- 投资组合分析
- 确认关键问题
- 平衡计分卡

本章内容引言

一些学者认为，传统的战略分析方法过分强调环境，将环境看做是制定战略的重要前提。他们认为，在许多情况下，基于资源的分析为战略形成提供了很好的支撑点。第二章强调了公司战略与公司所处的环境相匹配的重要性，本章将重点研究公司资源与战略能力对公司战略的影响。以资源分析框架为逻辑，阐述企业资源与战略能力分析的理论与方法。

第一节 资源基础的企业理论

一、竞争优势和价值创造

五种竞争力分析的一个关键前提是，产业结构是一个公司盈利的重要决定因素。但是，有目共睹，在许多产业中，都有一些企业获得了超过本产业平均利润的利润率。资源基础的企业理论将决定厂商在产业中业绩出众的能力，即赚取比同行更高的利润率的能力，定义为“竞争优势”。

戴维·贝赞可（David Besanko）等人用竞争优势框架（见图 3—1）来解释为何一些公司能获得竞争优势而另一些公司却不能。

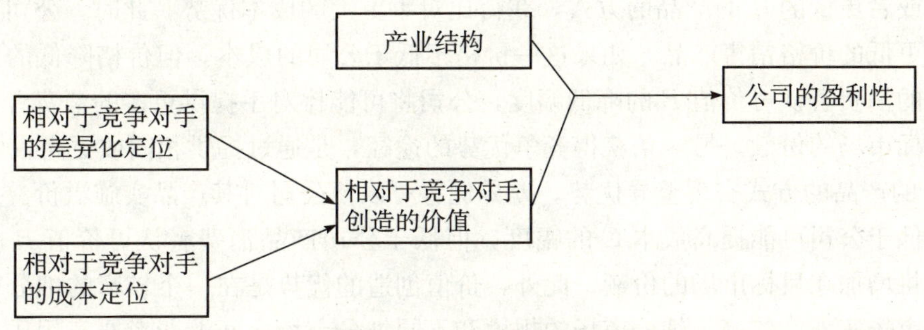

图 3—1 竞争优势框架①

竞争优势框架说明，一个公司的盈利性不仅是产业条件的函数，而且也是它相对于竞争对手创造的价值的函数。公司只有在具备创造超过竞争者的总价值的能力时，才能获得前面定义的竞争优势。创造更多价值的公司一方面可以赚得更多利润，同时又能比竞争者更多地将净收益转移给消费者。公司创造价值的数量依赖于其相对于竞争对手的成本定位和差异化定位。

戴维·贝赞可的“创造价值的构成”（见图 3—2）② 可以帮助我们更好地理解竞争优势与价值创造的内涵。

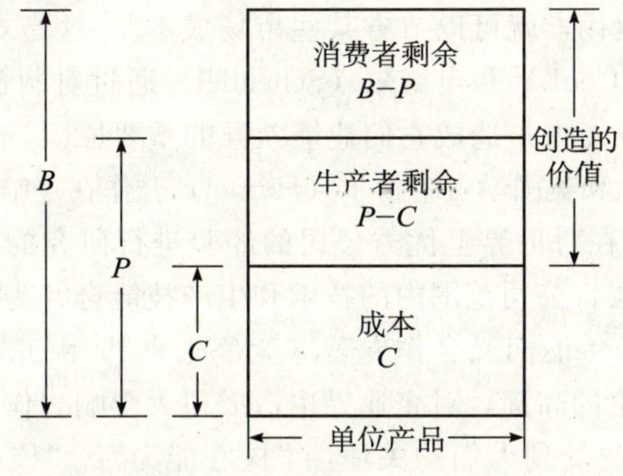

图 3—2 创造价值的构成

①② ［美］戴维·贝赞可等著，武亚军等译：《公司战略经济学》，北京，北京大学出版社，1999。

图中，B 代表每单位某一商品对消费者而言的价值，亦即消费者认可的价值；P 代表该商品的货币价格；$B—P$ 代表消费者剩余，亦即消费者的合算程度；C 代表单位生产成本；$P—C$ 代表生产者利润。那么图 3—2 表明：

创造的价值＝消费者剩余＋生产者利润

为了获得竞争优势，企业不仅要创造正的价值，而且要创造比竞争对手更多的价值。事实上，公司之间的竞争可被视作公司以消费者剩余为基础向消费者“出价”。产品特性和价格对某个消费者产生最大消费者剩余的公司就能做成这笔生意。由于创造的价值 $B-C$ 是消费者剩余 $B-P$ 和利润 $P-C$ 之和，因而创造价值高于竞争对手的公司就能同时实现至少不低于竞争对手对消费者剩余的满足，又能同时获得更大的销售利润。

决定创造价值的两个变量 B 和 C 的大小又取决于企业相对于竞争对手的差异化定位与成本定位。从广义上说有两类途径可获得竞争优势。第一类是公司通过提供以更低的 C 达到相同或者更低的 B 的产品的方式，获得比对手更大的成本优势。此时，公司可以以相对于对手更低的价格销售产品，如果这一价格不低于公司的成本，但价格降低的幅度高于可能带来的消费者认可价值 B 的降低幅度，公司将可能比对手提供更多的消费者剩余，并增加在目标市场的份额。另一条获得竞争优势的途径，是通过提供相同或更高成本 C 达到更高的 B 的产品的方式实现差异优势。差异优势可以使公司对其产品实施溢价。如果此溢价幅度不低于公司可能提高成本 C 的幅度，但低于公司产品消费者认可价值 B 的增加幅度，公司将增加在目标市场的份额。此外，价值创造的优势是在一个较窄的细分市场还是在较广的市场实现，依赖于细分市场的规模和不同细分市场之间消费者愿意用质量替代价格的程度的差异。这一结论成为波特所提出的基本竞争战略——差异化战略、成本领先战略、重点集中战略的理论依据。在第五章，我们将对这些战略展开深入的研究。

■ 二、价值创造、资源和能力

如上所述，厂商要获得竞争优势就必须比对手创造更高的价值，一个公司创造出高于竞争对手的价值，只是因为在部分或全部的这些活动中做得比对手好，这就要求公司拥有其对手所不具备的资源和能力。否则，任何创造超额价值的战略都会被很快地模仿。

早在 1937 年，企业理论的奠基者科斯（R. Coase）就提出：“通过形成一个组织并运用某些权力指导资源的运用，就可以节省某些市场成本”，这是对企业资源最早的认识。20 世纪 80 年代，库尔（CooL）和申德尔（Schendel）通过对制药业若干个企业的研究，进一步确定了企业的特殊能力是造成它们业绩差异的重要原因。1990 年，美国学者普雷哈拉德（K. Prahald C.）和英国学者哈梅尔（Hamel）合作在《哈佛商业评论》上发表了《公司核心能力》一文，在对世界上优秀公司的经验进行研究的基础上提出，竞争优势的真正源泉在于“管理层将公司范围内的技术和生产技能合并为使各业务可以迅速适应变化机会的能力”。1994 年他们又合作专著《竞争未来》。由此在西方管理学界掀起关于核心能力的研究与讨论的高潮，对企业界也造成很大影响。作为竞争优势的源泉，企业独特的资源与能力日益受到人们的关注，“核心能力”、“核心业务”也成为流行的术语。①

① 徐二明、王智慧：《企业战略管理理论的发展与流派》，载《首都经济贸易大学学报》，1999（1）。

(一) 资源和能力的概念

资源（resources）是企业专用性资产，包括专利和商标、品牌的声誉、已拥有的顾客基数、组织文化和拥有公司专用技术或诀窍的员工。这些资源不同于生产的非专用性资产或生产要素，比如建筑物、原材料或非熟练工人，它们在功能完善的市场上也不易被其他公司模仿或获取。资源能直接影响公司创造出多于竞争对手的价值的能力。例如，公司拥有的巨大的顾客基数和已建立的质量的声誉使公司产生的 *B* 胜于其对手。作为能力的基础，资源也会对价值创造产生间接的影响。

能力（capabilities，competence）是一个公司比其他公司做得特别出色的一系列活动。这一概念的其他名称还有核心能力和独特能力等。①

企业核心能力，用创始者的话说是：一个组织中的积累性学识，特别是关于协调不同的生产技能和有机结合多种技术的学识。它是一个企业所具有的在本行业独树一帜的、难以复制模仿的能力，可实现用户看重的、高于竞争对手的价值，可提供进入广阔多样的市场的潜能，从而成为长期利润的源泉。如果用我国一些经济学家通俗的语言表达，核心能力是企业在经营过程中不易被竞争对手效仿的、能带来经济效益和社会效益的独特的能力。“偷不走 ”（指别人模仿你很困难）、“买不来”（指这些资源很难从市场上获得）、“拆不开”（指企业的资源、管理和能力有互补性，分开就不值钱，合起来才有效）、“带不走”（指资源的组织性，拥有身价高的人才也不意味着有核心竞争力，整合企业所有资源形成的竞争力，才是企业的核心竞争力）。因此可以说，核心竞争力是企业所有能力中最根本、最重要、最关键的能力，是对企业生存和发展最具影响的竞争力。

表 3—1 是核心能力的关键指标和主要案例。

表 3—1　　若干企业的核心能力及测试②

公司名称	核心能力	特性测试			
		延展性	高价值	独特性	耐久性
索尼	微型化技术	＋＋	＋＋	＋＋	＋＋
3M	黏合剂、基质、涂料、先进材料研制	＋＋	＋＋	＋＋	＋＋
佳能	精密机械 精密化学 微电子 电子成像 } 精密仪器研制	＋＋	＋＋	＋	＋＋
惠普	测试仪器 电脑 通讯 } 电子仪器研制	＋＋	＋＋	＋＋	＋＋
本田	发动机研制	＋	＋＋	＋＋	＋＋

说明：＋＋为很好；＋为较好；空白为一般。

---

① capabilities 与 competence 都是西方文献用于描述“能力”的概念，有些学者认为二者是一致的，如美国西北大学教授戴维·贝赞可（David Besanko）等在《公司战略经济学》中指出，普雷哈拉德与哈梅尔所提出的 core competence 的概念强调的是 capabilities；也有些学者则认为，二者是两个层次的概念，如美国学者亚历克斯·米勒（Alex Miller）在《战略管理》一书中指出，（Tangible Assets ＋ Intangible Assets）×Capabilities＝Competencies →Competitive Advantages，在这里，capabilities 与 competence 显然是两个概念。这两个词译成中文都是“能力”，而且 core capabilities 与 core competence 在西方文献中都频频出现，本书中在使用中就不再加以区别。

② 康荣平：《大型跨国公司战略新趋势》，北京，经济科学出版社，2001。

核心能力理论提出的直接基础，是对美国企业与日本企业的比较研究。从总体看，世界各国企业的成长过程，美国企业是最一帆风顺的。其可比较的连续成长时间之长举世无双。直到 1980 年前后，美国企业才遇到真正的竞争挑战——日本企业及欧洲企业的兴起。麦肯锡公司的一份调查报告指出，1980 年，美国汽车企业的制造成本是日本企业的两倍。整个 20 世纪 80 年代，美国企业界和学术界都在反思、讨论这一威胁与挑战。核心能力理论则是这场讨论结出的一个最丰硕的果实，并直接推进了企业战略理论的发展。

（二）资源、能力与成功关键因素

将资源与能力与成功关键因素相比较，它们是两类不同的概念。成功关键因素应被看做是市场层次的特征，而不是针对某个个别公司。拥有成功关键因素是获得竞争优势的必要条件，而不是充分条件。比如，一个公司要成为成功的体育运动鞋的供应商，它就必须有发展新款式、管理供应商和分销商网络并进行营销活动的能力。但只有这些还不够，所有大运动鞋公司都有产品发展部门、供应商和销售网络以及很高的营销预算，但只有少数公司，如耐克，才能将这些活动做得很出色，从而创造出高于竞争对手的价值。

资源、能力和成功关键因素的共同之处在于，它们都是公司盈利能力的指示器。虽然它们在概念上的区别是清楚的，但在特定的环境中区分并不容易。例如，一个成功关键因素可能是某产业所有企业要成功都必须具备的，也可能是特定公司所具备的独特能力。

（三）持续的竞争优势

前面将厂商赚取比同行更高利润率的能力定义为竞争优势。如果尽管有竞争者或潜在进入者的尽力模仿和削弱其优势，厂商的优势仍然存在，我们就说这种竞争优势是持续性的。

价值创造与资源和能力的关系说明，要保持持续竞争优势，同一产业的厂商在资源和能力方面必须具有持续不对称的特点。这些资源和能力构成了可持续竞争优势的基础。很显然，作为可持续竞争优势的基础，资源和能力必须是稀有的、不易流动的，即使在功能完善的市场也是这样。那么，防止竞争对手模仿或削弱厂商竞争优势源泉的因素是什么？理查德·鲁姆特（R. P. Rumelt）将这种限制竞争优势被模仿或被削弱的经济力量称为隔绝机制（isolating mechanisms）。[①] 隔绝机制可以保护那些由于有远见或运气好而拥有它们的厂商的竞争优势。

隔绝机制可以分为两大类：一是模仿障碍；二是提前行动者优势。

具体的模仿障碍有：法律限制，如专利权、版权等排斥模仿的法律；获取投入和顾客的优越途径；有限市场容量下的规模经济；无形的模仿障碍，包括原因不明、对历史环境的依赖、社会复杂性等。

提前行动者优势的来源有：学习曲线；网络外部性（对于某些产品的消费者来说，它们购买该产品所得到的收益随现有用户和预期的近期用户的增多而增加）；消费者对产品质量无把握时的品牌声誉和消费者的转换成本等。

---

① Rumelt R. P., "Toward a Strategic Theory of the Firm", in Lamb (ed.), Competitive Strategic Management, Englewood Cliffs, N. J.: Prentice Hall, 1984, pp. 556～570.

波特在《国家竞争优势》一书中指出，竞争优势的持续力取决于三项重要条件①：

第一，特殊资源的优势。资源的重要性有层次之别。低层次优势如廉价劳动成本和便宜的原料等，是很容易被模仿取代的，竞争者可以寻找新的廉价生产环境和资源来复制这类竞争优势，或直接投入战场，即可使原有的竞争优势丧失。低层次竞争优势还包括竞争者能取得的技术、设备和方法发展规模经济，这种规模经济通常会因为新的生产技术或方法出现而遭到淘汰。新产品的设计问世同样可以扼杀这种成本优势。

高层次的竞争优势则包括：高级技术的所有权；在单一产品或服务上的差异（这是一种营销时累积的品牌信誉或客户关系的持续，是比较稳固牢靠的竞争优势）。

高层次的竞争优势通常有一些特征：首先，企业要获得更先进的技术与能力，如高级专业人才、内部技术能力、与主要客户保持密切关系等；其次，高层次竞争优势通常来自长期累积并持续对设备、专业技术、高风险研究发展、营销等方面的投资；最后，最长久也是最扎实的竞争优势来源于对上述项目的不断投资，并使有关特征表现得更好，进而培养出自行发展的动力。当企业快速而持续地在科技开发、市场开拓、全球服务网络以及新产品推出等方面投资时，通常会使竞争者更招架不住。

生产成本的优势通常不如产品差异有价值。因为任何新而低廉的资源或更简单的生产方式一旦问世，都会使原来以成本优势领先的企业地位丧失。

第二，竞争优势的种类与数量越多越好。如果企业只靠一种竞争优势维持竞争力（如拥有廉价的材料或低成本的产品设计等），其竞争对手就可以集中火力在这些领域，以期打成平手或后来居上。因此，长期领先的企业多半会沿着价值链发展多样化的竞争优势。以日本小型复印机业为例，它们拥有先进的产品造型、低成本的弹性制造系统、触角广泛的营销网络、产品质量稳定等筹码。如此多样的优势自然拉开了与竞争对手间的差距。

第三，竞争优势的持续力是一种持续的改善与自我提升。假如一个企业把盟主的宝座久放在既有的竞争优势上，迟早会被别人取而代之。企业要保持持续的竞争优势，自身必须成为一个不定向的飞靶，在竞争者赶上旧的优势前已发展出新的优势。要做到这一点，首要的任务是毫不松懈地改善公司的既有竞争优势，以更高的效能善用设备或提供更坚实的客户服务。

波特关于持续竞争力的第三个条件表明，持续的竞争力不能仅仅依靠模仿障碍和提前行动者优势，更重要的是要不断地、持续地改善和自我提升。

第二节　资源与能力分析的理论框架——价值链

迈克尔·波特在《竞争优势》② 一书中引入了“价值链”的概念。波特认为，企业每项生产经营活动都是其创造价值的经济活动。那么，企业所有的互不相同但又相互关联的生产经营活动，便构成了创造价值的一个动态过程，即价值链。

---

① ［美］迈克尔·波特：《国家竞争优势》，47～50页，北京，华夏出版社，2002。

② Michael E. Porter: Competitive Advantage, New York: Free Press, 1985.

价值链最初是为了在企业复杂的制造程序中分清各步骤的“利润率”而采用的一种会计分析方法，其目的在于确定在哪一步可以削减成本或提高产品的功能特性。波特认为，应该将会计分析中确定每一步骤新增价值的这两项基本活动与对组织竞争优势的分析结合起来，了解企业资源的使用与控制状况必须从发现这些独立的价值活动开始。

价值链日益成为分析公司资源与能力有用的理论框架。

■ 一、价值链的两类活动

价值链将企业的生产经营活动分为基本活动和支持活动两大类。图 3—3 是价值链的图解。

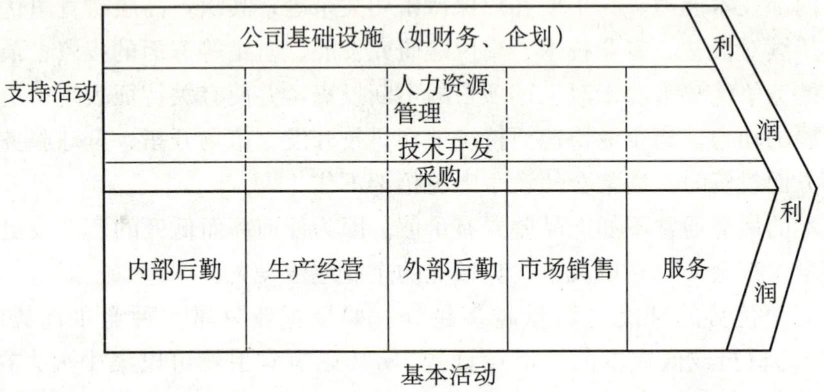

支持活动

公司基础设施（如财务、企划）

人力资源管理

技术开发

采购

内部后勤 | 生产经营 | 外部后勤 | 市场销售 | 服务

利润

利润

基本活动

图 3—3 价值链

（一）基本活动

基本活动是指生产经营的实质性活动，一般可以分为内部后勤、生产经营、外部后勤、市场销售和服务五种活动。这些活动与商品实体的加工流转直接有关，是企业的基本增值活动。每一种活动又可以根据具体的产业和企业的战略再进一步细分成若干项活动。

1. 内部后勤

内部后勤是指与产品投入有关的进货、仓储和分配等活动，如原材料的装卸、入库、盘存、运输以及退货等。

2. 生产经营

生产经营是指将投入转化为最终产品的活动，如机加工、装配、包装、设备维修、检测等。

3. 外部后勤

外部后勤是指与产品的库存、分送给购买者有关的活动，如最终产品的入库、接受订单、送货等。

4. 市场销售

市场销售是指与促进和引导购买者购买企业产品的活动，如广告、定价、销售渠道等。

5. 服务

服务是指与保持和提高产品价值有关的活动，如培训、修理、零部件的供应和产品的调试等。

（二）支持活动

支持活动是指用以支持基本活动而且内部之间又相互支持的活动，包括采购、技术开发、人力资源管理和企业基础设施。

1. 采购

采购是指采购企业所需投入品的职能，而不是被采购的投入品本身。这里的采购是广义的，既包括生产原材料的采购，也包括其他资源投入的管理。

2. 技术开发

技术开发是指可以改进企业产品和工序的一系列技术活动。这也是一个广义的概念，既包括生产性技术，也包括非生产性技术。因此，企业中每项生产经营活动都包含着技术，只不过其技术的性质、开发的程度和使用的范围不同而已。这些技术开发活动不仅仅与企业最终产品直接相关，而且支持着企业的全部活动，成为判断企业竞争实力的一个重要因素。

3. 人力资源管理

人力资源管理是指企业职工的招聘、雇用、培训、提拔和退休等各项管理活动。这些活动支持着企业中每项基础活动和支持活动，以及整个价值链。人力资源管理在调动职工生产经营的积极性上起着重要的作用，影响着企业的竞争实力。

4. 公司基础设施

公司基础设施是指企业的组织结构、惯例、控制系统以及文化等活动。由于企业高层管理人员能在企业的这些方面发挥重要的影响，因此高层管理人员往往也被视做基础设施的一部分。企业的基础设施与其他支持活动有所不同，一般是用来支撑整个价值链的运行。

二、资源使用的价值链分析

价值链分析的关键是要认识企业不是机器、货币和人员的随机组合，如果不将这些资源有效地组织起来，保证生产出最终顾客认为有价值的产品或服务，那么这些资源将毫无价值。换句话说，价值活动和它们之间的联系是组织的竞争优势的源泉。因此，资源分析必须是一个从资源评估到对怎样使用这些资源的评估过程。

资源使用的价值链分析要明确以下几点。

（一）确认那些支持企业竞争优势的关键性活动

虽然价值链的每项活动，包括基本活动和支持活动都是企业成功所必经的环节，但是，这些活动对组织竞争优势的影响是不同的。在关键价值活动的基础上建立和强化这种优势很可能获得成功。例如，北京燕京啤酒成功的关键在于其市场销售的优势；青岛海尔公司的售后服务被认为是其开拓国内外市场的关键；格兰仕低成本的制造能力是其从小变大、由弱变强的关键；海南椰树牌椰汁成为海南省的创利大户，其关键又在于技术开发部门解决了椰汁与椰蓉溶合的技术难关。支持企业竞争优势的关键性活动事实上就是企业的独特能力的一部分。

（二）明确价值链内各种活动之间的联系

价值链中基本活动之间、基本活动与支持活动之间以及支持活动之间存在各种联系，选择或构筑最佳的联系方式对于提高价值创造和战略能力是十分重要的。例如，在基本活动之间，保持高水平的存货会使生产安排变得容易，并且可以对顾客的需求做出快速反应，但会增加经营成本，因此，应该评估一下是存货增加的价值多还是增加的成本多。又如，传统的库存管理与JIT（适时生产）反映了基本活动与支持活动之间不同的联系方式，前者只要求库存部门按照既定的订货费用、准备结束费用、存货费用、保险量等因素以决定最佳库存量，而后者则将这些因素都作为可变的变量，因而将优化库存的过程变为优化整个生产管理的过程，这两种管理方式显然是企业基础设施（企业整体的控制系统）与企业基本生产经营活动不同的联系方式。再如，日本的VCR生产商通过准确确定价值链中上续活动（产品设计）和后续活动（产品生产）的影响，从而决定大幅度减少零部件的数量，将成本从1977年的1 300美元降到1984年的300美元。[①] 此外，不同的支持活动之间的联系状况，也会影响价值的创造。例如，人力资源开发与新技术的协调程度是成功实现产品创新与技术创新的关键要素，北京第四机械印刷厂从1997年开始实施新的人才管理方法，引入科技人员工资谈判机制，减少了科技人员流失，促进了技术开发；然而许多公司处理不好这些问题，因而不能获得优势。

（三）明确价值系统内各项价值活动之间的联系

价值活动的联系不仅存在于企业价值链内部，而且存在于企业与企业的价值链之间。图3—5所示的价值系统包括供应商、分销商和客户在内的各项价值活动之间的许多联系。例如，一个企业的采购和内部后勤活动与供应商的订单处理系统相互作用；同时，供应商的应用工程人员与企业的技术开发和生产人员之间也可以协同工作；供应商的产品特点以及它与企业价值链的其他接触点能够十分显著地影响企业的成本和产品差异（如供应商频繁的运输能降低企业库存的要求；供应商产品的适当的包装能减少企业搬运费用；供应商对发货的检查能减少企业对产品进行检查的需要）。近年来，战略联盟的发展正是基于这一思路。例如，美国一些铝罐生产商把它们的生产工厂建在啤酒厂的附近，用顶端传输器直接传送到啤酒厂的装瓶线上，这样可为容器生产商和啤酒生产商节约生产安排、装运以及存货等费用。又如，在北京投资的诺基亚公司在中国的成功经营，带动了15家世界级零部件供应商于2002年年初进入北京星网国际工业园，实现了零库存、零运输、零包装。

■ 三、价值链、供应链与产业链

与价值链有关的概念还有供应链和产业链。三个概念十分相近，但强调的层面并不完全一样。

（一）价值链与供应链

为了能够更好地说明价值链与供应链的关系，美国学者乔普瑞（S. Chopra）和梅因德尔（P. Meindl）将企业价值链（见图3—4）表述为下列的形式。[②]

如图3—4所示，价值链始于新产品开发，它创造了各种规格的产品。市场营销通过公布产品和服务将要满足的顾客偏好来启动需求，还将顾客的投入用于新产品开发。生产部门利用各种新产品，将投入转变为产出，来制造产品。配送职能将产品送达顾客，或者把顾客带来选购产品。服务是对顾客在购物期间或购物之后各种要求的反馈。这些都是成功销售所必须具备的核心职能。财务、会计、信息技术和人力资源为价值链的职能运作提供支持和便利。

---

① ［美］汤姆森等，段盛华等译：《战略管理》，北京，北京大学出版社，2000。

② ［美］乔普瑞·梅因德尔：《供应链管理——战略、规划与运营》，北京，社会科学文献出版社，2002。

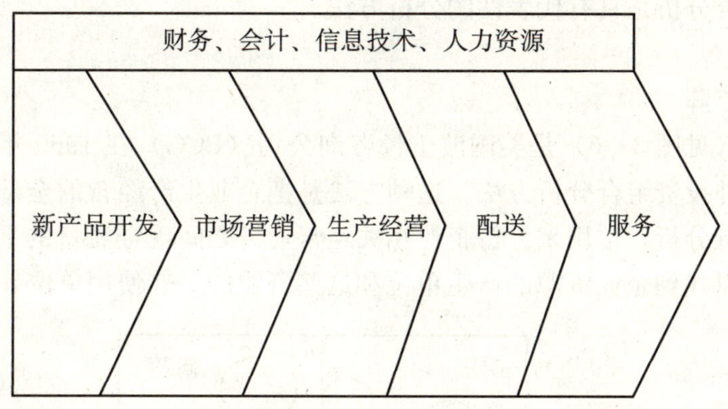

图 3—4 公司价值链

为了执行公司的竞争战略，所有上述职能都会发挥作用，每一种职能都必须制定自身的战略。首先，从价值链角度看，研究开发、生产经营、市场营销三部分职能及其相互之间的协调是企业资源整合的重要问题；其次，供应链是价值链中的一个重要组成部分，它是以生产经营为中心，确定原材料的获取和运输，产品的制造或服务的提供，以及产品配送和售后服务的方式与特点，因此，从供应链角度研究企业资源整合主要着重于生产经营、配送和服务职能之间的协调。

（二）企业价值链与价值系统

事实上，大多数产业很少由一个企业完全单独承担从产品设计到销售给客户的全部价值活动，通常都要进行专业分工。因此，任何一个企业都是创造产品或服务的价值系统的一部分。要了解价值是怎样产生的，只观察一个企业的价值链活动是不够的。许多价值是在供给和销售链上产生的，例如，到达最终购买者手中的汽车的质量和价格不仅受制造这辆汽车的制造公司的活动的影响，它还与零部件的质量和分销商的经营活动有密切的联系。因此，在进行企业价值链分析时，要把它放到产业价值系统（见图 3—5）中一起考虑。产业价值系统一般被简称为“产业链”。

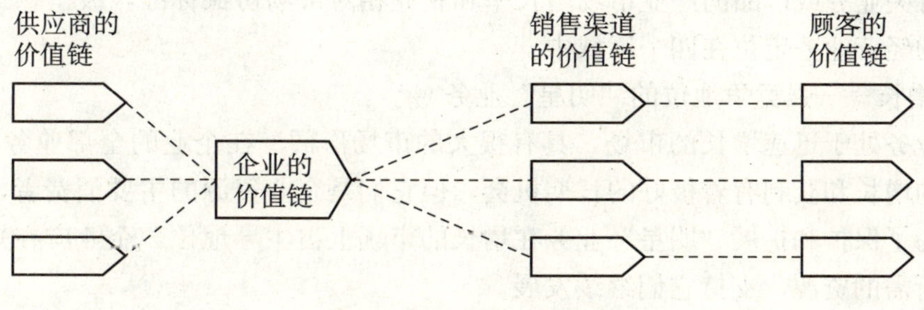

图 3—5 价值系统

第三节 公司投资组合分析

战略能力分析的一个重要组成部分就是评估构成公司业务组合的互补程度。以波士顿矩阵为代表的组合分析是具有代表性的分析方法。

一、波士顿矩阵

波士顿矩阵（见图3—6）是美国波士顿咨询公司（BCG）在1960年为咨询一家造纸公司而提出的一种投资组合分析方法。这种方法是把企业生产经营的全部产品或业务组合作为一个整体进行分析，常用来分析企业相关经营业务之间现金流量的平衡问题。通过这种方法，企业可以找到企业资源的产生单位和这些资源的最佳使用单位。

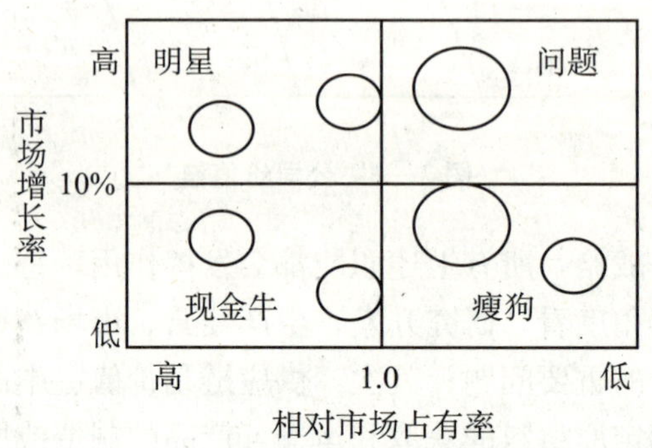

图3—6 波士顿矩阵

（一）波士顿矩阵的分析方法

波士顿矩阵的横轴表示企业在产业中的相对市场份额，是指以企业某项业务的市场份额与这个市场上最大的竞争对手的市场份额之比。这一市场份额反映企业在市场上的竞争地位。相对市场份额的分界线为1.0～1.5，划分为高、低两个区域。纵轴表示市场增长率，是指企业所在产业某项业务前后两年市场销售额增长的百分比。这一增长率表示每项经营业务所在市场的相对吸引力。通常用10%平均增长率作为增长高低的界限。图中纵坐标与横坐标的交叉点表示企业的一项经营业务或产品，而圆圈面积的大小表示该业务或产品的收益与企业全部收益的比例大小。

根据有关业务或产品的产业市场增长率和企业相对市场份额标准，波士顿矩阵可以把企业全部的经营业务定位在四个区域中。

1. 高增长——强竞争地位的“明星”业务

这类业务处于迅速增长的市场，具有很大的市场份额。在企业的全部业务当中，“明星”业务的增长和获利有着极好的长期机会，但它们是企业资源的主要消费者，需要大量的投资。为了保护和扩展“明星”业务在增长的市场上占主导地位，企业应在短期内优先供给他们所需的资源，支持它们继续发展。

2. 高增长——低竞争地位的“问题”业务

这类业务通常处于最差的现金流量状态。一方面，所在产业的市场增长率高，企业需要大量的投资支持其生产经营活动；另一方面，其相对份额地位低，能够生成的资金很少。因此，企业对于“问题”业务的进一步投资需要进行分析，判断使其转移到“明星”业务所需要的投资量，分析其未来盈利，研究是否值得投资等问题。

3. 低增长——强竞争地位的“现金牛”业务

这类业务处于成熟的低速增长的市场中，市场地位有利，盈利率高，本身不需要投资，反而能为企业提供大量资金，用以支持其他业务的发展。

4. 低增长——弱竞争地位的“瘦狗”业务

这类业务处于饱和的市场当中，竞争激烈，可获利润很低，不能成为企业资金的来源。如果这类经营业务还能自我维持，则应缩小经营范围，加强内部管理。如果这类业务已经彻底失败，企业应及早采取措施，清理业务或退出经营。

（二）波士顿矩阵的启示

波士顿矩阵有以下几方面重要的贡献：

（1）波士顿矩阵是最早的组合分析方法之一，作为一个有价值的思想方法，被广泛运用在产业环境与企业内部条件的综合分析、多样化的组合分析、大企业发展的理论依据等。

（2）波士顿矩阵将企业不同的经营业务综合在一个矩阵中，具有简单明了的效果。

（3）该矩阵指出了每个经营单位在竞争中的地位，使企业了解到它们的作用和任务，从而有选择和集中地运用企业有限的资金。每个经营业务单位也可以从矩阵中了解自己在总公司中的位置和可能的战略发展方向。

（4）利用波士顿矩阵还可以帮助企业推断竞争对手对相关业务的总体安排。其前提是，竞争对手也使用波士顿矩阵的分析技巧。

（三）波士顿矩阵的局限性

企业把波士顿矩阵作为分析工具时，应该注意到它的局限性。

（1）在实践中，企业要确定各业务的市场增长率和相对市场份额是比较困难的。

（2）波士顿矩阵过于简单。首先，它用市场增长率和企业相对市场份额两个单一指标分别代表产业的吸引力和企业的竞争地位，不能全面反映这两方面的状况；其次，两个坐标各自的分划都只有两个，分划过粗。

（3）波士顿矩阵事实上暗含了一个假设：企业的市场份额与投资回报是成正比的。但在有些情况下这种假设可能不成立或不全面。一些市场占有率小的企业如果实施创新、差异化和市场细分等战略，仍能获得很高的利润。

（4）波士顿矩阵的另一个条件是，资金是企业的主要资源。但在许多企业内，要进行规划和均衡的重要资源不是现金而是时间和人员的创造力。

（5）波士顿矩阵在具体运用中有很多困难。例如，正确地应用组合计划会对企业的不同部分产生不同的目标和要求，这对许多管理人员来说是一个重要的文化变革，而这一文化变革往往是非常艰巨的过程；又如，按波士顿矩阵的安排，“现金牛”业务要为“问题”业务和“明星”业务的发展筹资，但如何保证企业内部的经营机制能够与之配合？谁愿意将自己费力获得的盈余被投资到其他业务中去？因此，有些学者提出，与其如此，自由竞争市场可能会更有效地配置资源。事实上，以上问题涉及科斯在 1937 年奠定的基础企业理论，本书第五章将对有关问题作较详细的探讨。

■ 二、通用矩阵

通用矩阵（见图 3—7），又称行业吸引力矩阵，是美国通用电气公司设计的一种投资组合分析方法。

通用矩阵改进了波士顿矩阵过于简化的不足。首先，在两个坐标轴上都增加了中间等

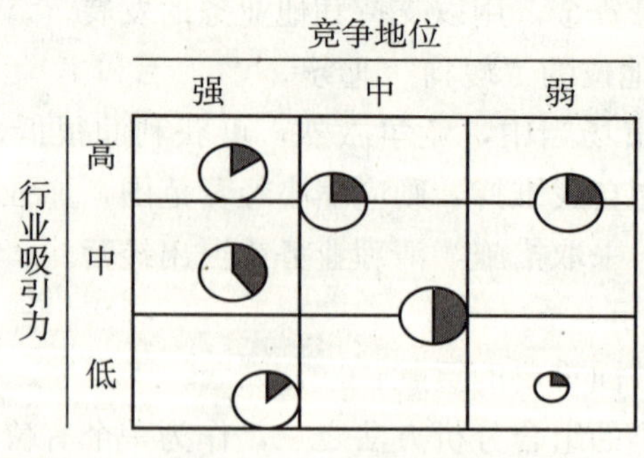

图 3—7 通用矩阵

级；其次，其纵轴用多个指标反映产业吸引力，横轴用多个指标反映企业竞争地位。这样，通用矩阵不仅适用于波士顿矩阵所能使用的范围，而且对不同需求、技术寿命周期曲线的各个阶段以及不同的竞争环境均可使用。九个区域的划分，更好地说明了企业中处于不同地位经营业务的状态。

在图 3—7 中，产业吸引力和竞争地位的值决定着企业某项业务在矩阵上的位置。矩阵中圆圈面积的大小与产业规模成正比，圈中扇形部分（涂黑部分）表示某项业务所占有的市场份额。

影响产业吸引力的因素，有产业增长率、市场价格、市场规模、获利能力、市场结构、竞争结构、技术及社会政治因素等。评价产业吸引力的大致步骤是：首先，根据每个因素的相对重要程度，定出各自的权数；其次，根据产业状况定出产业吸引力因素的级数；最后，用权数乘以级数，得出每个因素的加权数，并将各个因素的加权数汇总，即为整个产业吸引力的加权值。

影响经营业务竞争地位的因素，有相对市场份额、市场增长率、买方增长率、产品差别化、生产技术、生产能力、管理水平等。评估企业经营业务竞争地位的原理，与评估产业吸引力原理是相同的。

从矩阵图九个方格的分布来看，企业中处于左上方三个方格的业务最适合采取增长与发展战略，企业应优先分配资源；处于右下方三个方格的业务，一般就采取停止、转移、撤退战略；处于对角线三个方格的业务，应采取维持或有选择地发展的战略，保护原有的发展规模，同时调整其发展方向。

■ 三、产品—市场演变矩阵

美国学者霍佛（C. W. Hofer）设计出一个具有 15 个方格的矩阵，即产品—市场演变矩阵（见图 3—8），用以评价企业的经营状况。

产品—市场演变矩阵的横轴的设计与通用矩阵一样，纵轴用产品—市场发展阶段反映产业吸引力。圆圈面积与产业或产品—细分市场规模成正比，圆圈内扇形阴影部分表示企业某项业务的市场占有率。

与前两个矩阵分析方法一样，可以根据企业业务在矩阵中所处的位置，判断、分析企业各项业务的状况。

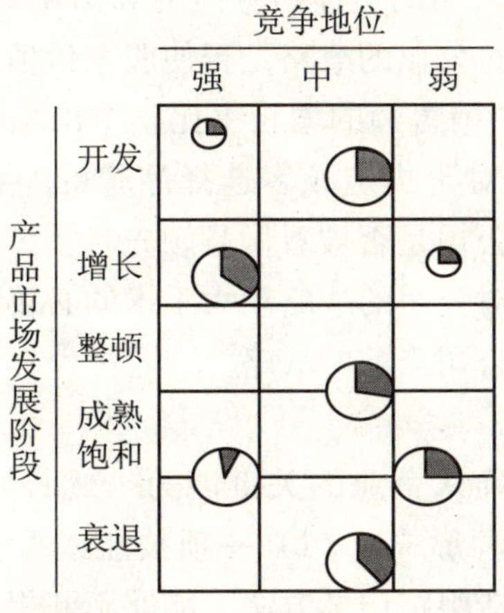

图 3—8　产品—市场演变矩阵

第四节　确认关键问题

资源能力分析的最后一方面是从前面的分析中确认出关键问题。只有在这个阶段，才能对企业的主要优势和劣势，以及它们的战略重要性做出合理的评估。然后，资源能力分析才能作为判断未来行动过程的标准。

一、SWOT 分析

SWOT 分析法，是一种综合考虑企业内部条件和外部环境的各种因素，进行系统评价，从而选择最佳经营战略的方法。这里，S 是指企业内部的优势（Strengths）；W 是指企业内部的劣势（Weakness）；O 是指企业外部环境的机会（Opportunities）；T 是指企业外部环境的威胁（Threats）。

SWOT 分析过程可以分为如下几个步骤。

（一）确认企业当前执行的战略

公司的管理者必须首先搞清公司目前的战略是什么，并运用定性和定量的方法对现行战略进行评估。定性方法主要是运用几个标准（包括战略的完整性、内部一致性、可行性、可接受性、适应性以及能否创造或维持优势）评价公司当前执行的战略；定量方法则是认真研究公司最近的战略业绩和财务业绩，从这些数据中挖掘出公司现行战略的运行效果。以下两个经验指标是做定量分析时常用的：一是公司是否正在完成其既定战略目标和财务目标；二是公司的业绩是否处于行业的平均水平之上。如果公司一直不能完成既定业绩目标，并且同竞争对手比较起来很差，这就足以表明公司所制定的战略不得力，或者执行不力。如果公司的目标不够明确，难以以其为基准衡量企业的实际业绩，则可以考察以下几个方面：（1）公司的市场份额在行业中的地位是在上升，还是在下降，还是稳定不变？（2）公司的利润率在上升还是在下降？与竞争对手相比利润率的差距有多大？（3）公司的净利润率、投资回报率、经济附加值的变化趋势，以及这些盈利能力方面的变化趋势在行业内的公司间比较。(4) 公司的整体财务能力和信用等级是在上升还是在下降?(5) 公司的股票价格变化趋势如何?公司的战略是否使股东价值的上升而且令人满意(与行业中其他公司相比较)?(6) 公司销售额的增长率比整个市场的增长率快还是慢?(7) 公司在顾客中的形象和声誉。(8) 对于决定顾客选择品牌的一些重要因素，如技术、产品革新、产品质量、客户服务等，公司是否被看做是领先者?①

公司当前的业绩越强大，对公司的战略动大手术的必要性就越小。公司的财务业绩和市场地位越弱，就越应该审查公司当前的战略。

(二) 确认企业优势与劣势

根据企业的资源组合状况确认企业的关键能力(优势)和受到的关键限制(劣势)。公司的一项优势往往有以下几种形式:(1) 一项技能或重要的专门技术(低成本制造诀窍、技术诀窍、一套无缺陷制造跟踪记录方法、能够不断提供上乘客户服务的技能、能够不断开发革新性产品的技能、大规模采购技能、独特的广告和促销诀窍等);(2) 宝贵的有形资产(现代生产工厂和设备、吸引人的不动产地点、遍布全球的分销设施、自然资源储存、可以随时变现的资产等);(3) 宝贵的人力资产(经验丰富能力强大的劳动力、关键领域里拥有有才能的上进的职员、管理诀窍、深深植根于组织之中经过长时间建立起来的学习能力和诀窍等);(4) 宝贵的组织资产(高质量的控制体系、专有技术、重要的专利、采矿权、忠诚的客户群、强大的资产负债能力和很高的信用等级、用于公司内部与关键供应商和关键客户分享信息的公司内部网、计算机辅助设计和制造系统等);(5) 宝贵的无形资产(品牌形象、公司声誉、购买者商誉、很高的职员忠诚度、积极的工作环境和公司文化等);(6) 竞争能力(新产品推向市场的开发周期短、订单生产的制造能力、强大的特约经销网络、与关键供应商之间建立的强大的伙伴关系、研究与开发组织能够使公司的价值链通道不断地推出新产品、组织灵敏能够很快地对变化的市场环境和新机会做出反应、拥有一个可以通过因特网做生意的现代系统等);(7) 某种能够使公司在市场上获取某种竞争优势的成就或属性(很低的整体成本、市场份额领导地位、优秀的产品、很宽的产品线、很强的公司名称识别度、很好的客户服务等);(8) 联盟或合作公司(同那些有着能够提高公司竞争力的厂商建立了伙伴关系)。

公司劣势指的是相对于其他公司而言，公司缺少或做得不好的某些因素，或指某些会使公司处于劣势的条件。一家公司的内部劣势可能与以下因素有关:(1) 缺乏有重要竞争意义的技能和专门技术;(2) 缺乏有重要竞争意义的有形资产、人力资产、组织资产或无形资产;(3) 在关键领域里竞争能力很弱或正在丧失。一项劣势会不会使一家公司在竞争中受到伤害，取决于这项劣势在市场上的重要程度以及这项劣势会不会被公司所拥有的优势所抵消或减弱。

衡量一个公司的优势和劣势如同建立一张战略平衡表，资源强势是竞争资产，而资源弱势是竞争负债。显而易见，最理想的状况是:公司的优势大大超过劣势。

(三) 确定企业的核心能力、独特能力与资源的竞争价值

核心能力使公司拥有某种竞争能力，从而是一种真正的公司优势和资源。一个公司拥有的核心能力可能不止一种，但同时拥有好几种核心能力的公司也颇为少见。在实践中，

① [美] 汤姆森等著，段盛华等译:《战略管理》，北京，北京大学出版社，2000。

各个公司所表现出来的核心能力多种多样：生产高质量产品的技能，创建和操作一个能够快速而准确地处理客户订单系统的诀窍，新产品的快速开发，提供很好的售后服务的能力，选择良好的零售地点的技能，开发受人欢迎的产品的革新能力，采购和产品展销的技能，在重要技术上的特有知识，研究客户需求和品位以及准确寻找市场变化趋势的良好方法体系，同客户就产品的新用途和使用方式进行合作的技能，综合使用多种技术创造一个全新产品的能力。

公司的某项核心能力是不是独特能力取决于在同竞争对手相比较时这项核心能力的良好程度：它是公司拥有的一项具有体现在竞争中的上乘能力还是仅仅是一项内部的公司能力？独特能力是一项具有重要竞争意义的活动，在这项活动中，公司比其竞争对手做得更出色。

独特能力对战略制定的重要意义在于：(1) 它能给公司带来某种具有宝贵竞争价值的能力；(2) 它具有成为公司战略奠基石的潜力；(3) 它可能为公司创造某种优势。例如：夏普公司在平板显示技术上的独特能力使得它能够垄断全球的液晶显示市场；丰田、本田和日产公司在低成本、高质量的制造技术和很短的“设计—市场”周期两个方面的独特能力一直是其在全球汽车市场上的竞争优势；英特尔在快速开发新一代更强大的半导体芯片方面所拥有的独特能力使得公司在个人计算机行业拥有垄断地位；海尔公司出色的售后服务使中国许多准备进入家电领域的企业望而却步；格兰仕的全方位降低成本的能力迫使微波炉行业中的一些企业销声匿迹；新东方培训学校低价格、高质量的培训使其在中国外语培训领域理所当然地成为行业领袖。

对于一个具体的公司来说，它的资源和能力要成为持久竞争优势的基础，还必须通过四项竞争价值性测试：(1) 这项资源是否容易被复制？(2) 这项资源能够持续多久？(3) 这项资源是否真正能够在竞争中有上乘的价值？(4) 这项资源是否可能被竞争对手的其他资源/能力所抵消？

即使一家公司在竞争上没有出色的资源，其建立竞争优势的潜力并没有失去。一家公司还可以从一系列一般资源中获取重要的竞争活力，甚至还可以获取竞争优势。有些企业从单项资源和能力角度衡量，并不比竞争对手有更多的优势，但是对其综合素质进行全面考察，它的产品比竞争对手的品牌更具竞争力。例如，东芝的笔记本电脑就具有这样的特点。[①]

一般来说，公司的管理者应该将其战略建立在充分挖掘和利用公司的能力之上，而要避免将公司的战略建立在那些很弱或没有确切能力的领域之上。即使公司拥有独特能力或其他有出色竞争价值的资源，它也应该明智地意识到这种资源的价值会随着时间的推移由于竞争而减少。为未来建立一个强大的资源基础，维持现有独特能力的竞争优势，永远是公司的一项必要任务。

战略制定的核心在于选择公司的某些能力作为焦点，作为支持战略的基础。在有些情况下，公司已经拥有了必要的具有竞争价值的能力；而在有些情况下，公司必须提前采取相应的措施开发和建立新的能力来补充和加强现有的资源。在有些情况下，必要的能力必须在组织内部进行开发；而在有些情况下，最好的方式是进行外部寻源，同关键的供应商合作，建立战略联盟。

(四) 确认企业外部环境的关键变化，把握可能出现的机会和威胁

在评价公司所面临的市场机会并对这些市场机会进行排序时，公司管理者必须防止将每

---

① [美] 汤姆森等著，段盛华等译：《战略管理》，北京，北京大学出版社，2000。

一个行业机会看做公司机会。公司的资源优势和资源劣势使公司更适合于追逐某些具体的机会。例如，当位于山东的福田公司抓住中国汽车产业发展的机遇，北上进入轿车、轻卡等领域时，山东时风公司根据本公司在单缸发动机方面的优势，抓住福田公司在农用车领域中让出的空缺，大力发展自己的优势产品，近年来确立了其在国内农机领域的领先地位。

但是，如果公司采取积极的措施设法获得公司现在没有的资源能力，这种机会仍然有着吸引人的成长潜力。同公司最相关的市场机会是这样一些机会：它们能够为公司创造重要的利润和成长之路。在这种机会下，公司获得竞争优势潜力最大，它们同公司已经拥有或能够设法获得的财务和组织资源能力很好地匹配起来。

外部环境可能出现的威胁是不容忽视的。例如，出现了更便宜的技术；竞争对手推出了新产品或更好的产品；成本更低的外资竞争厂商进入了公司的市场根据地；利率上升的冲击；可能被对手接管；公司建有生产设施的外国政府出现大的变动，等等。公司管理者的任务是，确认危及公司未来利益的威胁，并作出评价，确定采取什么样的战略行动可以抵消或减轻它们所产生的影响。

将公司资源、能力与外部环境分析匹配起来要求做到：(1) 追逐那些能够同公司的资源能力很好地适应的市场机会；(2) 建立相关的资源能力，防御那些危及公司业务的外部威胁。

综上所述，SWOT 分析绝不仅仅是列出四项清单，其最重要的部分是评价一个公司的强势和弱势、机会和威胁。SWOT 分析的完成应当在下列一些问题得到解答之后：(1) 在公司现有的内外部环境下，公司如何最优地运用自己的资源？在分配公司资源时哪些机会应该拥有最高优先权？(2) 为了更好地对新出现的行业和竞争环境作出反应，必须对公司的资源采取哪些调整行动？(3) 是否存在需要弥补的资源缺口？公司需要从哪些方面加强其资源？(4) 要建立公司未来的资源必须采取哪些行动？

从表现形式上看，SWOT 分析一般有两种类型：一种是十字图结构；另一种类似矩阵结构（见图 3—9 和图 3—10）。

图 3—9 显示了 SWOT 分析的十字图结构。具体做法是，用与通用矩阵类似的方法，对所列出的外部环境和内部条件的各关键因素逐项打分，然后按因素的重要程度加权并求其代数和，再将上述结果在 SWOT 分析图上具体定位，从而确定企业战略能力：在右上角定位的企业，具有很好的内部条件以及众多的外部机会，应该采取增长型战略；处于左上角的企业，面临巨大的外部机会，却受到内部劣势的限制，应采用扭转型战略，充分利用环境带来的机会，设法清除劣势；在左下角定位的企业，内部存在劣势，外部面临强大威胁，应采用防御型战略；处于右下角的企业，具有一定的内部优势，但外部环境存在威胁，应采取多种经营战略，利用自己的优势，在多样化经营上寻找长期发展的机会。

SWOT 分析是企业总体战略制定的依据，将 SWOT 分析的十字图结构具体化就成为企业总体战略选择图。

■ 二、战略地位和行动评估矩阵（SPACE）①

SWOT 分析以简单明了的分析方法提供了一个企业战略能力评价的工具，但是，

① [英] 托马斯·加拉文、杰拉德·菲茨杰拉尔德、迈克·莫利著，马春光等译：《企业分析》，上海，上海三联书店，1997。

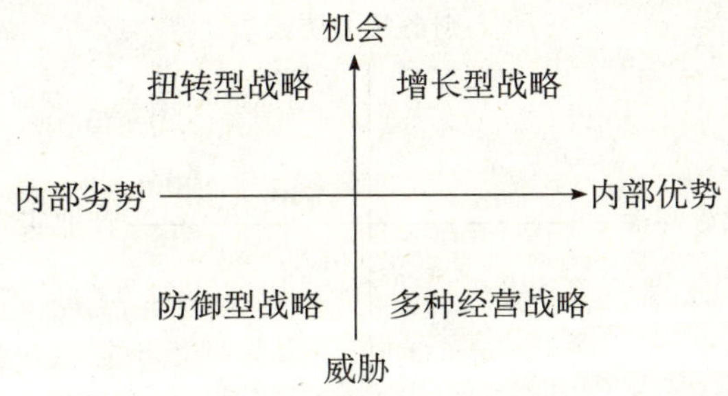

图 3—9 SWOT 分析图

	优势——S ●秉承某集团的办电经验及良好客户关系 ●秉承某集团的无形资源 ●全新公司的开业优势 ●规模化运作电力项目的整体能力 ●某集团的支持与实力	劣势——W ●风电产业开发经验不足 ●风电产业市场份额较小 ●风电价格呈下降趋势 ●风电储备资源不足
机会——O ●国民经济持续增长形成的发展空间 ●良好的外部环境和政策前景 ●率先行动者的机遇优势 ●世界风电产业的发展经验 ●常规发电竞争力的减弱	SO战略 ●抢占优质风电资源 ●规模化发展风电产业	WO战略 ●寻找有经验的国际战略合作伙伴 ●尽早进入能源公司尚未涉及的海上风力发电领域
威胁——T ●能源公司的竞争优势 ●潜在进入者的加入 ●中小水电的替代压力 ●竞价上网的改革趋势 ●世界风电产业的快速发展引起与供应商砍价地位的降低	ST战略 ●寻找有经验的国际战略合作伙伴 ●规模化发展风电产业 ●争取中小水电联动开发 ●规模化促进国产化	WT战略 ●聘请有经验的风电专家 ●尽快培养并吸引风电人才 ●选择新型高效风机，尽快形成规模并积累经验

图 3—10 某能源公司 SWOT 分析

它最大的遗憾是“方向单一”。在 SWOT 十字图结构的分析中，反映外部环境机会与威胁由多个关键指标综合而成，而这些指标可能优劣的方向并不一致。比如，产业的发展潜力与产业的稳定性两个指标可能就不一致。新兴产业，发展潜力大，而稳定性可能不足；而成熟产业，稳定性强，但发展潜力不大。同样，在 SWOT 分析中，反映企业内部条件优势和劣势也由多个指标综合而成，市场份额与企业财务实力（投资回报）可能不一致。因此，从 SWOT 分析得出的企业战略能力定位的结果中，不能判断企业外部环境的机会（或风险）以及企业的优势（或劣势）主要是由哪些因素决定的。

为克服 SWOT 分析的不足，SPACE 矩阵作了很大的改进，即用四维坐标进行评价（见图 3—11）。

环境稳定要素和产业实力要素是反映外部环境的二维坐标；财务实力要素和竞争优势要素是反映企业内部条件的二维坐标。分析步骤如下：

（1）确定各维坐标的关键要素。关键要素一般以 6～8 个为宜。举例说明如下：

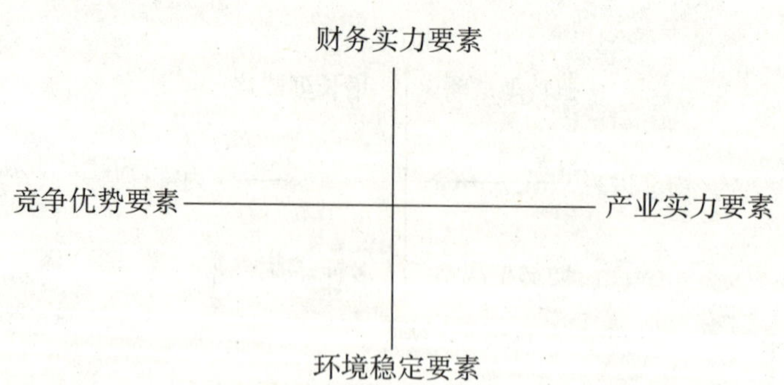

图 3—11 战略地位和行动评估矩阵

1）环境稳定要素：技术变化、通货膨胀率、需求变化、竞争产品的价格范围、进入市场的障碍、竞争压力、需求的价格弹性。

2）产业实力要素：发展潜力、利润潜力、财务稳定性、技术、资源利用率、资本密集性、进入市场的难度、生产率和生产能力的利用程度。

3）竞争优势要素：市场份额、产品质量、产品寿命周期、产品更换周期、顾客对产品的忠心程度、竞争对手的生产能力利用程度、技术、纵向联合。

4）财务实力要素：投资报酬、财务杠杆、偿债能力、资本需要量与可供性、现金流量、退出市场的难易程度、经营风险。

（2）分别在这四维坐标上按＋6～－6 进行刻度。产业实力和财务实力坐标上的各要素按 0～6 刻度；环境稳定和竞争优势坐标按－6～0 刻度。

（3）根据实际情况对每个要素进行评定，即确定各要素归属哪个刻度。注意，产业实力和财务实力坐标上的各要素刻度绝对值越大，该要素状况越好；而环境稳定和竞争优势坐标上的各要素刻度绝对值越大，该要素状况越差。

（4）按各要素的重要程度加权并求各坐标的代数和。

（5）根据上述结果进行战略地位定位与评价，将会有多种的组合结果。以下四种组合是比较典型的：进攻型、竞争型、保守型、防御型（见图 3—12）。

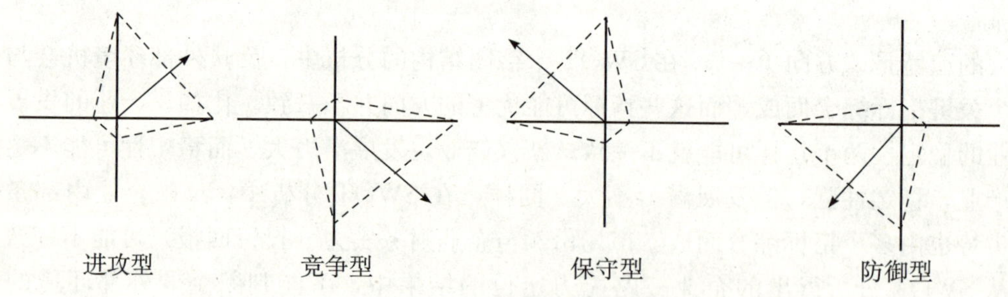

图 3—12 各种战略形态示意图

1）进攻型。产业吸引力强、环境的不确定因素极少，公司有一定竞争优势，并可以用财务实力加以保护。处于这种情况下的企业可采取发展战略。

2）竞争型。产业吸引力强，但环境处于相对不稳定状况，公司占有竞争优势，但缺乏财务实力。处于这种情况下的企业应寻求财务资源以增加营销实力。

3）保守型。企业处于稳定而缓慢发展的市场，竞争优势不足，但财务实力较强。处于这种情况下的企业应该削减其产品系列，争取进入利润更高的市场。

4）防御型。企业处于日趋衰退且不稳定的环境，企业本身又缺乏竞争性产品且财务能力不强。此时，企业应该考虑退出该市场。

SPACE 矩阵分析虽然克服了 SWOT 分析法方向单一的不足，但由于它有多种可能组合，增加了分析的复杂程度。

三、评估企业内部优势和劣势的平衡计分卡

人类已经进入了信息时代，在信息时代，顾客需求多样化，市场对产品质量、性能要求更高，产品的寿命周期越来越短，产品更新换代加速；生产模式由大批量生产转向多品种小批量生产，由于信息技术和通信技术的发展，竞争日益变得全球化。“不能衡量就不能管理”。传统的财务指标衡量方法捉襟见肘，它只能反映过去的情况而无法对企业未来的发展与获利能力作出评价。在新的环境下，企业如何制定业绩评价体系，如何通过业绩评价体系把组织和人员的行为引向企业的战略目标是一个艰巨的任务。

针对新的环境下的业绩评价问题，美国著名的管理大师卡普兰（Kaplan）和复兴方案国际咨询企业总裁诺顿（Norton）在总结了十二家大型企业的业绩评价体系的成功经验的基础上，提出平衡计分卡（Balanced Scorecard）这一划时代的战略管理业绩评价工具。

平衡计分卡是一种以信息为基础的管理工具，分析哪些是完成企业使命的关键成功因素以及评价这些关键成功因素的项目，并不断检查审核这一过程，以把握绩效评价促使企业完成任务。平衡计分卡为企业管理人员提供了一个全面的框架。

平衡计分卡克服了单纯利用财务手段进行绩效管理的局限。财务报告传达的是已经呈现的结果、滞后于现实的指标，但是并没有向公司管理层传达未来业绩的推动要素是什么，以及如何通过对客户、供货商、员工、技术革新等方面的投资来创造新的价值。平衡计分卡从四个不同的视角，提供了一种考察价值创造的战略方法：

（1）财务视角：从股东角度来看，企业增长、利润率以及风险战略。

（2）顾客视角：从顾客角度来看，企业创造价值和差异化的战略。

（3）内部运作流程视角：使各种业务流程满足顾客和股东需求的优先战略。

（4）学习和成长：优先创造一种支持公司变化、革新和成长的气候。

这四个方面分别用一系列的指标来描述，各个指标与企业的信息系统集成，四个方面的指标通过因果关系联系，构成一个完整的评价考核系统。

平衡计分卡提供一个框架，一种语言，以传播使命和战略。它利用衡量结构来把驱动当前和未来成功的因素告诉员工。通过阐明组织想要获得的结果和这些结果的使然因素，企业管理者能够汇集全组织的员工的能力和具体知识来实现企业长期的目标。计分卡的四个方面使一种平衡得以建立，这就是兼顾短期和长期目标、理想的结果和结果的绩效驱动因素、硬的客观目标和较软的主观目标。

（一）平衡计分卡的四个方面

1. 财务方面

经营单位财务方面的评价虽然具有局限性但已经很成熟。平衡计分卡保留了财务方面的指标，它能显示已经采取的行动的容易计量的结果。财务绩效衡量方法显示出，企业的

战略及其实施和执行是否正在为最终经营结果的改善作出贡献。常见的指标包括：资产负债率、流动比率、速动比率、应收账款周转率、存货周转率、资本金利润率、销售利税率等。

2. 客户方面

在记分卡的客户方面，管理者们确认了其经营单位将竞争的客户和市场部分，以及这些目标部分中对本单位绩效的衡量方法。这些衡量包括客户的满意程度、对客户的挽留、获取新的客户、获利能力和在目标市场上所占的份额。

3. 内部经营过程方面

内部经营过程衡量方法所重视的是对客户满意程度和实现组织财务目标影响最大的那些内部过程。传统方法试图监督和改进现有的经营过程，它们所重视的仍然是改善现有过程。平衡计分卡方法把革新过程引入到内部经营过程之中，为获得长期的财务成功，可能要求企业创造全新的产品和服务，以满足现有和未来目标客户的需求。这些过程能够创造未来企业的价值，推动未来企业的财务绩效。对于许多企业来说，管理好现有的产品开发过程或者挖掘潜力以吸引全新的客户类型，这种能力对于未来的经济业绩来说，同高效、一贯和敏锐地管理好现有的经营过程相比，可能更为重要。

4. 学习和成长方面

这方面确认创造长期的成长和改善就必须建设的基础设施。组织的学习和成长有三个主要的来源：人才、系统和组织程序。平衡计分卡前三个方面的目标一般会揭示人才、系统和程序的现有能力和实现突破性绩效所必需的能力之间的巨大差距。为了弥补这些差距，企业必须投资，以使员工获得新的技能，加强信息技术及系统，并理顺组织的程序和日常工作。这些目标将在平衡计分卡的学习和成长方面得到阐明。

(二) 平衡计分卡中的因果关系

一份好的平衡计分卡应当全面反映企业的战略。它应该确认和阐明对评价结果和这些结果的绩效使然因素之间的因果关系。被选中列入平衡计分卡业绩评价体系的每一项评价方法都应当是因果关系链的组成部分。该链条把经营单位的战略的含义传达给企业各级组织。平衡计分卡还应当具有衡量结果和绩效使然因素的混合。光有衡量结果而没有绩效使然因素，则无法说明怎样才能取得结果，而且这些结果也不能及时显示战略是否正在被成功地实施。如果只有绩效使然因素，虽然可能会使经营单位实现短期操作上的改进，但是显示不出这些改进是否已被转化为对现有和新客户业务的扩大，并最终转化为财务绩效的提高，即达到既定的目标。出色的平衡计分卡应该把经营单位战略的结果（滞后指标）和绩效使然因素（先行指标）适当地结合起来。

平衡计分卡通过因果关系（见图 3—13）提供了把战略转化成可操作内容的一个框架。根据因果关系，对企业的战略目标进行划分，可以造出实现企业战略目标的几个子目标，这些子目标是各个部门的目标，同样各中级目标或者评价指标可以根据因果关系继续细分，直至最终形成可以指导个人行动的绩效指标和目标。例如，利用资本回报率可以是财务方面的一项计分卡衡量方法。这一方法的使然因素可能是现有客户重复购买和购买量的增加，而这又是由于客户青睐程度高。因此，客户满意度被纳入平衡计分卡的客户方面，而且预计它将对资本回报率产生很大影响。但是，组织如何才能获得客户的青睐呢？对客户偏好的分析结果可能会显示，客户很重视产品按时交付和高质量。因此，准时交付率和

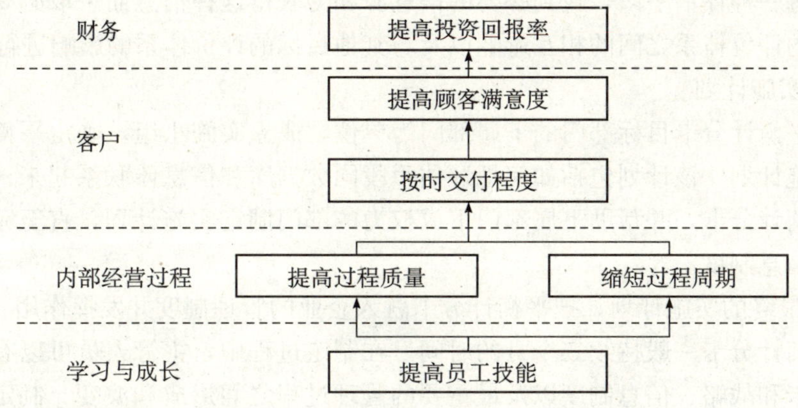

图 3—13 平衡计分卡的因果关系图

质量的提高预计将导致客户青睐度的上升，准时交付率和质量指标被纳入计分卡的内部经营过程方面。而要提高准时交付率，则需要在企业内部经营过程方面进行一系列的改善，包括对于各种流程的重组与优化，采用计算机信息系统等；要提高质量只需要加强全面质量管理；要从根本上提高准时交付率和质量，则需要通过组织和员工的学习来实现，只有在提高质量和准时交付率的各种方法作为一种制度或者形成员工自发的行为时，才可以说，这个企业是有生命力的，企业的长远活力能力才有保障。

（三）建立平衡计分卡步骤

建立平衡计分卡的关键在于企业内部就战略问题达成共识，并弄清楚如何把一个部门的使命和战略转换成经营目标和评估手段。平衡计分卡的制定开始于企业战略，所以它反映的是企业高级主管班子的集体智慧和能力，如果没有高级主管的积极参与，就不应该制定平衡计分卡。制定平衡计分卡通常包括以下步骤。

1. 为平衡计分卡计划确定目标，选择设计人员

在企业高层就制定平衡计分卡达成共识并获得支持，而且应明确平衡计分卡的主要意图并确定一个能够担当起平衡计分卡总体设计这一重任的人选。

2. 选择适当的企业部门

设计人员必须确定出适合实行最高级别的平衡计分卡的业务部门。最初的平衡计分卡过程最好从一个具有战略意义的业务部门开始，这个业务部门的活动最好贯穿企业的整个工作流程——创新、经营、营销、销售和服务。这样一个下属业务部门应有自己的产品和客户、销售和流通渠道和生产设施。同时，该部门应制定全面的业绩评估的手段，且不涉及同企业其他部门的开支和产品与劳务转让的价格问题。确定该部门同其他业务部门的关系，使其面临的机遇和受到的限制明朗化。

3. 就该部门的战略目标达成共识

设计人员通过对部门的全面了解，帮助部门管理人员理解企业的战略目标并了解它们对平衡计分卡的评估手段的建议，解答提出的问题。在充分交流的基础上，确定企业的战略目标，这是一个重复的过程，通常需要经过反复讨论才能最终确定。

4. 选择和设计评估手段

该阶段主要包括以下要点：对于每个目标设计能够最佳实现和传达这种目标意图的评

估手段；对每一种评估手段，找到必要的信息源和为获得这种信息而采取必要的行动；对于每一目标的评价体系之间的相互影响以及与其他目标的评价体系的影响进行评估。

5. 制定实施计划

以实施平衡计分卡目标部门的下属部门为单位，成立实施小组，确定平衡计分卡的目标并制定实施计划。该计划包括如何把评估手段同数据库和信息体联系起来，负责在企业内部传播平衡计分卡，并帮助下属部门下放权力的部门制定实施计划，直至完全建立一个全新的执行信息制度。

6. 通过最终的实施计划，把平衡计分卡融入企业的管理制度并发挥作用

制定平衡计分卡一般持续三个月的时间。在制定过程中，主管人员可以有充分的时间考虑平衡分卡和战略、信息制度以及最重要的管理过程之间形成和演变。制定平衡计分卡的过程，也就是企业目标在组织中进行传播的过程，如果能够让企业的各级员工参与到计分卡的制定上来，将有助于战略目标的推广和得到员工的认同。

(四) 实施平衡计分卡的实例

罗克沃特企业是在水下工程建筑业中处于全球领先地位的企业。20 世纪 80 年代，水下建筑行业竞争特别激烈，一些小企业退出了，一些大的石油企业客户希望与自己的供货商发展长期的合作伙伴关系，而不是根据价格选择供货商。

企业制定了远景规划：应向顾客提供最高的安全，并在质量标准方面处于行业领先地位。该远景规划分解为五个战略目标：超出顾客预期和需要的服务；高水平的顾客满意度；安全、设备可靠性、灵敏性和成本效率的不断提高；高质量雇员；实现股东预期。罗克沃特企业又把远景规划和战略目标转化成平衡计分卡的四套绩效测评指标。总的评价体系如图 3—14 所示。

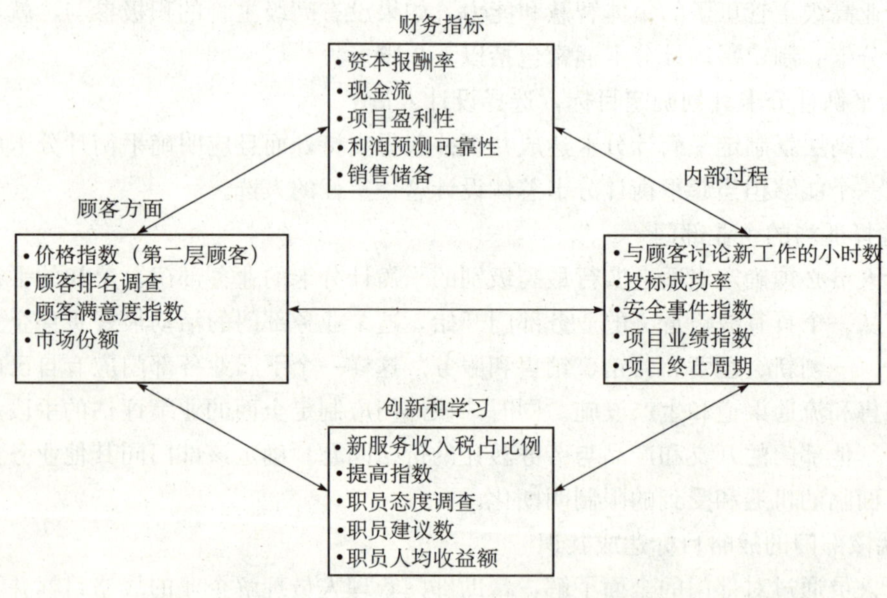

图 3—14 罗克沃特企业的平衡计分卡指标

1. 财务指标

财务指标包含三个对股东很重要的指标。资本报酬率和现金流反映了对短期结果的偏

好；预测可靠度表明了母企业希望减少由于业绩的预期外波动而引起的历史不确定性。罗克沃持的管理层增加了两个财务指标：项目盈利性集中于把项目作为计划和控制的基本单位；销售储备有助于减少绩效的不确定性。

2. 顾客方面

罗克沃特企业希望能把两类顾客区分开来：第一层顾客是指想建立高附加值关系的石油企业；第二层顾客是指那些根据价格选择供货商的顾客。企业设立了价格指数，把关于竞争位置的可得信息综合起来，以确保当竞争加剧时能保住第二层顾客的生意，还对顾客对企业的满意度进行调查分析，并统计企业市场份额。

3. 内部过程

为了构造出内部程序的测评指标，罗克沃特的经理人员界定了一个项目从启动（认识到顾客的需要）到完成（满足顾客的需要）所经过的生命周期。对项目周期中的五个业务阶段一一制定了测评指标。这五个业务阶段是：(1) 确认，即所花费的与潜在的顾客讨论新工作的小时数；(2) 争取，即投标成功率；(3) 准备和交付，即项目业绩效率指数，安全/损失；(4) 控制，即返工率；(5) 终止，即项目终止周期的长度。

4. 创新和学习

创新和学习的目的在于加速财务、顾客和内部程序的改进。在罗克沃特，这类改进除了来自内部业务程序的不断改善外，还来自会带来新的收入来源和市场扩展的产品以及服务创新。为了同时促进产品/服务创新和业务改进，企业认为有必要为雇员创造一种充满激励气氛的环境。职员态度调查和雇员建议数量的统计指标，都可以用来衡量这种氛围。

平衡计分卡系统也是一个信息系统，是传递企业战略目标信息并考评管理的信息系统。在实施过程中，企业的业绩考评指标往往涉及财务数据、生产运作过程中的成本、质量以及计划时间数据，各个考评指标大都是在大量基础数据的统计之上得到的，需要与企业现有的信息系统集成并实现数据的共享。手工的方法显然已经不能满足平衡计分卡对数据处理速度和信息集成的需要，开发平衡计分卡管理工具软件成为推广平衡计分卡的重要一环。国外已经有这种成熟的软件工具，并能够与 ERP 系统实现集成。

平衡计分卡制度会成为一个企业的管理制度的基石，是因为它不仅同企业重要的过程有着联系同时也支持这些重要过程；再进一步，通过把平衡计分卡融入管理日程安排，所有的管理过程都可以同实行企业的长期战略挂钩，确保企业始终以战略目标为方向而不会误入歧途。平衡计分卡制度的制定过程常常使企业第一次对其发展前景和实现这一目标应走的路有了一个明确的认识。此外，企业管理人员一旦对企业的前景和实现的方法有了明确的认识并达成共识，也就激发了工作热情，有利于实现从设想到目标的关键跨越。

四、确定核心竞争力

与竞争者相比较，上述关于企业优势、劣势的分析又可以用来确定企业的核心竞争力。核心竞争力分析在“比较”中才有意义，即确认企业强于竞争者的那些特殊的优势，以及避免那些特定的劣势。这就需要在对本企业进行资源分析的同时，平行地分析竞争对手的资源状况。

在资源分析过程中，通过以下三个问题可以测试企业核心竞争力的战略重要性：

(1) 核心竞争力的来源是什么？(2) 是职业技能和知识，还是组织的惯例？(3) 是企业的品牌，还是专用技术？

确认了核心竞争力的来源，就能够明确地回答以下两个问题：

（1）竞争力的持久性怎样？如果技术革新很快，或者产品寿命周期很短，那么，以技术与品牌优势为来源的竞争优势的寿命将会很短。在这种情况下，企业核心竞争力的来源应转向“创造性破坏”的能力，即破坏产业中已存在的竞争优势的来源（包括自己的），并创造新的来源。

（2）竞争力的可转移性和可仿造性怎样？有些资源，如材料、技术，甚至掌握专用技术的人才都容易转移或仿造，而商标或商誉就不那么容易转移或仿造。对竞争力可转移性和可仿造性的确认涉及对“隔离机制”的分析，企业能否把握可靠的、相对长期的模仿障碍或提前行动的优势，以保持自己的核心竞争力，决定了企业是否需要对其竞争优势来源重新部署。

◀本章小结▶

• 资源基础的企业理论将厂商在产业中赚取比同行更高的利润率的能力定义为“竞争优势”。企业获得竞争优势有两种基本途径：一是在相同或略高的成本条件下，提供更多的消费者认可的价值；二是在提供相同或略低的消费者认可的价值的条件下，获得更大的成本优势。

• 20世纪90年代，西方管理学界掀起关于核心能力的研究与讨论的高潮，对企业界也造成很大影响。作为竞争优势的源泉，企业独特的资源与能力日益受到人们的关注，“核心能力”、“核心业务”也成为流行术语。

• 价值链将企业的生产经营活动分为基本活动和支持活动两大类。资源使用的价值链分析要明确以下几点：确认那些支持企业竞争优势的关键性活动；明确价值链内各种活动之间的联系；明确价值系统内各项价值活动之间的联系。

• 战略能力分析的一个重要组成部分就是评估构成公司业务组合的互补程度。以波士顿矩阵为代表的组合分析是具有代表性的分析方法。

• 资源能力分析的最后一方面是从前面的分析中确认关键问题。只有在这个阶段，才能对企业的主要优势和劣势，及其战略重要性作出合理的评估。然后，才能将资源能力分析作为判断未来行动过程的标准。SWOT分析、SPACE矩阵、平衡计分卡等分析方法都是这一阶段重要的分析方法。

★ 关键概念

竞争优势 资源基础的企业理论将厂商在产业中业绩出众的能力，即赚取比同行更高的利润率的能力，定义为“竞争优势”。

企业核心能力 一个组织中的积累性学识，特别是关于协调不同的生产技能和有机结合多种技术的学识。它是一个企业所具有的在本行业独树一帜的、难以复制模仿的能力，可实现用户看重的、高于竞争对手的价值，可提供进入广阔多样的市场的潜能，成为长期利润的源泉。

价值链 波特认为，企业每项生产经营活动都是其创造价值的经济活动；那么，企业所有的互不相同但又相互关联的生产经营活动，便构成了创造价值的一个动态过程，即价值链。

基本活动 基本活动指生产经营的实质性活动，一般可以分为内部后勤、生产经营、外部后勤、市场销售和服务五种活动。

支持活动 支持活动是指用以支持基本活动而且内部之间又相互支持的活动，包括采购、技术开发、人力资源管理和企业基础设施。

波士顿矩阵 波士顿矩阵是美国波士顿咨询公司（BCG）在1960年为咨询一家造纸公司而提出的一种投资组合分析方法。这种方法是把企业生产经营的全部产品或业务组合作为一个整体进行分析，常用来分析企业相关经营业务之间现金流量的平衡问题。通过这种方法，企业可以找到企业资源的产生单位和这些资源的最佳使用单位。

通用矩阵 通用矩阵吸引力矩阵，是美国通用电气公司设计的一种投资组合分析方法。

产品—市场演变矩阵 产品—市场演变矩阵是美国学者霍佛（C. W. Hofer）设计出一个具有15个方格的矩阵，用以评估企业的经营状况。

SWOT分析 SWOT分析是一种综合考虑企业内部条件和外部环境的各种因素，进行系统评价，从而选择最佳经营战略的方法。这里，S是指企业内部的优势（Strengths）；W是指企业内部的劣势（Weakness）；O是指企业外部环境的机会（Opportunities）；T是指企业外部环境的威胁（Threats）。

SPACE分析 为克服SWOT分析的不足，SPACE矩阵用四维坐标进行评估，环境稳定要素和产业实力要素是反映外部环境的二维坐标；财务实力要素和竞争优势要素是反映企业内部条件的二维坐标。

平衡计分卡 平衡计分卡是一种以信息为基础的管理工具，分析哪些是完成企业使命的关键成功因素以及评价这些关键成功因素的项目，并不断检查审核这一过程，以把握绩效评价，促使企业完成任务。

案例分析

案例3—1 格兰仕公司核心竞争力的培育与演变[①]

格兰仕位于广东省中山和顺德的交界处——容桂镇。1978年，梁庆德带领十几个人开始创业。从做鸡毛掸子起家，后搞纺织，发展成为镇办的羽绒制品厂，当年实现销售收入46.81万元。1992年，从日本东芝引进生产线，转产微波炉，改名为格兰仕。1993年，第一台格兰仕微波炉诞生，当年产量1万台。

1994年，在遭遇特大洪水的情况下，年产量为10万台。1995年，格兰仕国内市场占有率为25.1%，超过了蚬华，居全国第一。此时，梁庆德决定放弃毛纺厂，将年产值8 000万元、年利润800万元的纺织业务全部卖掉，集中生产微波炉。

微波炉属于家电制造业，当时，家电制造业呈现的特点是：市场容量大；替代风险小；标准化；产品成熟等。这些都符合成本领先战略的应用条件。格兰仕在起步阶段坚定

① 资料来源：根据《培育核心竞争力，整合全球产业链》等资料整理，载《南方网讯》，2005-06-06。

不移地将自己的竞争优势定为成本领先。

在成本领先驱动因素的诸要素中，格兰仕与其他中国企业一样，具有要素成本低廉和生产效率高两大优势。欧美企业和日韩企业在劳动力制造成本上很难与中国相比。在法国，微波炉生产企业的员工平均年龄在40岁以上，每天工作6小时，每周工作4～5天，工作时可随意休息。而格兰仕的员工平均年龄在30岁以下，每天三班制，24小时连续开工，整个格兰仕就像一个巨大的蜂房。格兰仕员工一天的工作时间等于法国工人一周的工作时间；格兰仕一条生产线等于欧美企业的6～7条生产线。双方在工资水平、土地使用成本、水电费、劳动生产率等方面的差别也非常大。加之格兰仕开始集中于微波炉生产，劳动生产率的优势更能够充分体现出来。因此，格兰仕的劳动生产率高出欧美8～10倍，单位产品工资含量比欧美低几十倍。

但是，与跨国公司相比，格兰仕实施成本领先优势的最大缺陷是规模上不去。有些跨国公司说，我们就是不和你们争，若要动起真格的来，我们把你们的产品、企业全买下来，然后都扔到太平洋里去，就可以占有你们的市场。

为了获得规模经济优势，同时也基于对付国际市场反垄断的需要，格兰仕在国际化经营的初期阶段，走的是一条"曲线"做大的道路——通过与诸多世界名牌、世界主流渠道建立产业链同盟，在微波炉、空调、小家电等领域实现"世界名牌格兰仕造"，在迅猛提升产品占有率的过程中树立企业和品牌形象。

有人说，格兰仕的核心竞争力是贴牌制造（OEM），是一种比在股市上圈钱还高明的扩张方式。这种说法不无道理。但是，格兰仕的生产方式又不是真正意义上的贴牌制造。因为格兰仕坚持要对方将成套的、最先进的设备或生产线拿到格兰仕。要让对方交出设备和技术，就必须有不可抗拒的诱惑力——低到他们无法达到的价格，此时，中国企业要素成本低廉、生产效率高等优势就充分显现出来了。

例如，格兰仕没有微波炉里的变压器生产线。日本变压器的价格是23美元/个；美国变压器的成本是30美元/个。格兰仕经核算，认为自己的生产成本可以达到10美元/个，因为格兰仕拥有质优价廉的生产能力，并能认清自己的目标和底线。格兰仕首先与美国公司谈判：将最先进的生产线搬到格兰仕，由格兰仕生产，以8美元/个的成本价供货；设备的使用权归格兰仕，在保证供货需求之后，剩余时间归格兰仕。于是，美国人就把生产线搬到了格兰仕。

中国的劳动力、土地成本都比日本低，价格战压得日本人痛苦不堪。于是，格兰仕又找到日本企业谈判：把变压器交给格兰仕做，供货价格是5美元/个（实际成本是4美元/个）。于是，日本企业也把生产线搬到格兰仕了。日本在美国设厂生产微波炉的成本是800元/台。格兰仕对日本企业说：我的生产成本是400元/台。日本人听说以后就不再自己生产微波炉，而是将技术、设备整套地搬到格兰仕。

格兰仕曾经到法国一家公司购买用于生产微波炉的核心部件，价格是38美元/个。格兰仕对法国人说："把技术、设备搬到格兰仕，我给你生产，5美元/个卖给你。"法国人非常吃惊，因为他们的生产成本是20美元/个。这样低的价格令他们欣喜若狂，马上签合同。就这样，1亿多美元的生产线，再加上全部的生产技术，格兰仕只用几百万美元就买回来了。这条生产线在法国的年产量是100万个/年。到了格兰仕就是600万个/年，成本降到4美元多一点。格兰仕600万的年产量中，100万个以5美元/台卖给法国，余下的

500万个，一部分卖给外国公司贴牌销售（OEM）；另一部分挂自己的牌子销售。

规模的迅速扩张使格兰仕的成本领先优势发挥到极致。格兰仕在规模上每上一个台阶，就大幅度下调价格。当规模到300万台时，就将出厂价下调到规模为200万台的企业成本价以下，使规模在200万台的企业以及没有明显技术或营销差异的企业陷入亏本的境地。

就这样，格兰仕为跨国公司打工做“贴牌”，不仅用洋枪洋炮武装了自己，在国际市场上获得规模经济优势，而且巧妙地避开了反倾销、反垄断的嫌疑；甩掉了市场风险、固定资产投资的风险，不花钱或花小钱就收购了别人的资产，获得了别人现成的市场，锁定了自己的利润空间。

2001年以来，格兰仕不仅注重深度挖掘欧盟、美国、日本等传统市场的潜力，而且主动将业务向东欧、拉美和中东等有潜力的新兴市场拓展。在俄罗斯、捷克等新兴市场，格兰仕“引进来、走出去”的“两条腿走路”战略再一次发挥作用：一方面通过与有实力的经销商（包括大型超市、家电专营店等）进行合作，将优质的产品、完善的服务和具有竞争力的价格延伸至新兴市场；另一方面通过与强势跨国公司合作，利用对方品牌作定牌生产，在摆脱反倾销、反垄断等经营风险的情况下双管齐下，将格兰仕产品打入各国市场。

格兰仕出口创汇得以连年保持两位数字的万分比长势头，新兴市场的发展要记头功，其中东欧市场除了在销量上突飞猛进，对整体出口销售质量的提升更居功至伟。俄罗斯等国曾一度将“中国制造”等同于“劣质产品”，但随着格兰仕热风对流、数码光波等电子带烧烤式中高档微波炉成为其市场主导产品，当地的流通商和消费者也承认通过使用这些高新技术产品，他们看不出欧美、日本制造和中国制造有很大的质量差别。

为了寻求更大的海外市场，格兰仕每年都积极组团参加各地大型国际会展。此外，营销人员每年定期出国考察，了解各国（地）市场批零渠道、产品价格、竞争对手等情况，同时主动听取各地客户的意见和建议，从而有针对性地制定各地市场或客户的开拓方案。

格兰仕在作出“全球制造”战略选择时非常明确，不只是做简单的“世界工厂”、“加工基地”，而要通过技术创新成为引导世界家电业潮流的“全球名牌家电制造中心”。格兰仕在初入微波炉行业的时候，由于资源有限，在技术上以引进为主，因此基本停留在中低端市场，高端市场牢牢被欧美日品牌霸守。没有核心技术即意味着要落后，落后就会处于被动，占领全球市场的唯一出路是掌控高端技术。能从国外引进的，可能只是二流甚至三流的技术，与其长期为引进二三流技术“买单”，不如潜心打造属于自己的一流技术。随着生产规模的急剧扩张，格兰仕大举吸纳海外权威技术专家，专门从事家电产品尖端技术以及新材料、智能化的应用研究。从此，格兰仕在技术上开始由引进消化阶段走向自主开发阶段。短短几年中，这个设在外国的科研中心开发研制出了百余项专利、专有技术，成为微波炉行业的风向标，同时也确立了格兰仕在全球微波炉行业的领导地位。

作为全球最大的微波炉专业化制造商，格兰仕凭借专业化、规模化、集约化优势赢得了成本领先，为高新技术的迅猛发展创造了强有力的支点。很显然，产销规模越大，技术投入的底气就越足。成本优势支持技术创新，技术进步反过来推动规模扩张，规模与技术相互促进，格兰仕因此能以更低的价格供应技术含量更高的产品。

随着产业规模的不断扩张，格兰仕近几年的技术开发投入是过去近十年的数十倍。

2004 年，格兰仕累计投入的技术研发费用达到 5 亿元，占销售收入的 4%以上。随之而来的是一大批知识产权完全属于自己的专有、专利产品连续问世。2004 年，格兰仕在将微波炉产销规模推向 1 800 万台的同时，开始打造全球最大的空调专业制造基地，全部建成后的产销目标为 1 200 万台。产销规模的加倍扩张为格兰仕加快产业技术升级创造出更高、更坚固的成本消化平台。2005 年，格兰仕在空调和微波炉产业上继续致力于高端技术的开发，目前已经研制出并开始申报审批的专利技术百余项，像光波微波炉、光波空调等专利产品已经风靡全球市场，并成为日本、韩国等国外公司模仿的对象。

过去，由于核心竞争力的缺乏，家电业的话语权都在跨国公司手中，今天，格兰仕作为全球家电业的后起之秀，不仅向全球近 200 个国家和地区供应性价比更高的成品，而且还被业界公认为微波炉配套能力世界最强的企业，向包括欧美日在内的许多跨国公司输出核心技术、核心零部件和提供技术服务。

受格兰仕规模优势和高生产力水平的吸引，许多跨国公司将附加值微薄的微波炉等产业战略转移到格兰仕。在整合全球一流的技术、装备、生产线、管理等优秀资源的过程中，格兰仕发挥自身的劳动成本优势和超大规模生产优势，实现了优势互补，生产力水平进一步提升。加上跨国公司搬过来的生产线及装备，格兰仕制造的变压器等配套元器件一年的产能已突破 2 000 万个，其中一半左右的产量要返销到发达国家。除此之外，格兰仕在磁控管、定时器、微动开关、集成电路、微型电机等元器件、零部件的生产制造方面同样达到了国际一流水准。

除了在技术创新、产品创新、市场创新等方面所做的不懈努力，格兰仕人长期以来在国际市场上树立的信用、信誉和创新激情也为出口加速发展创造了条件。格兰仕人展现给世界的“全球名牌家电制造中心”不仅是一艘反应速度快、技术支持力强的“航母”，也是一个严格按照国际市场竞争规律行事、具有高度责任感的公司。格兰仕坚信，随着 3 万名员工的不断拼搏、求实、创新，随着“努力，让顾客感动”的经营和服务宗旨日益深入人心，格兰仕的产品国际化、品牌国际化会取得更大的发展。

分析与思考

(1) 格兰仕在“成本领先”战略中如何培育自己的核心竞争力?

根据微波炉产业起步时的产业状况与企业自身状况，格兰仕在起步阶段坚定不移地将自己的竞争优势定为成本领先。在成本领先驱动因素的诸要素中，格兰仕与其他国内企业一样，具有生产成本低廉和生产效率高两大优势。但是，与国外跨国公司相比，格兰仕实施成本领先优势的最大缺陷是规模上不去。规模经济优势是成本领先趋动因素中最重要的因素，中国企业尽管拥有生产成本低廉、生产效率高等优势，但如果没有规模经济优势，在国际市场上成本领先优势就无法持续下去。

为了获得规模经济优势，格兰仕在国际化经营的初期阶段，走的是一条贴牌制造(OEM) 的道路——通过与诸多世界名牌、世界主流渠道建立产业链同盟，在微波炉、空调、小家电等领域实现“世界名牌格兰仕造”，在迅猛提升产品占有率的过程中树立企业和品牌形象。

规模迅速扩张使格兰仕的成本领先优势发挥到极致。大规模的低成本的制造能力成为格兰仕早期核心能力的主要方面。

(2) 格兰仕的核心竞争力是如何演变的?

竞争优势的持续力是一种持续的改善与自我提升。假如一个企业把盟主的宝座久放在既有的竞争优势上，迟早会被别人取而代之。企业要有持续竞争优势，自身必须成为一个不定向的飞靶，在竞争者赶上旧的优势前已发展出新的优势。格兰仕在做出“全球制造”战略选择时非常明确，不只是做简单的“世界工厂”、“加工基地”，而要通过技术创新成为引导世界家电业潮流的“全球名牌家电制造中心”。随着生产规模的急剧扩张，格兰仕大举吸纳海外权威技术专家，专门从事家电产品尖端技术以及新材料、智能化的应用研究，从此，格兰仕在技术上开始由引进消化阶段走向自主开发阶段。

作为全球最大的微波炉专业化制造商，格兰仕凭借专业化、规模化、集约化优势赢得了成本领先，为高新技术的迅猛发展创造了强有力的支点。产销规模越大，技术投入的底气就越足。成本优势支持技术创新，技术进步反过来推动规模扩张，规模与技术相互促进，格兰仕因此得以更低的价格供应技术含量更高的产品，成功地实现了兼顾“差异化”与“成本领先”的“混合”战略。

案例3—2 一个直销公司面临的选择[①]

NW公司是位于亚洲香城的一家新成立的直销公司。它区别于传统的分销方法在于，顾客可以从报刊的广告和互联网网站得到信息，在任何时间通过电话、传真或电子邮件订货。NW公司提供免费的送货服务。这个分销方法的好处非常明显：公司可以省掉租用店铺及招聘售货员的成本。在香城，繁华地带的店铺租金可占营运成本总额的30%，这种分销方法所节省的成本可用作减低货品的售价。在香城，这种促销方法是一个颇新的概念，现在还没有势均力敌的竞争对手。

过去，香城的消费者习惯亲自到零售店如超市等购买所需物品，然后带回家。只有大型的货物，如家具，另加运费才有送货服务。一些超市偶尔也会提供送货服务，但对象并不是一般顾客。此外，通过电话和互联网订货并不普遍。

香城是一个占地1 097平方公里，人口超过600万的高密度现代化城市，有许多交通便利的购物商场和超市。在香城由于拥有一部汽车的成本相当高，又没有足够的停车场地，而每小时的停车收费亦很昂贵，所以香城拥有汽车的人不多。因此，市民每次购物的数量不多，否则，他们需要携带非常重的物品搭乘公共交通工具或步行回家。香城的另一社会趋势就是女性加入劳动市场的比率日益增加。

NW公司是XYZ集团旗下的一家公司，XYZ集团专做出版报刊和杂志，借贷少而盈利能力高。集团所出版的报刊每天的销售量达400 000份，是香城最畅销的两份报刊之一。集团所拥有的网站也是香城最受欢迎网站之一。作为分销行业的新手，NW公司招聘了近1 000名员工，负责购货、仓储、接订单、资讯管理及送货职责，还购入300部小型货车及5个大型仓库，在香城各个地区设立了近40个陈列室。为扩展计划融资，XYZ集团(原为一家私人公司)在香城的股票交易所挂牌上市，出售股票集资。

① 本案例选自《财会资格证书中文项目》，载《企业分析》，1999-12-12。

开始，NW公司推出许多宣传项目，其中一项是通过XYZ集团旗下的报刊刊登广告。每天的广告占八页彩色篇幅，所设的网站非常便利，顾客可以很容易得到所需产品的资料及有关信息，也可以即时订购。为了增加销量，NW公司的货品定价一般都较传统的分销商，如超市，低10%～30%。如果订货超过150美元，还可送货，保证在收到订单后半天内送到。可在互联网上使用信用卡付款，或在收货时用现金支付，也接受私人支票，而香城其他分销商一般都不会接受私人支票。

NW公司开业时，所售卖的货品很大一部分都是一些日常用品，其中包括饮料、小食品、厨房用具、清洁用品、浴室用品及个人护理物品等。这些物品一般都能在超市找到。此外，NW公司也售卖小型电器，如电饭煲等。由于得到一家大型品牌电脑生产商的支持，NW公司开始也售卖电脑及相关的配件。为了扩大货品的种类，NW公司还接受订单替学生购买课本。

NW公司的营销模式在初期是非常成功的，市民对于公司即时送货的承诺非常满意，在报刊上刊登的商品价格亦非常吸引人。随着业务的开展，公司发现市民的购买需求较预期高出许多，大批订单导致互联网负荷过重，电话经常占线，公司不得不宣布暂停网上购物直至另行通知。同时，公司运作也出现很多问题：因需要送的货物太多，公司不能信守承诺，提供快速送货服务，有些货品要两天甚至更长的时间才能送到顾客手上，有时候货品甚至被送到错误的地址，而且品种、数量也经常出错。公司收到很多投诉。为了减轻压力，公司宣布订货需超过300美元才可享受免费送货服务。与此同时，公司发现接受私人支票的策略所承受的风险非常高，因为有些顾客来购买价值逾万元的电脑所开具的支票不能兑现。另外，一些畅销货品又经常缺货，使顾客大失所望。其他不在预计之内的事情也损害了公众对NW公司的信心。公司售卖的一种品牌电饭煲被证实存在潜在的危险，公司不得不决定紧急回收所有的电饭煲。九月学校开课前，另一个问题发生了：NW公司不能提供部分学生所需的课本。公司为此事件道歉并承诺立即退还款项，但有些顾客在数星期后仍未收到退款。有关NW公司的最新事件是，公司售卖的一种洋酒被发现是伪品。

除内部问题外，公司也受到外来的困扰。在香城，两家主要的连锁店控制了超市的业务。这两家超市连锁店是香城两家实力雄厚且极具影响力的集团公司旗下的公司。它们共有300多家门市，占了香城市场的70%。许多供应商主要都是靠这两家超市分销其货品。由于这两家超市所占的市场份额高，大部分的供应商都要提供特别的折扣。过去，这两家超市之间的竞争很激烈，但近年来，它们之间的竞争趋于和缓，似乎它们对现时的市场分配很满意。但是，由于NW公司的介入，情况变得很敏感。两家超市连锁店发现NW公司的加入与其他占据部分市场的小型连锁店不同，NW公司是很进取的，其发展潜力也不可忽视。两家超市连锁店意识到必须在NW公司在超市业务上尚未站稳脚之前有所行动。于是，超市连锁店推出大规模的减价行动，同时也提供购货满150美元可获免费送货服务。供应商受到非直接的压力，使NW公司不能保证部分主要货品的货源。同时，超市连锁店增加了广告支出预算，但刊登广告的报刊并不包括XYZ集团旗下的报刊和杂志。

在超市连锁店推出一系列的减价行动后，NW公司的生意一落千丈，其所供应的货品种类大幅度减少，顾客开始回到超市购物。有一段时间，NW公司不得不承诺只要购物超过50美元便可享受免费送货服务，但效果不明显，且成本很高。

直至现在，NW公司每月亏损约10 000 000美元，公司面临着抉择。如果继续与超市竞争，便需进一步降低售价，这就需要找寻其他的供货途径以保持货品的种类，使货品多元化。事实上，公司现在正集中于分销办公文具用品及家用电器如电视机等。一位经济专家曾说，NW 公司是一家分销公司，基本上可以分销任何货品。

分析与思考

1. 分析 NW 公司所面临的外部环境的主要机会和威胁

机会一，社会经济环境对 NW 公司经营模式的潜在需求：

● 人口超过 600 万的高密度现代化城市，购买力旺盛；

● 店铺租赁费高，因而价格高；

● 停车费高；

● 女性参加工作，需减少购物时间。

机会二，网络发展成为潮流和时尚：

● NW 开始运作时，需求较预期的高出许多，导致互联网负荷过重，电话经常占线。

机会三，率先行动的机会：

● 在网络直销领域没有竞争对手。

威胁一，替代品的威胁：

● 两家超市的竞争。

威胁二，供应商的问题：

● 运行中已经发生的问题：一些畅销货品经常缺货；公司售卖的一种品牌的电饭煲被证实是有潜在危险的；公司不能提供部分学生所需的课本；公司售卖的一种洋酒被发现是伪品。

● 新的威胁：供应商受到两家超市非直接的压力，使 NW 公司不能保证部分主要货品的货源。

威胁三，消费者的信任和信心受损，恢复需要时间：

● 一些畅销货品经常缺货，使顾客大失所望。

● 在超市连锁店推出一系列的减价行动后，NW 公司的生意一落千丈，而其所供应的货品种类也大幅度减少。顾客开始回到超市购物。

威胁四，国民素质的现状对新型模式运行的影响：

● 公司发现接受私人支票的策略所承受的风险非常高，因为有些顾客来购买价值逾万元的电脑所开具的支票不能兑现。

2. 分析 NW 公司资源与能力的主要优势与劣势

优势一，新型方式的优势：

● 便利：所设的网站非常便利，顾客可以很容易地得到所需产品的资料及有关信息，也可以即时订购。市民对于公司即时送货的承诺非常满意。

● 成本低：无店铺；公司的货品定价一般都较传统的分销商低 10%～30%。

优势二，母公司优势：

● 网络与媒体优势：XYZ 集团专做出版报刊和杂志，集团所出版的报刊每天的销售量达 400 000 份，是香城最畅销的两份报刊之一。集团所拥有的网站也是香城最受欢迎网站之一。

● 品牌优势：XYZ 集团是香城最畅销的两份报刊之一，集团所拥有的网站也是香城最受欢迎的网站之一，这使得 NW 公司在初期非常成功。

● 资金优势：XYZ 集团借贷少而盈利能力高，集团（原为一家私人公司）在香城的股票交易所挂牌上市，出售股票集资。

优势三，软硬件设施优势：

● NW 公司招聘了近 1 000 名员工，购入 300 部小型货车及 5 个大型仓库，还在香城的不同地区设立了近 40 个陈列室，通过 XYZ 集团旗下的报刊刊登广告。每天的广告占 8 页彩色篇幅，所设的网站非常便利。

优势四，公司独特优势：

● 如果订货超过 150 美元，可送货服务，保证在收到订单后半天内送到。可在互联网上使用信用卡付款，或在收货时用现金支付。NW 公司也接受私人支票，而香城其他分销商一般都不会接受私人支票。

● 商品多样性：除在超市能够找到的日常用品（包括饮料、小食品、厨房用具、清洁用品、浴室用品及个人护理物品等）外，公司也售卖小型电器，如电饭煲等。由于得到一家主要电脑生产商的支持，NW 公司也售卖电脑及相关的配件。为了扩大货品的种类，NW 公司还接受订单替学生购买课本。一位经济专家曾说，NW 公司是一家分销公司，基本上可以分销任何货品。

劣势一，网络系统不完善：

● 互联网负荷过重，电话经常占线。

劣势二，供应链系统不健全：

● 公司不能信守承诺，提供快速送货服务，有些货品要两天以上才能送到顾客手上。有些时候货品甚至被送到错误的地址，而货物的品种、数量也经常出错。

劣势三，系统不完善：

● 公司发现接受私人支票的策略所承受的风险非常高，因为有些顾客来购买价值逾万元的电脑所开具的支票不能兑现。

劣势四，质量保障体系不健全：

● 公司售卖的一种品牌的电饭煲被证实是有潜在危险的，公司不得不决定紧急回收所有的电饭煲。NW 公司的最新事件是公司售卖的一种洋酒被发现是伪品。

劣势五，应急机制不健全：

● 上述各种问题出现后，NW 公司的生意一落千丈。

第四章

企业总体战略

本章要点提示

- 战略开发可选的方向：稳定、发展与撤退
- 企业发展战略：方向与途径
- 企业撤退战略：原因、方式与困难

本章内容引言

第二章与第三章关于企业外部与内部的分析回答了“企业目前在什么位置上”这样的问题，本章基本问题是“向何处走”。不仅如此，还要回答“为什么要这样走”，以及“怎样走”的问题。所以，本章研究的是企业总体战略的开发方向及其途径，重点研究企业发展战略与撤退战略。

第一节　战略开发可选的方向

企业总体战略的开发方向可分为三大类：稳定战略、发展战略和撤退战略。

一、稳定战略

企业稳定战略是指限于经营环境和内部条件，企业在战略期所期望达到的经营状况基本保持在战略起点的范围和水平上的战略。

采用稳定战略的企业不需要改变自己的宗旨和目标，只需要集中资源于原有的经营范围和产品，以增加其竞争优势。稳定战略适用于对战略期环境的预测变化不大，而在前期

经营相当成功的企业。采用这种战略的风险比较小，企业可以充分利用原有生产经营领域中的各种资源；减少开发新产品和新市场所必需的巨大资金投入和开发风险；避免资源重新配置和组合的成本；防止由于发展过快、过急造成的失衡状态。

但是，采用稳定战略也有一定的风险。一旦企业外部环境发生较大变动，企业战略目标、外部环境、企业实力三者之间就会失去平衡，使企业陷入困境。稳定战略还容易使企业减弱风险意识，甚至形成惧怕风险、回避风险的企业文化，降低企业对风险的敏感性和适应性。

二、发展战略

企业发展战略强调充分利用外部环境的机会，充分发掘企业内部的优势资源，以求得企业在现有的战略基础上向更高一级的方向发展。

研究企业发展战略可以从发展方向和途径两个方面展开。

三、撤退战略

撤退战略是在那些没有发展或者发展潜力很渺茫的业务应该采取的战略。撤退战略包括紧缩战略、转向战略和放弃战略三个部分。

美国学者格鲁克（Glueck）在对美国358位经理45年中的战略选择进行详细分析后，将企业各种战略的使用频率进行了统计，结果如下[①]：发展战略，54%；稳定战略，9.2%；紧缩战略，7.5%；综合型或其他战略，28.7%。影响企业战略方向选择的因素很多，图4—1从外部环境和企业自身能力综合分析的角度简要地分析了企业战略方向选择的依据[②]，它实际上是对第三章所阐述的SWOT分析的具体化。本章将在后两节对企业战略方向的选择依据进行更深入的研究。

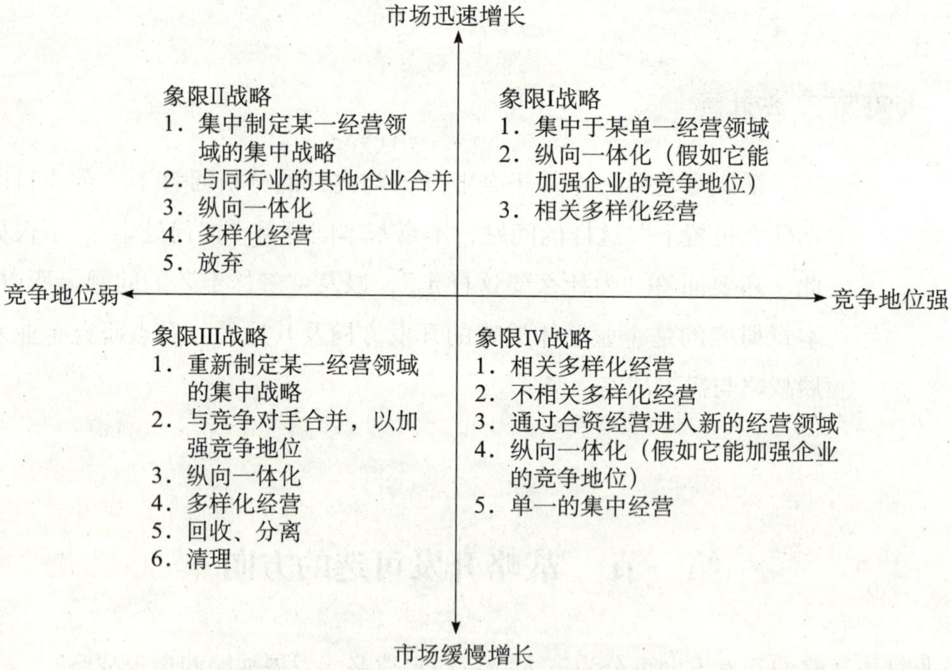

图4—1 企业总体战略选择

① 宋芸等：《企业战略管理》，北京，首都经济贸易大学出版社，2000。

② 徐二明：《企业战略管理》，北京，中国经济出版社，1998。

如第一章所述，20世纪80年代以后，企业面临的内外部环境变化很快，所以稳定战略企业采用较少。后两节将重点阐述企业发展战略和撤退战略。

第二节 企业发展战略

一、发展战略可选择的方向

发展战略可选择的方向可以从两个角度考虑：一是产品、市场的扩张；二是企业的横向、纵向、多样化边界的扩张。

(一) 产品、市场的扩张

研究企业产品、市场扩张方向的基本框架，是安索夫（H. I. Ansoff）的产品—市场战略组合矩阵（见表4—1）。

1. 市场渗透与集中

彼德斯（Peter）和沃特曼（Waterman）把这种集中战略称为“坚守阵地”[①]，这种战略强调发展单一产品，试图通过更强的营销手段而获得更大的市场占有率。

2. 产品开发与革新

这种战略是在原有市场上，通过技术改进与开发研制新产品。这种战略可以延长产品的寿命周期，提高产品的差异化程度，满足市场新的需求，从而改善企业的竞争地位。

3. 市场开发

这种战略是将企业现有的产品或服务打入一个新的市场，既可以是进入国内其他地区，也可以是进入国际市场。

4. 多样化发展

这是新产品与新市场结合的结果，又可分为相关多样化（相关的技术或相关的市场）和不相关多样化（不相关的技术、不相关的市场）。

表4—1 产品—市场战略组合[②]

		产品	
		现有产品	新产品
市场	现有市场	市场渗透与集中。在单一市场，依靠单一产品，目的在于大幅度增加市场占有率。	产品改进、产品开发与革新。在现有市场上推出新产品；延长产品寿命周期。
	新市场	市场开发。将现有产品推销到新地区；在现有实力、技能和能力基础上发展，改变销售和广告方法。	以新技术或市场而言，相关多样化。与现有产品或市场无关产品的多样化。

(二) 企业边界的延展方向

产品—市场组合矩阵从产品和市场扩张角度描述了发展战略的四个方向，从企业的横向、纵向、多样化边界扩张角度也可将企业发展方向归纳为以下四个方向。

---

① Peter, T J & Waterman, R H (1982), *In Search of Excellence*, Harper & Row, London.

② H. I. Ansoff, *Corporate Strategy*, Penguin, 1968, p. 99.

1. 横向一体化

即向产业价值链相同阶段方向扩张。例如，2000年8月，青岛啤酒股份有限公司收购美国亚洲战略投资公司持有的北京亚洲双合盛五星啤酒有限公司及北京三环亚太啤酒有限公司股权，进入北京市场，实现横向一体化。

2. 纵向一体化

即向产业价值链连续的不同阶段方向扩张。例如，美国铝锭生产企业阿尔科向其下游产业——轧铝板生产实行纵向一体化（前向一体化）；又如，美国通用汽车公司向其上游产业——汽车零部件生产实行纵向一体化（后向一体化）。

3. 相关多样化

即向具有相关的技术或相关市场的领域扩张。例如，青岛海信集团公司将其产品电视扩展为空调、计算机、超级VCD、DVD、电话、家庭影院等七大门类，实现了相关多样化的扩张。

4. 不相关多样化

即向与本企业原有产业完全不相关的产业扩张。例如，中国远洋运输总公司发展金融、房地产、旅游等业务；三九药业集团进入金融领域等都是不相关多样化。

后两种方向与前面的产品—市场战略组合矩阵得出了相同的结果。

■ 二、发展战略可选择的途径

发展战略一般可以采用三种途径，即外部发展（购并）、内部发展（新建）与战略联盟。

外部发展（购并）是指企业通过取得外部经营资源谋求发展的战略。外部发展的狭义内涵是购并，购并包括收购与合并。收购指一个企业通过购买另一个现有企业的股权而接管该企业，合并是指两个或两个以上的独立企业联合成为单个的经济实体。

内部发展（新建）是指企业通过挖掘内部资源谋求发展的战略。内部发展的狭义内涵是新建，新建与购并相对应，是指建立一个新的企业。

战略联盟是指两个或两个以上经营实体之间为了达到某种战略目的而建立的一种合作关系。合并或兼并就意味着战略联盟的结束。

这里给出了"外部发展"和"内部发展"一对发展途径，又相应地给出了"购并"和"新建"一对发展途径，是因为国内外教材中的不同提法。此外，从交易费用经济学角度看，购并方式的实质是运用"统一规制"方式实现企业一体化，即以企业组织形态取代市场组织形态；而新建方式的实质则是运用"市场规制"实现企业的市场交易，即以市场组织形态取代企业组织形态。事实上，这两种组织形态中存在着一种中间形态，即企业战略联盟。

前面所提及的各种战略开发方向，都可以通过上述三种途径实现。例如，美国IBM公司在1981年进入个人电脑领域是通过内部发展方式实现的，而在1995年进入软件市场则是通过购并方式实现的，两次扩张都很成功。又如，美国福特汽车公司看好亚洲国家汽车市场的发展潜力，便与日本马自达汽车公司结成战略联盟，以此作为进入亚洲汽车市场的桥梁。需要注意的是，外部发展（购并）与内部发展（新建）这两种途径的利弊、应用条件完全不同，介于二者之间的中间形式战略联盟也有其自身显著的特征。下面就对这三种形式进行更详尽的分析。

（一）外部发展（购并）

1. 外部发展（购并）的动机

外部发展（购并）与内部发展（新建）要用到完全不同的分析框架，因为购并不直接在产业中增加新企业。不论是购并，还是新建，都会涉及对企业边界的扩张。以下着重分析外部发展不同于内部发展的动机。

（1）避开进入壁垒，迅速进入，争取市场机会。本书第二章讨论了进入障碍的多方面因素。而购并方式将目标领域中的一个企业合并过来，不存在重新进入和进入壁垒的问题。对制造业来说，购并方式还可以省掉建厂的时间，迅速获得现成的管理人员、技术人员和生产设备，可以在新的领域中迅速建立产销据点。因此，购并方式有利于企业迅速做出反应，抓住市场机会。P. U. 希利曼（Peter Uwe schliemann）对德国和英国的跨国公司在巴西的 14 例收购作了的研究，发现其中有 12 例（占 86%）在收购年份和收购后重新开始生产的年份之间没有时间滞差。[①]

在制造业中，新建一般要比购并慢得多，除了要组织必需的资源外，还要选择工厂地址、修建厂房和安装生产设备、安排管理人员、技术人员和工人等一系列复杂的工作。根据一些产业的实证研究，采用内部发展战略而组成新的经营单位一般要经过 8 年的时间才有获利能力；经过 10～12 年的时间，其效益可达到成熟业务的水平；12 年以后，才会获得高效益和很高的市场占有率。[②] 此外，政府的有关法令也会影响到内部发展的速度，如在美国设厂要经过 EPA（有关厂外污染问题）和 OSHA（有关厂内安全生产问题）的严格检查，方能取得营业许可。而购并则没有这些麻烦。又如，在我国，企业股票上市要经过政府部门的多层审查，时间一拖往往就是几年；而通过“买壳”或“借壳”方式可以迅速进入股票市场，再通过资产互换，提高企业股票价值。

1995 年，美国商用机器公司（IBM）公司就是通过收购的方式迅速进入计算机软件市场。由于微软公司（Microsoft）的崛起，IBM 公司在计算机软件方面显现出严重不足，激烈的市场竞争不允许过长的延迟，所以 IBM 公司购并了美国知名的软件公司——莲花软件公司。又如，2000 年 8 月，我国青岛啤酒股份有限公司通过收购方式进入北京市场。青岛啤酒的收购可以克服啤酒产业中地方保护主义严重、消费者对本地品牌的偏好等进入障碍，有效地扩大青岛啤酒在华北市场的生产能力并提高市场份额。

（2）获得协同效果。与新建方式相比，购并是一种合并，成功的合并可以获得协同效果，即合并后的企业从资源配置和经营决策范围的决策中所能寻求到的各种共同努力的效果。

用系统理论剖析这种协同效果，可以分为三个层次：第一，购并后的两个企业的“作用力”的时空排列得到有序化和优化，从而使企业获得“聚焦效应”。例如，两个企业在生产、营销和人员方面的统一调配、可以获得这种效应。第二，购并后的企业内部不同“作用力”发生转移、扩散、互补，从而改变了公司的整体功能状况。例如，公司内部的转移定价、信息传递与共享、优势互补等是这种效应的体现。第三，购并后两个企业内的

① The Strategy of British and German Direct Investors in Brazil, Gower Publishing Company, 1981, p. 134.

② 徐二明：《企业战略管理》，北京，中国经济出版社，1998。

“作用力”发生耦合、反馈、互激振荡，改变了作用力的性质和力量。例如，在公司内部的技术转让、消化、吸收以及技术创新后的再反馈中，可以得到这种效应。

20世纪六七十年代最成功的收购案例之一是1969年美国菲利普·莫里斯（Philip Morris）烟草公司对米勒（Miller）啤酒公司的收购。这一收购的成功得益于“1＋1＞2”的协同作用。当时米勒公司是一个在保守的啤酒行业中经营业绩一般的公司，而菲利普·莫里斯公司则被广泛认为是世界上市场营销最好的公司之一。在菲利普·莫里斯收购米勒时，米勒公司是美国啤酒产业中排名第七的啤酒制造商。菲利普·莫里斯相信通过将其具有竞争能力的市场技术引入米勒能为米勒的产品重新注入活力，并获得可观的市场份额。这一观点是可行的，因为这正好可以弥补美国啤酒产业中的几个强劲竞争对手的不足之处。收购之后，菲利普·莫里斯做的第一步工作是将其最高层的市场营销管理人员派往米勒公司。新的管理队伍迅速对米勒公司的生产线重新定位，并且开始开发新产品。最成功的新产品是“利特”（Miller Lite），一种1975年推出的低热量啤酒。由于拟订的一种进攻性市场竞争战略的支持，米勒公司的市场份额由1970年的5%直冲至1979年的21%，营运收入也增加了16倍。

从下面两个国内的实例中也可以看到购并后企业所获得的协同效果。

作为世界知名的大型电信设备提供商，法国阿尔卡特（Alcatel）在短短几年内迅速崛起，成为能与朗讯、北电、思科这些世界一流电信设备供应商相提并论的少数欧洲电信企业之一。但是，阿尔卡特在亚太地区业务相对较弱，而亚太区特别是中国市场又是今后电信设备投资最为活跃和潜力最大的地区，当各大电信设备巨头们纷纷把目光投向亚太、投向中国时，阿尔卡特在这一区域还恰恰缺乏一艘“旗舰”，而上海贝尔多年形成的很强的品牌知名度和影响力，以及覆盖全国的营销服务网络，对于在中国通信市场加大力度攻城略地的阿尔卡特具有相当的吸引力。2001年阿尔卡特通过将上海贝尔这个现成的“金元宝”纳入阿尔卡特全球市场的组成部分，大大加强了阿尔卡特在亚太地区和中国本土市场的制造能力和市场份额。

2001年，四川蓝剑集团、香港华润创业和南非SAB国际酿酒集团三方正式签订协议，合资经营“四川华润蓝剑啤酒有限责任公司”等12家公司，合资总额达到20亿元。该项目被认为是中国啤酒行业有史以来最大的中外合资项目。这也标志着国内排名第三的华润啤酒已经完成了对国内排名第四、西南地区最大的蓝剑啤酒的并购。联手后两家的产能之和突破了350万吨，产销量之和超过220万吨，压倒燕京啤酒，直逼行业“老大”青岛啤酒。整个西南啤酒市场格局也为之一变，新合资公司的年产销量超过70万吨，占四川省啤酒产销总量的85%以上。

（3）克服企业外部性，减少竞争，增强对市场的控制力。微观经济学理论表明，企业负外部性的一种表现是“个体理性导致集体非理性”。事实上，两个独立企业的竞争表现了这种外部性。购并战略可以克服企业外部性，减少竞争。

例如，柯达进入中国市场较晚，在中国的销售一度落后于富士。为了增强对市场的控制力，1998年3月，柯达出资3.8亿美元收购公元、福达和阿尔梅三家中国感光企业，奠定了柯达本地化生产的物质基础，降低了成本，获得领先于竞争对手的优势。

又如，1998年美国波音与麦道合并，其主要目的是在世界市场上与正在迅速发展的法国空中客车相抗衡。

（4）企业内部利益相关者的购并动机。除了以上从企业效率角度考察的三个主要动机之外，企业的不同利益相关者还可能希望通过购并实现自己的利益追求。管理者通过购并寻求企业快速增长和减少不良业绩；企业员工希望通过购并得到职业发展的机会；股东则企图通过购并方式迫使管理层自律或更换那些无效率的、自私的经理人员，以维护股东的利益；政府推动企业之间购并往往是为了实现某些政治或经济目标，等等。

2. 外部发展（购并）的原则

必须看到，外部发展（购并）方式的失败率是很高的。前面提到，根据波特的研究，在1950—1986年间进行的兼并和收购中，1/3以上的兼并和收购在最后都被剥离了。另一项研究也反映了同样的问题。在1951—1975年间180家美国跨国公司通过收购外国公司而建立的5 914家国外子公司中有22.5%被母公司在1975年前清理和出售。还有13%被并入其他子公司。同期，180家美国跨国公司通过内部发展而建立的6 438家国外子公司中失败率为25.6%，比收购的失败率（35.5%）低得多。[①]

造成购并失败率高的原因是多方面的，企业在实施购并战略时，应注意以下原则：

（1）价值评估的要求。不论是否通过股票市场，价值评估都是购并战略中卖方与买方较量的焦点。让我们领略一下IBM公司收购莲花公司过程中的炮火硝烟。IBM公司决定收购莲花公司之后，经过一段时间的准备，IBM突然宣布以每股60美元的价格收购莲花公司的股票，而在此消息宣布前，莲花公司的收盘价只有31美元。消息一传出，华尔街一片哗然，各大证券公司的分析师们纷纷开动脑筋，计算着这桩收购案的利弊，结果不少人得出的结论是收购价偏低，莲花公司不一定肯轻易投降，于是大量吃进莲花股票，使其股价达到了63美元，超过了IBM的收购价。莲花公司也使出了无限扩股的杀手锏，对付IBM的收购。经过几天的紧急磋商，IBM将收购价提高到65美元，这时，莲花公司表示欣然接受，一场收购与反收购之战结束，两家公司为着共同的利益走到了一起。

1999年，中国中集公司收购韩国第二大集装箱企业进道公司打了一个漂亮的价格战。开始，买方中集公司的报价仅仅是卖方进道公司报价的一半。由于中集公司对对方的信息和心态把握准确，备受金融危机蹂躏的进道公司再也挺不住了，最后，中集公司以满意的价格（即中方的报价）将其收入囊中。

世界最大的建材企业法国拉法基（Lafarge）公司在对中国水泥市场进行全面考察后，认为中国国有水泥企业占据着水泥生产重要的原料资料，地方保护主义也很严重，决定以收购现有国有水泥公司的方式进入水泥行业。但是，在收购价值评估中，拉法基公司却吃了大亏：它按照欧美国家的原则，以水泥企业所占据的矿山、土地所有权的价格收购这些企业，而中国的水泥企业只拥有对矿山、土地的使用权。在以后对中国水泥企业的收购中，拉法基大大降低了价格。

2000年6月，在韩国上演了一出举世瞩目的收购大战：戴姆勒—克莱斯勒与韩国现代汽车公司合力竞标；通用汽车与意大利菲亚特公司结成收购联盟；福特汽车公司则单独加入角逐。最终福特汽车公司以69亿美元的最高报价击退竞争者。然而，大戏并未就此而止。3个月后，福特汽车公司突然宣布放弃收购大宇汽车计划，通用汽车公司则卷土重

① Curhar, J. P. W. H. Davidson and Rajan Suri, Tracing the Multinationals (Cambridge Ballinger, 1977), p. 21.

来。曾经一度被视为“香饽饽”的大宇汽车这次面对着的只有一个买家，自然难以卖出理想价格。对于通用汽车来说，在全球经济和市场未来趋势都还有许多不确定因素的情况下，当像福特汽车、戴姆勒—克莱斯勒这样的强劲对手纷纷退出竞标时，它的收购热情也随之大减。经过长期拉锯式讨价还价，2001 年 9 月 21 日，通用汽车与韩国债权团达成收购大宇汽车的协议，这场原本有多国诸方参加的收购大戏，终由通用汽车仅以 4 亿美元（占新公司 67%股份）的投资而草草收场。

在《竞争战略》一书中，波特对市场机制完善条件下的收购价格机制作过描述。收购价格是在“公司市场”① 上决定的。公司市场即公司（或业务单位）所有者是卖方，收购公司是买方的市场。在很多工业化国家中，特别是在美国，公司市场是一个很活跃的市场，在那里每年有许多公司被买入卖出。这一市场组织完善，中间有探寻者、经纪人和投资银行家，他们都在为买主及卖主搭桥并以此获取丰厚的佣金。近年来，这一市场变得更加完善。中间商积极致力于为售出的公司物色多方出价人，而多方投标也是普遍的。大量统计数据表明，公司市场将会相对有效率地发挥作用。

有效率的公司市场致力于消除通过收购而得到的任何高于平均水平的利润。如果卖方公司具有完善的管理和具吸引力的前景，其市场价格会被抬升；相反，如果卖方公司的前景暗淡或需要注入大量资本，则其销售价格相对于账面价值就会偏低。在公司市场有效率运行的范围内，收购价格会抵消买方回报的绝大部分。

如果卖方公司有可能继续经营该业务，而销售价格没有超过继续经营该业务的预期现值，卖方便理性地不出售。这一现值给业务定了一个底价，来自公司市场投标过程的价格必须超过这一底价，否则便不会成交。事实上，收购价格必须大大超过这一底价，以给所有者一定的出售收益。在当今公司市场上，超过市场价值的高额收益已成为一种规律而不是一种例外现象。

这一分析表明，在收购游戏中买方获胜是比较困难的。这正是许多调查所证明的，为什么收购常常不能满足经理们期望的原因。这一分析也与经济学家们的许多研究结论相一致，即通常是卖方而不是买方，从收购中得到大多数好处。

（2）对被购并企业的要求。对收购企业来说，低价收购固然是购并战略成功的重要环节，但更重要的还在于购并后的经营绩效。从这一角度考虑，对被购并企业还应有其他要求。

首先，应考虑被收购企业的产品、市场是否符合收购企业的发展方向。用波特的话说，就是企业应“购入符合内部发展标准的产业”。如果不符合这一条件，以收购方式进行发展扩张就变得毫无意义。90 年代，北京某集团公司在广西、云南等地区搞了多个收购项目，本想实现“低成本扩张”，但由于事前没有认真研究这些被收购企业与本集团公司的业务组合关系，到头来，低成本扩张变成了“扶贫”。1999 年底，该公司不得不宣布收缩战线。

其次，要考虑被收购企业内部的资源状况能否适合收购后的企业发展。燕京啤酒对被购并企业提出“五项基本原则”：市场前景良好（品牌知名度、市场占有量）；设备可改造性；良好水资源；原领导班子强有力；地方政府支持力度大。这些原则反映了燕京啤酒对

---

① “公司市场”与第二节中所提到的“公司控制市场”应该是一致的。

被购并企业内部资源状况的基本要求。

(3) 对购并企业的要求。购并企业是否有能力发扬被收购企业的优势、克服被购并企业的弱点，也是保证购并成功的关键因素之一。波特指出，如果买主具有提高卖方经营水平的独特能力，买方不仅可能在公司市场的交易中获得有利可图的低价位；而且，即使买方比其他买主出价高出许多，也仍能获得高于平均水平的回报。

当买主具备独一无二的能力经营被收购企业的业务时，其他投标者可能会认为自己改善收购企业的可能性不大而放弃投标，这将会降低公司市场的竞争程度，使收购价变得有利于收购方。更重要的是，由于收购企业能够对被收购企业扬长避短，会大大提高收购后的经营绩效；反之，如果收购企业不能够克服被收购企业的弱点，也不能利用被收购企业的优势，那么即使收购企业以低价收购了，这点好处早晚会被收购后的不良收益所抵消。

菲利普·莫里斯公司的另一个收购案例可以加深我们的认识。与前面的成功收购相反，菲利普·莫里斯这一收购是失败的。

收购米勒的成功使菲利普·莫里斯认为通过多样化可以实现价值创造，于是又决定在饮料产业实施同样的战略。它收购了美国第三大饮料公司——“七喜”。当时，饮料产业与啤酒产业不同。1971 年美国的啤酒产业还没有很强的市场领先企业，而 1979 年美国的饮料产业由在世界市场范围内最具效率的市场领先者主导，即可口可乐公司和百事可乐公司。“七喜”通过将其产品定位为柠檬——宜母子饮料，而且不向可口可乐及百事可乐公司直接挑战，只是在该产业中求得生存和发展。“七喜”公司被广泛地认为是其所在的柠檬汽水细分市场中的领先者。但是，菲利普·莫里斯依据收购米勒的经验，向“七喜”注入其市场营销管理人员，同时，对“七喜”的生产线进行再定位，并雄心悖悖地进攻可乐市场，推出一种不含咖啡因的可乐。可口可乐和百事可乐公司做出的反应是推出它们的首批柠檬——宜母子饮料。“七喜”发现自己陷入一个与两个巨型公司的价格和市场营销竞争的怪圈，其结果是，经过 8 年的努力，“七喜”的市场份额下降了 2 个百分点，从 9%降至 7%。最后，菲利普·莫里斯只得将“七喜”卖给另一个公司。

菲利普·莫里斯收购“七喜”失败的原因在于，它不具有提高“七喜”经营水平的独特能力。如果菲利普·莫里斯适当地审查一下“七喜”和饮料产业，就会发现“七喜”已是一个有效的细分市场领先者，而且饮料产业已有更强的市场领先企业。这种形势下，菲利普·莫里斯能给“七喜”带来的价值增值是非常有限的，通过市场营销提高“七喜”的市场份额的潜力的希望亦非常小。

(4) 新的协同要求。即使购并方与被购并方都能达到要求，两家企业的合并还可能产生新的协同问题。新的协同问题可能发生在多个方面，但最难对付的是与人相关的两个方面——企业文化的融合与利益相关者利益再分配问题。

本书将在第八章详细阐述查尔斯·汉迪（Charles Handy）对企业文化从理论上的分类：权力导向型、角色导向型、任务导向型和人员导向型[①]。四种文化特点差异很大，相互融合需要一个很长的磨合过程。例如，国有企业文化一般是角色导向型的，而民营企业文化大多是权力导向型或任务导向型。那么，在国有企业的民营化浪潮中，必然会产生文化的冲突与碰撞，而且，这种冲突与碰撞还不能在短时期内缓解，这将大大降低购并后企

① Handy, C B, Understanding Organizations, Penguin, London, 1974.

业的绩效。

因此，在考虑购并方式时，文化的一致性应作为一个重要因素，当必须实现两个不同文化的企业的合并时，文化管理应成为战略实施的重要保障。

此外，企业购并必然涉及企业利益相关者的利益再分配。前面在阐述企业购并动机时就分析了各方利益相关者的不同动机。那么，不论企业购并最终是哪一方利益相关者获得更多的利益，都意味着利益关系已经进行了调整。

特别值得注意的是，被购并企业中的原有雇员在新的所有者支配之下其基本权益的丧失会对企业长期经济效率产生负面影响。安德烈·施雷夫（A. Shleiferv）和劳伦斯·萨莫斯（L. H. Summers）曾指出[①]，被购并企业的老雇员可能已经拥有了对公司来说是很宝贵的专用性资产，比如操作专门机器或者是对公司管理规章制度更确切的理解和遵守。而这些资产在劳动力市场上并不能用来销售，因为其他公司有它们自己的专有设备和管理制度。新的所有者如果极大地压低雇员所要求的企业专用性资产的价值，就可能会在公司雇员找到新的工作之前大量减少其工资。

以上情况一般会发生在以财富再分配为动机的购并企业中，在短期内，购并者可以从财富的再分配中获利。但是从长远看，会给企业带来负面影响，最终影响购并者自身的根本利益。首先，被购并企业的雇员与公司其他有业务往来的团体会接受以往的教训，不再愿意对新公司的专用性资产进行投资；而收购企业内的利益相关者也会观察到被收购企业中所发生的巨变，从而得出结论：他们的工作存在同样危险，从而也不愿意再为公司进行专用性投资。

（二）内部发展（新建）

与购并方式不同，采用内部发展（新建）战略进入一个新的业务领域要面临许多进入障碍和由此产生的进入成本。本书第二章已经详细阐述了构成进入障碍的多种因素，这里着重研究企业采用内部发展（新建）方式进入一个新的业务领域的应用条件。

1. 产业处于不均衡状况，结构性障碍还没有完全建立起来

一般说来，新兴产业更具有这样的特点。在快速成长的新兴产业中，竞争结构常常还不完善，尚没有企业封锁原材料渠道或建立有效的品牌识别，此时进入成本可能会比较低。但是，对于是否进入某个新产业的决策不仅限于进入障碍的高低，还要考虑其他几方面的问题。首先，最重要的是要判断这一产业能否在足够长的时间内高于平均水平利润。其次，判断何时进入该产业也是重要的战略构成部分。本书第六章有关"新兴产业"的讨论中将介绍应该早进入还是晚进入的一些技巧。此外，考虑到其他进入者可能随时进入新兴产业，为了保持期望的高利润，企业必须有一定经济基础以保证后进入者将面临比自己更高的进入成本。

2. 产业内现有企业的行为性障碍容易被制约

第二章我们讨论了产业内现有企业对新进入者实施的主要的报复手段：垄断限价，以排挤进入者；进入对方领域，以保证优势制衡。但是，在一些产业中，现有企业所采取的报复性措施的成本超过了因此所获得的收益，使得这些企业不敢急于采取报复性措施，或

① Shleiferv, A. And L. H. Summers, "Breach of Trust in Hostile Takeovers", in Auerback, A. J. (ed.), Corporate.

者报复性措施效果不佳。例如，如果进入者能通过有效的战略承诺（如较大的投资）使现有企业相信它将永远不会放弃在该产业中求得一个合适的地位，现有企业就不会再采用垄断限价手段，因为那只会使自己丧失更多的利润；又如，如果现有企业用进入对方领域的手段报复进入者，在它自身实力不足时，反而会削弱它在本行业的竞争优势。

在以下的情况下，现有企业的报复行为发生的可能性较大：

（1）产业增长缓慢。如果市场增长迅速，虽然进入者会夺取一些市场份额，但市场总容量在不断扩大，现有企业的绝对销售量不会受到太大影响，在缓慢增长的市场上，现有企业市场份额的减少就意味着绝对销售量的降低，因此很可能引起猛烈的报复。

（2）缺少产品差异化。在这类业务中，现有企业没有品牌的保护，进入者的进入将影响整个产业，以削价为主的报复手段可能发生。

（3）产业集中度高。在此类产业中，进入者特别引人注意，并且会极大地削弱现有企业的地位，因而，“寡占反应”式的报复可能发生。

（4）现有企业业务单一或把产业中的地位视作高度战略重点。当现有企业业务单一时，进入常被看作是一种侵犯或是不公正的行为，报复会十分强烈；当现有企业将该产业的业务当作全公司的重要支柱时，进入者的进入也会引起激烈的报复。

3. 企业有能力克服结构性障碍与行为性障碍，或者企业克服障碍的代价小于企业进入后的收益

在一个产业中，并非所有的企业都面临着同样的进入成本。如果某个企业能够比大多数其他潜在进入者以更小的代价克服结构性进入障碍，或者只是遇到很少的报复，它便会从进入中获取高于平均水平的利润。企业也会在产业竞争中获得高于进入成本的收益。

克服进入障碍的能力往往表现在以下几个方面：

（1）企业现有业务的资产、技能、分销渠道同新的经营领域有较强的相关性。IBM公司在1981年进入个人计算机市场就是采用内部发展方式。在两年内获得35%的市场份额。其成功的原因是，个人计算机与IBM当时所拥有的计算机系列机制造技术具有高度相关性。我国海尔公司以电冰箱起家，又进入了空调、洗衣机、彩电、无绳电话等领域，其成功的原因之一，也是这些产品的技术与市场具有高度的相关性。

（2）企业进入新领域后，有独特的能力影响其行业结构，使之为自己服务。尼尔·胡德（Neil Hood）和斯蒂芬·扬（Stephen Young）曾经分析过发达国家跨国公司的对外直接投资对东道国市场结构的影响①：在发展中国家，跨国公司几乎没有遇到当地企业的有效竞争，跨国公司以其垄断力量在东道国市场设置各种进入障碍。在发达国家的东道国，情况则不同。跨国公司的进入可能会解体相互默契的寡占市场结构，从而达到刺激竞争和效率。尼尔·胡德和斯蒂芬·扬的分析事实上阐述了跨国公司的垄断优势在克服东道国市场进入障碍方面的重要作用。

（3）企业进入该经营领域后，有利于发展企业现有的经营内容。如果内部发展能够改善销售渠道、公司形象、威胁防御等，从而对进入者的现有业务具有有利的影响，那么，即使新业务仅仅获取平均回报，从公司整体考虑，进入也是可行的。美国施乐复印机公司进入数字数据传输网络领域就是基于这种考虑。虽然施乐公司在数据网络业务中没有什么

① ［英］尼尔·胡德、斯蒂芬·扬，叶刚等译：《跨国企业经济学》，北京，经济科学出版社，1994。

优势，但是，计算机之间的数据传输、电子邮件及公司地点的精密联网，以及该公司原有的业务——传统的复印，都可能成为“未来办公室”业务设计中重要和广泛的基础。因而，从长远考虑，这种进入是必要的。

（三）战略联盟

20世纪80年代以来，西方企业尤其是跨国公司迫于强大的竞争压力，开始对企业竞争关系进行战略性调整，纷纷从对立竞争走向大规模合作竞争。其中合作竞争最主要的形式之一就是建立企业战略联盟。战略联盟作为现代企业组织制度创新中的一种，已成为现代企业强化其竞争优势的重要手段，被誉为“20世纪20年代以来最重要的组织创新”。

1. 企业战略联盟的基本特征

（1）从经济组织形式来看，战略联盟是介于企业与市场之间的一种“中间组织”。科斯（Coase）和威廉姆森（Williamson）认为，从交易费用理论来看，企业组织的存在是对市场交易费用的节约，企业和市场是两种可以相互替代的资源配置组织。

著名企业史学家钱德勒（Alfred Chandler）在其《看得见的手——美国企业的管理革命》一书中阐述了由单一企业扩张为现代工商企业的历史。他将这种企业对市场的替代定义为市场关系内部化趋势，即用组织内部交易替代外部市场交易，用“看得见的手”替代了“看不见的手”；企业的边界最终取决于由市场机制的边际交易成本和企业组织的边际组织成本的比较。关于市场与企业间是不是存在明确的边界问题，理查德森（Richardson）等人做了进一步的阐释。他认为，市场关系是一组复杂的交易关系，在市场网络中存在一些紧密型合作的非交易关系，如持股和长期合同，因而企业和市场间并非完全隔绝，它们之间存在着一系列相互融合的“中间组织”，企业有意识的内部协调与市场上“看不见的手”的价格机制可以同时在企业间起作用。

战略联盟就属于这一类“中间组织”。联盟内交易既非企业的，因为交易的组织不完全依赖于某一企业的治理结构；亦非市场的，因为交易的进行也并不完全依赖于市场价格机制。战略联盟的形成模糊了企业和市场之间的具体界限。

（2）从企业关系来看，组建战略联盟的企业各方是在资源共享、优势相长、相互信任、相互独立的基础上通过事先达成协议而结成的一种平等的合作伙伴关系。这既不同于组织内部的行政隶属关系，也不同于组织与组织之间的市场交易关系。联盟企业之间的协作关系主要表现为：1）相互往来的平等性。联盟成员均为独立法人实体，相互之间的往来不是由行政层级关系所决定，而是遵循自愿互利原则，为彼此的优势互补和合作利益所驱动。各成员企业始终拥有自己独立的决策权，而不必受其他成员企业的决策所左右。2）合作关系的长期性。联盟关系并不是企业与企业之间的一次性交易关系，而是相对稳定的长期合作关系。因此，企业参与联盟的目标不在于获取一时的短期利益，而是希望通过持续的合作增强自身的竞争优势，以实现长远收益的最大化。3）整体利益的互补性。联盟关系并不是企业与企业之间的市场交易关系，或是一个企业对另一个企业的辅助关系，而是各成员之间的一种利益互补关系。每个成员企业都拥有自己的特定优势，通过相互之间的扬长避短，可有效降低交易成本，产生“1+1>2”的协同效应。同时，每个成员企业都能获得与其在联盟中的地位和对联盟的贡献相对应的收益，这种收益仅依靠企业自身的力量将难以获取。4）组织形式的开放性。企业联盟往往是松散的协作关系，通常以共同占领市场、合作开发技术等为基本目标，其所建立的并非一定是独立的公司实体，成员之间的关系也并不正式。若机会来临，联盟中各成员便聚兵会战；一旦目标实现又“各奔前程”，或与其他企业结成新的联盟。因而企业战略联盟本身是个动态的、开放的体系，是一种松散的公司间一体化组织形式。

从另一个角度来说，不管是从事互补性活动的厂商还是从事竞争性活动的厂商，他们彼此之间都可能有两种关系：一种是“零和”关系，即双方中一方的盈利就意味着另一方的损失，比如供应商抬高产品的价格，导致生产商的成本增加；另一种是“正和”关系，即一方的发展使另一方的利润也增加，比如零售商销售的增长使制造商的产销量增加。战略联盟是促使双方从“零和”演变为“正和”的一种新型合作伙伴关系。

(3) 从企业行为来看，联盟行为是一种战略性的合作行为。它并不是对瞬间变化所做出的应急反应，而是着眼于优化企业未来竞争环境的长远谋划。因此，联合行为注重从战略的高度改善联盟共有的经营环境和经营条件。特别是在竞争激烈的高科技行业中，没有哪个企业的技术能在所有方面都居于领先水平。通过战略联盟可把各个企业独有的优势结合起来建立一个“全优”的组织体系，其中每个环节都可能是世界一流的，是任何单个企业所望尘莫及的。借助联盟企业可以实现技术上的优势互补，加快技术创新速度并降低相关风险。在高科技领域，企业组建战略联盟取代“孤军作战”已成为世界潮流。

2. 企业战略联盟形成的动因

促使企业建立战略联盟有许多直接动因。根据近年来企业战略联盟的实践和发展，可把促使战略联盟形成的主要动因归结为以下六个方面：

(1) 促进技术创新。全球企业竞争已进入高科技竞争时期，先进技术是企业提高竞争力的关键。新技术的突破，往往带动新产品、新工艺、新材料的全面发展，并可为企业开辟新的经营领域，使现有企业的效率和效益得到显著提高。随着技术创新和普及的速度不断加快，企业在充分利用和改进原有核心技术的同时，必须不断创新，拓展新的技术领域。而高新技术产品的开发费用日益增大，单个企业难以独立支付，必须通过建立战略联盟的方式共同分担，如美国通用电气公司（GE）和法国斯奈克马公司（SNECMA）合作开发一种新型的飞机引擎。这项研究和开发约需 10 年时间，耗资约在 10 亿～20 亿美元之间，另外，波音曾和实力强大的富士、三菱及川崎重工共同投资 40 亿美元联合开发波音 777 型喷气客机，并且还将耗资 60 亿美元同法、德、英、西班牙四国飞机制造企业共同研制一种载客量达 700 多人的新型客机。这种巨额的研究开发投入是单个企业无法独立承担的。

企业间结成战略联盟促进技术创新已成为一种新模式。特别是在航空、电子、信息、自动化、汽车等高科技产品领域，这种企业战略联盟现象尤为引人注目。在航空产业界，美国的波音公司与日本企业结成战略联盟，联合研制开发民用 B777 飞机；在电子产业界，日本松下与美国摩托罗拉结成战略联盟开发新一代计算机产品。而欧洲企业为了与美、日企业对抗，也纷纷结成战略联盟，如菲利浦公司与西门子公司结成联盟共同开发新一代半导体技术。ICL、布尔、西门子三公司还通过战略联盟设立了以研究开发新一代计算机为中心任务的研究中心 E-CRC（欧洲计算机研究中心）等，都是以战略联盟方式进行技术创新的例证。另外在信息技术领域，为了增强信息高速公路技术方面的竞争力，美国英特尔公司、微软公司、通用仪器公司联合起来，共同研制电视网与个人计算机网的终端设备；美国 AT&T 公司与维亚通信公司联合研究开发有线电视网传送数字化信息技术；美国

IBM公司与西尔斯—罗巴克公司联合研究电视高频转播系统；日本电气、东芝、日立和索尼等大公司与美国太阳微软系统公司、米普斯计算机公司、惠普公司等跨国公司结成了几十个战略联盟等。在汽车生产领域，德国奔驰公司与日本三菱公司、日本本田，铃木公司与美国通用汽车公司，美国福特汽车公司与日本日产公司、韩国的汽车公司等也结成了多个跨国战略联盟。这些战略联盟常常是交叉、网络式的，技术创新的需要使一些企业从激烈竞争对手的关系转变为既是对手又是合作伙伴的关系。

（2）避免经营风险。当今企业面临的经营环境变化迅速，而且许多环境因素的变化方向与变化速度都具有较大的不确定性，难以准确地预期。为避免经营风险，许多企业选择公司间战略联盟与合作的道路。

战略联盟在相当大的程度上可以减少生产投资、技术创新、市场开拓等经营风险。例如，美国通用汽车公司与日本丰田汽车公司结成联盟，从日本引进小型轿车技术和生产手段，就使通用汽车公司可以拿出原先必须用于开发小型轿车的25亿美元，转而用于改进和开发中、大型轿车系列产品。这样，通用汽车公司在开发新型同类产品上不仅节省了时间，而且还通过迅速满足消费者在油价上涨情况下乐于购买小型节能汽车的需要，加快了开发投资成本的回收，从而避免了生产投资的风险。

又如，通过建立战略联盟、扩大信息传递的密度与速度，以避免单个企业在研究开发中的盲目性和因孤军作战而引起的全社会范围内的创新资源浪费，并降低技术创新风险。我国北人集团近年来与日本和加拿大企业的技术合作就是基于这样的思路，以中国的巨大市场为筹码，降低自身技术创新的风险。

此外，在现代市场经济条件下，单个企业要想进入新的市场，不仅需要巨额投资，还可能遇到许多意想不到的市场进入限制。而企业采用战略联盟，一是因其价值实现是分段进行的，联盟实现了优势互补，从而拓展了经营范围，分散了经营风险；二是能够以更为广泛的网络掌握更多的市场渠道，平抑了市场风险。

（3）避免或减少竞争。通过建立战略联盟，有利于形成新的竞争模式，以合作竞争取代竞争，减少应付激烈竞争的高昂费用。这种竞合思路不仅表现在供应者、购买者之间，也表现在同产业中的竞争对手之间。例如，日本东芝公司与美国摩托罗拉公司为了巩固在半导体领域的竞争地位，通过签订一系列协议，建立了全面的分工与协作关系；又如，1989年松下电气产业公司与德国西门子公司达成协议，成立了专门生产电子零部件的西门子—松下元器件公司，同年又与ABB集团达成在日本销售机器人的协议；再如，中国国际航空公司与美国西北航空公司结成联盟伙伴，实行代码共享、旅客资源共享、计算机网络信息共享，合作经营泛太平洋中美航线。新加坡航空公司、瑞士航空公司、美国德尔塔航空公司也建立了类似的联盟。这些联合方式都是出于避免过度竞争的考虑。

（4）实现资源互补。根据泰吉（T. T. Tyebjee）和奥兰德（G. E. Osland）等人提出的"战略缺口"（Strategic Gap）假说，竞争环境客观要求在企业取得的战略绩效目标与它们依靠自身资源和能力所能达到的目标之间存在一个缺口，这个缺口被称为战略缺口。战略缺口在不同程度上限制了公司走一切依靠自身资源和能力自我发展的道路，在客观上要求公司走战略联盟与合作的道路。因此，战略缺口是推动企业在竞争中结成战略联盟的重要动力；公司的战略缺口越大，参与战略联盟的动力越强烈。

资源在企业之间的配置总是不均衡的。在资源方面，或拥有某种优势、或存在某种不足，通过战略联盟可达到资源共享、优势互补的效果。如联想集团与香港导远电脑公司“瞎子背瘸子”式的联盟，就充分嫁接了两者的优势，联想集团的资金技术优势与香港导远的市场信息优势的有效结合，使它们很快拥有开拓海外市场的能力。福特与马自达汽车公司通过建立战略联盟，使福特公司得以借助马自达的营销网络更便捷地进入亚洲市场，并依靠马自达的生产能力在日本建立起其小型车供应基地；马自达汽车公司也在和福特公司的联盟合作中进一步提高了其汽车发动机制造技术。典型的例子是 Honeywell、Groupe Bull 与 NEC 建立的长期互补关系。NEC 为 Honeywell 与 Bull 的大型计算机生产中央处理器，还为 Honeywell 生产个人电脑。Bull 则在美国本土以外生产 Honeywell 设计的中型计算机并经销其部分产品，Honeywell 则在美国市场推销 NEC 的超级计算机生产线与 Bull 的网络技术。Honeywell 认为，这种合作方式可促使各自的资源与核心能力实现互补，同时还能减少竞争对手，使业务集中并维持现有市场地位；其他合作方则认为此举能使进入美国市场的费用减少。此外，在航空、环保领域也常采用类似的联盟合作形式。

（5）开拓新的市场。企业通过建立广泛的战略联盟可迅速实现经营范围的多样化和经营地区的扩张，这突出表现在日本跨国公司与欧洲和美国公司的战略联盟上。根据一项对日本公司与美国公司战略联盟的调查分析[①]，日、美公司战略联盟的合作产品领域大都与美方公司的核心经营领域相一致，而与日方公司的核心经营领域相异，这是因为日本公司将美国高新技术产业公司的战略联盟作为进入这些产业并获取技术优势的一种重要机制。而日本公司与欧洲公司的战略联盟则不同，它主要是为了利用欧洲合作公司在欧盟市场的重要地位来渗透和拓展其欧洲市场。再如，美国福特汽车公司看好亚洲国家汽车市场的发展潜力，便与日本马自达汽车公司结成战略联盟，作为进入亚洲汽车市场的桥梁。

（6）降低协调成本。前述战略联盟五个方面的动因（或优点）企业通过购并的方式也同样可以实现，而与购并方式相比，采用战略联盟方式可以降低协调成本。例如，前面所提到的思科公司在成功地收购了 80 多家大大小小的公司之后，总结出来的经验是，对于大企业，购并后整合效果一般不理想，适合采用联盟的方式进行合作。其原因就在于购并大企业的协调成本太大。

3. 企业战略联盟的主要类型

企业战略联盟的类型多种多样，根据不同的标准可以对战略联盟进行不同的分类。从股权参与和契约联结的方式角度来看，可以把企业战略联盟归纳成下面几类：

（1）合资企业（Joint Ventures）。合资企业是战略联盟最常见的一种类型。它是指将各自不同的资产组合在一起进行生产，共担风险和共享收益。但这种合资企业与一般意义上的合资企业相比具有一些新的特征，它更多地体现了联盟企业之间的战略意图，并非仅仅限于寻求较高的投资回报率。为保证联盟双方各自的相对独立和平等，通常追求的是股权几乎对等的 50%与 50%的合资企业。例如，美国的科宁公司和墨西哥的威特罗公司，为了开拓和占领对方国家的市场分别在美国和墨西哥建立了两个合资企业，在美国由科宁控制 51%的股份，威特罗占 49%，而在墨西哥则由威特罗控制 51%的股权。这样既可保持双方的对等地位，又可充分发挥各自的“地缘优势”和积极性。另外，美国的斯德林公

---

① C. C. Baughn，R. N. Osborn，“The role of Technology in the Fornrationand Form of Multinational Cooperative Arrangements”，in F. R. Root，K. Visdtibhan International Strategic Management，Taylor &Francis New York Inc. 1992.

司和法国的沙诺菲公司为了占据世界市场，通过结盟成立了两个合资企业，由这两个企业分别占领不同的目标市场，其中针对北美、南美和澳大利亚市场的企业由斯德林公司控制51％的股份，而针对欧洲、中东、亚洲和东南亚市场的合资企业则由沙诺菲公司占有51％的股份。[①] 这是在经济全球化时期企业通过建立战略联盟以达到共同开拓世界市场等战略目标的一个例证。

(2) 相互持股投资（Equity Investments）。相互持股投资通常是联盟成员之间通过交换彼此的股份而建立起一种长期的相互合作的关系。与合资企业不同的是，相互持有股份不需要将彼此的设备和人员加以合并，通过这种股权联结的方式便于使双方在某些领域采取协作行为。它与合并或兼并也不同，这种投资性的联盟仅持有对方少量的股份，联盟企业之间仍保持着其相对独立性，而且股权持有往往是双向的。

(3) 功能性协议（Functional Agreement)。这是一种契约式的战略联盟，与前面两种有股权参与的方式明显不同，有人称之为无资产性投资的战略联盟。它主要是指企业之间决定在某些具体的领域进行合作。比如，在联合研究与开发、联合市场行动等方面通过这种功能性协议结成一种联盟，而不是通过上述的将资产转移的方式来建立一种新的组织形式。最常见的形式包括：1）技术交流协议——联盟成员间相互交流技术资料，通过“知识”的学习以增强竞争实力；2）合作研究开发协议——分享现成的科研成果，共同使用科研设施和生产能力，在联盟内注入各种优势，共同开发新产品；3）生产营销协议——通过制定协议，共同生产和销售某一产品，这种协议并不使联盟内各成员的资产规模、组织结构和管理方式发生变化，而仅仅通过订立协议来对合作事项和完成时间等内容作出规定，成员之间仍然保持着各自的独立性，甚至在协议规定的领域之外相互竞争；4）产业协调协议——建立全面协作与分工的产业联盟体系，多见于高科技产业中。

相对于股权式国际战略联盟而言，契约式国际战略联盟由于更强调相关企业的协调与默契，从而更具有国际战略联盟的本质特征。其在经营的灵活性、自主权和经济效益等方面比股权式国际战略联盟具有更大的优越性。股权式国际战略联盟要求组成具有法人地位的经济实体，对资源配置、出资比例、管理结构和利益分配均有严格规定；而契约式国际战略联盟无需组成经济实体，也无需常设机构，结构比较松散，协议本身在某种意义上只是无限制性的“意向备忘录”。股权式国际战略联盟依各方出资多少有主次之分，且对各方的资金、技术水平、市场规模、人员配备等有明确的规定，股权大小决定着发言权的大小；而在契约式国际战略联盟中，各方一般都处于平等和相互依赖的地位，并在经营中保持相对独立性。在利益分配上，股权式国际战略联盟要求按出资比例分配利益，而契约式国际战略联盟中各方可根据各自的情况，在各自承担的工作环节上从事经营活动，获取各自的收益。股权式国际战略联盟的初始投入较大，转置成本较高，投资难度大，灵活性差，政府的政策限制也很严格；而契约式国际战略联盟则不存在这类问题。

相对而言，股权式国际战略联盟有利于扩大企业的资金实力，并通过部分“拥有”对方的形式，增强双方的信任感和责任感，因而更利于长久合作，不足之处是灵活性差。契约式国际战略联盟具有较好的灵活性，但也有一些先天不足，如企业对联盟的控制能力

---

① Buckley, P. ed. 1994: “Cooperative Forms of Transnational Corporation Activity”（跨国公司经营的合作方式），UN Library on TNCs.

差、松散的组织缺乏稳定性和长远利益、联盟内成员之间的沟通不充分、组织效率低下等。

从联盟内容上来看，在开发、生产、供给和销售各个价值链环节上都可能形成战略联盟，美国 NRC 组织根据战略联盟在不同阶段的合作内容进行了详细分类，如表 4—2 所示。①

表 4—2 战略联盟的分类

阶段	联盟内容
研究开发阶段的战略联盟	1. 许可证协议
	2. 交换许可证合同
	3. 技术交换
	4. 技术人员交流计划
	5. 共同研究开发
	6. 以获得技术为目的的投资
生产制造阶段的战略联盟	7. OEM（委托定制）供给
	8. 辅助制造合同
	9. 零部件标准协定
	10. 产品的组装及检验协定
销售阶段的战略联盟	11. 销售代理协定
	12. 价格联盟
全面性的战略联盟	13. 产品规格的调整
	14. 联合分担风险

由表 4—2 可见，企业战略联盟的内容非常丰富，涉及的范围也相当广泛。如研究与开发阶段的合作通常是联盟成员之间合作研究和开发某一个新的产品或技术，它不仅仅是分享现有技术设备和生产能力，还包括新产品开发的技术，同时也可以提高现有的技术水平。联盟各方将它们的资金、技术、设备及各种优势加以组合，共同开发出新的产品，如美国通用电气公司、英国的罗尔斯—罗伊斯和法国的斯奈克马签署了一项利用日本的基金来研究和开发未来新型的喷气式客机。技术的交换与许可证协议有一定的相似之处，但是它不包括出售和转让技术专利，而仅仅在联盟之间交换技术资料，因此这种方式常常与研究开发合作结合在一起。

生产制造阶段的联盟是指通过达成一项协议，共同生产某一种产品，根据联盟成员之间的优势来生产不同的零部件。这种生产方式并不带来联盟各方在资产、组织结构和管理方面的变化，而是通过协议来规定合作项目、完成的时间等。例如，新的波音 777 喷气式客机，它是在六个不同国家进行联合生产的，各自的生产具有很强的独立性，但彼此又保持紧密的联系以相互协调。全面性的战略联盟是一种更为紧密的合作关系，包括为共同确立某项产品或技术的行业标准而在技术开发和市场开拓等方面采取协调一致的行动，这种形式的合作常常需要共同承担新技术和新市场开发带来的巨大风险。

4. 战略联盟的管理与发展

尽管许多企业都开始认识到战略联盟的组建能够增强合作各方的竞争优势，在联合价值链中可创造更多的价值，但是在企业战略联盟管理的各个环节都存在许多不确定因素，

① 史占中：《企业战略联盟》，上海，上海财经大学出版社，2001。

阻碍联盟伙伴关系的发展。一般而言，决定战略联盟成功与否的关键有以下几个环节：

（1）选择合适的联盟伙伴。战略联盟伙伴的选择应坚持“3C”原则，即兼容性（Compatibility）、能力（Calability）、承诺（Commitment）。[①] 这一标准的科学性后来被许多国际战略联盟的成功的实践所证实。

1）兼容性，指企业之间通过事先达成协议，建立互惠合作的关系，并使联盟内各成员在经营战略、经营方式、合作思路以及组织结构和管理方式等方面保持和谐一致。

2）能力，指合作伙伴必须具备一定的能力，使其能够弥补本企业的薄弱环节。

3）承诺，主要体现在联盟各成员之间在相互承担一定的义务和责任，以弥补各成员在内部资源与经营目标方面的差距。联盟各成员之间通过履行各自的承诺，建立稳定的合作关系。

（2）确立联盟的治理结构。由于联盟非一体化，合作伙伴保持着各自相对独立的地位，因而市场交易中的道德风险和机会主义行为也容易带进联盟。因此，必须通过建立联盟的治理结构，抑制合作伙伴之间的道德风险和机会主义行为。

1）选择合理的治理结构，建立新型的组织关系。合理的治理结构要尽可能减少联盟伙伴之间的矛盾，使合作各方责、权、利相对称，并抑制合作过程中的机会主义行为。例如，施乐和富士结盟制造复印机并供应亚洲市场时，富士起初要求双方签署一项技术转让协议或者某种非正式安排，而施乐坚持要求双方成立一个股权对等的合资企业。这样双方都做出了实际投入，为了获得较高的投资回报率，双方都会努力合作。施乐向富士转让复印机技术也就无所顾忌了，因为共同的利益目标使双方紧密结合在一起。

2）联盟组织结构应保持必要的弹性，并拥有广泛健全的信息反馈网络。战略联盟是一种松散的企业组织形式，且通常是联合某一竞争者去对付其他竞争者，甚至在联盟内部也往往存在着彼此竞争的关系；此外，当联盟最初的目标实现后，各成员在能力和战略目标方面将会产生新的变化和要求，联盟原先的战略组合可能被打破。因此，必须提高联盟组织的灵活性和适应弹性，使联盟成员都必须随时能对市场环境和合作伙伴关系的变化做出相应的反应。当发生分歧和矛盾时，各方有足够的回旋余地，能及时地进行灵活的调整。

3）在联盟协议中加入有关保护性条款，保护合作伙伴的长期利益。在设计联盟管理的治理结构时，必须明确界定联盟各方的合作内容，并通过保护性协议使合作伙伴的其他利益不受侵犯和损害，这有利于促进联盟伙伴关系的稳定发展。例如，波音与日本企业为开发 767 客机而结盟时，波音仅仅让日本公司共享生产技术，而不让其染指研究开发、设计、营销等威胁波音公司竞争优势的战略环节。又如，TRW 有限公司和日本的汽车零部件供应商结盟，共同生产汽车零部件并供应设在美国的日资汽车组装厂。在联盟协议中，TRW 规定了详细的保护性条款，禁止联盟企业与 TRW 竞争，向美国的美资汽车制造商，如通用、福特、克莱斯勒供应零部件。这类合同条款排除了日本公司通过结盟而进入 TRW 的原有市场，成为竞争对手的可能性。

（3）保持稳定的信任关系。在联盟伙伴合作过程中，由于联盟内部管理权关系模糊不清，竞争与合作关系的双重性，以及相互关系格局的复杂多变，导致联盟成员之间很难建立持久的信任关系。以下几种机制的建立有助于保持联盟伙伴之间稳定持久的合作关系，

① Lorange, P. & Roos, 1992, *Strategic Alliances: Implementation, and Evolution*, Mass.: Blackwell.

提高联盟的效率：

1）投票机制。通过事前设计良好的联盟治理结构，包括拟订详细的含有保障条款的合约，抑制各方机会主义行为。

2）投诉机制。通过建立投诉机制，可以促进联盟伙伴之间的沟通，缓解各方的矛盾。投诉的过程也就是合作一方向另一方表达自己不同的想法和态度的过程，也是双方重新沟通、统一认识和步调的过程。

3）信誉机制。信誉机制的建立使得如果一方为了眼前利益而欺骗对方，会损害自身信誉而影响到将来的合作收益。甚至在同行中有损自身的声誉，为其未来的发展蒙上一层“阴影”。可见，“信誉机制”对联盟伙伴建立信任关系往往具有无形的促进作用。

4）人质机制。合作伙伴往往在联盟中投入专用性资产作为“人质”，也会增加相互之间的信赖关系。例如，Northrop 是波音 747 和波音 767 部件的主要提供者，而该项投资完全是为了顺应波音公司生产的需要。如果波音提出降价或以另寻他人相威胁，Northrop 公司则无退路。但是，波音公司同时也是 Northrop 公司武器生产方面的主要供应商。由于双方互相依赖，任何单方面的苛刻要求或损他行为会立即招致对方的报复。

（4）创造合作的文化氛围。

1）塑造共同的价值观和管理模式。杜邦与飞利浦在光盘生产合作没有取得成功。其主要原因是文化的冲突导致合作进程非常缓慢。因而联盟伙伴在合作过程中，应努力塑造共同的价值观和经营理念，并逐步统一双方不同的管理模式和行为方式。

2）树立双赢的合作观念。转变惯常的思维方式，树立双赢的合作观念，保持双方持久的合作热情，才能最终提高联盟的绩效。

3）进行经常性的沟通和交流。法国艾尔卡和日本 NEC 在生产卫星电视天线时由于语言不通，双方都误以为对方负责生产 FEEDHORN 的部件，等到产品模型做好时才发现这一疏漏，幸亏及时补救，才避免重大损失。所以，应鼓励人员间进行广泛、频繁的交流和沟通，花更多时间去了解其他联盟成员的组织结构、文化传统和员工的行为方式等。

4）强调团队文化。应在联盟过程中沟通信息、加强协调，促进团队文化的形成。

5）建立和谐的人际关系。和谐的人际关系有助于形成良好的合作氛围，可以增强彼此在合作过程中的信任感。

第三节 企业撤退战略

撤退战略经常被忽视。事实上在许多情况下，从市场中全部或部分地撤退是最明智之举。研究撤退战略对于我国正处于改革攻坚阶段的国有企业具有特别重要的现实意义。

一、采用撤退战略的原因

企业采用撤退战略的原因有多种，大致可分为主动和被动两大类。

（一）主动原因

1. 大企业战略重组的需要

第二章所介绍的波士顿矩阵就是大企业战略重组的依据。为了筹措资本营运所需资金、改善企业投资回报率等原因，大型企业可能会重新调整业务组合。比如，将整个企业的业务集中，发展有潜力的“明星”业务，同时放弃“瘦狗”业务与部分“问题”业务。

2. 小企业的短期行为

一些小型企业家的具体目标是“赚100万”就罢休。当目标基本达到后，他就不愿再去承受继续经营的代价与风险。

（二）被动原因

1. 行业走下坡路

由于多种原因，如整体经济形势、行业周期、技术变化、社会价值观或时尚的变化、市场的饱和、竞争行为等，导致整个行业市场容量下跌。

2. 企业（或企业某业务）失去竞争优势

由于企业内部经营机制不顺、决策失误、管理不善等原因，企业在其业务市场难以为继，不得不采用防御措施。

二、撤退战略的方式[①]

（一）紧缩与集中战略

紧缩与集中战略往往集中于短期效益，采取补救措施挽救利润下滑，以期立即产生效果。具体做法如下。

1. 机制变革

机制变革包括：调整管理层领导班子；重新制定新的政策和管理控制系统，以改善激励机制与约束机制等。在国有企业中，机制变革的关键环节是解决产权归属。

2. 财政和财务战略

如引进和建立有效的财务控制系统，严格控制现金流量；与关键的债权人协商，重新签订偿还协议，甚至把需要偿付的利息和本金转换成其他的财务证券（如把贷款转换成普通股或可转换优先股）等。

3. 削减成本战略

如削减人工成本、材料成本、管理费用、分部和职能部门的规模以及削减资产（内部放弃或改租、售后回租）等。

联系到我国国有企业“脱困”的各种措施，如我国政府对国有企业实施的“债转股”政策、国有企业在脱困中大量运作的减员增效、限产压库、精简机构等手段，与上述做法非常相似。从短期脱困的目的考虑，这些措施能起到一定作用。

自2008年下半年开始，面对全球金融危机，紧缩与集中战略成为我国很多企业的战略选择。

（二）转向战略

转向战略更多涉及企业的整个经营的改变。具体做法如下。

1. 重新定位或调整现有的产品和服务

例如，首都钢铁公司调整钢铁产品的产品结构，淘汰市场滞销品种，发展优质品种；

---

① 撤退战略的具体做法引自［英］托马斯·加拉文、杰拉德·菲茨杰拉尔德、迈克·莫利著，马春光等译：《企业分析》，上海，上海三联书店，1997。可以看到，目前我国国有企业的脱困与改革的许多做法与此非常相似。

同时，提高以高科技产业为龙头的非钢产业在总产值中的比重，以增强企业发展潜力。又如，面对全球金融危机，山东东兴表业适应国际市场需求的变化，及时调整产品结构，利润稳中有升。

2. 调整营销策略

在价格、广告、渠道等环节推出新的举措。例如，适应绿色消费的世界潮流，在简化产品包装后降低产品价格，以增加产品的性价比；加强销售攻势和广告宣传等。

3. 放弃战略

放弃战略涉及企业（或子公司）产权的变更，与前面两种战略相比，是比较彻底的撤退方式。表4—3说明了放弃战略的类型。

表4—3　放弃的类型①

类型	所有权的终止	相对频繁性	新的所有权形式
1. 特许经营	全部；有限期	经常	子公司或独立机构
2. 分包	全部；但仍保留贸易关系	经常	子公司
3. 卖断	全部；往往是永久性的	小规模卖断经常发生，属一系列行动中的一部分；大规模卖断往往是危机的表现	子公司
4. 管理层或杠杆收购	全部，永久性，母公司可能拥有股权	小规模——经常性，大规模——英国和美国常用	独立机构
5. 拆产为股/分拆	分离而不是终止所有权，可能带来所有权的稀释，通常是永久性的	小规模——经常性，尤其是高科技企业经常发生，由管理层购入股权	准独立机构
6. 资产互换与战略贸易	全部；保持了母公司的规模，只涉及资产	不常见，因反托拉斯导致小规模资产互换，大规模的资产互换多是自愿的	子公司

下面是对每一种放弃战略的具体说明。

（1）特许经营。这种方式是指企业卖给被特许经营企业以有限权利，而收取一次性付清的费用。被特许经营企业可以使用特许经营企业的商标品牌，但要严格遵守许可方的经营规定。企业国际化经营战略中也包括这种方式。

（2）分包。这种方式是指公司采用招标的方式让其他公司生产本公司的某种产品或者经营本公司的某种业务。与特许经营方式的不同之处在于，卖方出售了自己的一部分业务，要求买方在一个具体的时间内，按一定的价格向卖方提供一定数量的产品或服务。这样，买方在合同期限内处于一种垄断地位。公司可以将不宜内部开拓的一部分业务转移给他人经营，但仍维持原先的拥有权。

特许经营和分包方式与我国国有企业承包、租赁等改革方式很相似。

（3）卖断。指母公司将其中的业务单位卖给另外一家企业，从而断绝一切关系。实现产权的彻底转移。对我国国有小型企业，采用这种方式进行产权改革可能是一种比较容易见效的办法。

（4）管理层与杠杆收购。即一家公司把大部分业务卖给它的管理层或者是另外一家财

① Coyne，J & Wright，M (1989)，An Introduction to Divestment：The Conceptual Issus，in Reading on Strategic Management ed by David Asch and cliff Bowman，Macmillan，London.

团，母公司可以在短期或者中期保留股权。对于买者来说，这就相当于延迟付款。

（5）拆产为股/分拆。这里不存在即时和全部的所有股的转变。母公司的一部分变成了战略性的法人实体，以多元持股的形式形成子公司的所有权。母公司的股东仍然在很大程度上控制着这部分企业。与母公司脱离的子公司可以看成是准独立机构。我国大中型国有企业的股份制改造与这种类型相似，力图实现母公司与各级子公司多层次的多元持股形式。

（6）资产互换与战略贸易。在这种情况下，所有权的转让是通过企业之间交换资产来实现的。这要在两个公司之间达成一种匹配，卖方公司和买方公司要能够接受互相的资产。这种做法在上市公司中常见。如母公司与上市子公司之间互换资产，以提高上市公司的股票价值；而一些通过“借壳”、“买壳”方式上市的公司都必然存在资产互换，将“壳公司”的不良资产置换成本公司的优良资产。

除上述几种放弃方式外，对于国有企业来说，还有一种已被实践过的产权放弃方式，即将国有资产的产权量化到每一个自然人，亦即向全体人民发放“股权证”。第二次世界大战后，西德政府曾采用这种方式对希特勒的国有资产进行产权改革；20 世纪 80 年代末期，俄罗斯政府也是采用这种方式对国有资产进行产权改革。

三、撤退战略的困难

撤退战略对企业主管来说，是一项非常困难的决策。困难主要来自以下三个方面。

（一）对企业或业务状况的判断

撤退战略决策效果如何，取决于对公司或业务状况判断的准确程度。而这又是一项难度很大的工作。汤普森（Thompson）于 1989 年提出了一个详尽的清单[①]，这一清单对于增强对企业或业务状况判断的能力会有一定的帮助。

（1）分析企业产品所处的寿命周期以及今后的利润和发展趋势。

（2）分析产品或者单位的当前市场状况，以及竞争优势的机会。

（3）识别所放弃的资源应如何运用。

（4）寻找一个愿出合理价格的买主。

（5）放弃一部分获利的业务或者一些经营活动，从而提供资金投资在其他可能获利较大的业务是否值得。

（6）关于成本问题。关闭一家企业或者一家厂场，是否比在微利下仍然维持运转合算？特别是，退出的障碍是否较大，而成本高昂？

（7）准备放弃的那部分业务在整个公司中所起的作用和协同优势。

（8）用其他产品和服务来满足现有顾客需求的机会。

（9）企业降低分散经营的程度所带来的有形和无形的效益。

（10）寻找合适的买主。应否公开寻找买主？如何审查买主？应留意买主是否会因购入企业的业务而对企业余下的业务构成竞争威胁。

（二）退出障碍

本书第二章介绍了波特在《竞争战略》一书中阐述的几种主要的退出障碍，如专用资

① ［英］托马斯·加拉文、杰拉德·菲茨杰拉尔德、迈克·莫利 著，马春光等译：《企业分析》，上海，上海三联书店，1997。

产（专用资产的清盘价值很低）、退出的固定成本（包括遣散所必须支付的费用等）、战略相互关系（就公司形象和销售能力而言，企业这部分业务与其他各部分之间的关系）、感情障碍（企业管理层因为尊严或对业务的认同，或对职工感情等因素而不愿意制定理智的经营决策）、政府限制（政府因为考虑企业退出对某一地区或某一社区带来的影响而限制企业退出）等。退出障碍加大了撤退战略实施的困难。

（三）产权改革的困难

放弃战略涉及企业（或子公司）产权的变更。对产权清晰的私有企业来说，通过市场机制健全的公司市场，解决这类市场交易不是一件很难的事情。但是，对于原始产权处于虚置状况下的国有企业（或公有企业）来说，产权改革则面临多种困难和风险。我国国有企业产权改革走过的艰难历程就说明了这一点。下面结合我国国有企业（或公有企业）产权改革的实践，讨论前述的几种放弃战略。讨论中将涉及新制度经济学的产权理论，特别是 1991 年获得诺贝尔经济学奖的科斯（Coase）定理。[①]

1. 特许经营与分包

这是放弃战略中简单可行、风险也比较小的两种方式。事实上，我国农村 1979 年的土地承包经营制、20 世纪 80 年代大中型工业企业的承包经营责任制，以及至今仍广泛实施的国有（或公有）小企业的承包、租赁等改革，都是基于这一思路。在这种制度设计下，经营者拥有了“剩余索取权”，在这样的产权激励下，企业经营绩效明显提高。但是，由于这种制度并没有永久地、彻底地解决原始产权的归属，往往会带来经营者的短期行为，致使企业发展后劲不足。

2. 卖断与管理层收购

卖断与管理层收购方式都能够比较彻底地解决国有（或公有）企业的产权虚置问题，使企业财产权利有了明确的归属，有利于企业长期效率的提高。这两类方式最可能出现问题的环节是在产权的初始交易中目标企业的资产评估上。在国有（或公有）企业拍卖过程中，政府官员作为国有（或公有）资产所有者的“代表”出售企业，在这样的交易中，可能会出现几种情况：要么对目标企业资产评估过低，造成国有资产流失和其他当事人不满；要么政府官员出于其他考虑，对目标企业资产评估过高，导致目标企业无人购买。此外，卖断方式还涉及两个企业的合并，那么，前面所提到的关于合并企业内部的文化融合、利益相关者利益重新分配等问题也是改革中不容忽视的重要问题。

3. 拆产为股

多元持股的理论依据是国外的股份制公司与其内部市场。通过建立“现代企业制度”，建立企业内部的责权利制衡制度，转换企业的经营机制。但是，如果忽略了国外公司是产权清晰的私有制这一前提条件，这种模仿只能是“东施效颦”。

4. 股权证

像二战后的西德与 20 世纪 80 年代末期的俄罗斯一样，将国有资产量化到每一个自然人也许是产权改革最彻底、兼顾公平与效率的措施。但是，这种方式的风险最大。风险主要来自两个方面：其一，从理论上讲，股权证应该是无偿地发放给全体人民，而政府在此

---

① 科斯定理是关于财产权利和经济效率之间关系的经济学定理。在论文《社会成本问题》中，科斯用一个著名的“牛吃麦”模型说明了：不管财产权利归谁所属，只要产权能界定清晰，市场的运作力就会应运而生，使资源使用达到最高效率，外部伤害可以被内化。

改革中得不到任何收益，那么，一旦改革出现问题，政府没有足够的资金从事社会福利等缮后工作，失去“回天之力”。而在卖断、管理层收购等方式中，虽然在产权的初始交易中，也可能出现出售企业资产评估过低的问题，但政府仍可从拍卖中获得很高的收入，从而在应对改革风险中具有主动性和灵活性。其二，发放股权证的方式波及每一位公民的切身利益，因此它对社会条件的要求很高。

◀本章小结▶

·企业总体战略的开发方向可分为三大类：稳定、发展和撤退。稳定战略限于经营环境和内部条件，企业在战略期所期望达到的经营状况基本保持在战略起点的范围和水平上的战略；发展战略强调充分利用外部环境的机会，充分发掘企业内部的优势资源，以求得企业在现有的战略基础上向更高一级的方向发展；撤退战略是在那些没有发展或者发展潜力很渺茫的业务应该采取的战略。

·研究企业发展战略包括发展方向与途径两个方面。可选择的发展方向可以从两个角度考虑：一是产品、市场的扩张；二是企业的横向、纵向、多样化边界的扩张。可选择的发展途径有三大类：外部发展（购并）、内部发展（新建）和战略联盟。战略联盟是前两种形式的中间形式。

·撤退战略经常被忽视。事实上在许多情况下，从市场中全部或部分地撤退是明智的选择。企业选择撤退战略既有被动原因也有主动原因；撤退方式主要有紧缩、转向、放弃等几种类型；企业选择撤退战略要充分估计可能的困难，包括对企业或业务状况的判断、退出障碍、产权改革的困难等。

★ 关键概念

稳定战略 指限于经营环境和内部条件，企业在战略期所期望达到的经营状况基本保持在战略起点的范围和水平上的战略。

发展战略 强调充分利用外部环境的机会，充分发掘企业内部的优势资源，以求得企业在现有的战略基础上向更高一级的方向发展。

撤退战略 指那些没有发展或者发展潜力很渺茫的业务应该采取的战略。

安索夫（Ansoff）矩阵 又称“产品—市场战略组合”矩阵，是研究企业产品、市场扩张方向的基本框架。

横向一体化 向产业价值链相同阶段方向扩张。

纵向一体化 向产业价值链连续的不同阶段方向扩张。

相关多样化 向具有相关的技术或相关市场的领域扩张。

不相关多样化 向与本企业原有产业完全不相关的领域扩张。

外部发展 指企业通过取得外部经营资源谋求发展的战略。

内部发展 指企业通过挖掘内部资源谋求发展的战略。

购并 购并包括收购与合并，收购指一个企业通过购买另一个现有企业的股权而接管该企业，合并是指两个或两个以上的独立企业联合成为单个的经济实体。

新建 与购并相对应，是指建立一个新的企业。

战略联盟 战略联盟是指两个或两个以上经营实体之间为了达到某种战略目的而建立

的一种合作关系。合并或兼并就意味着战略联盟的结束。

紧缩与集中战略　往往集中于短期效益，采取补救措施挽救利润下滑，以期立即产生效果。

转向战略　更多地涉及企业的整个经营的改变。

放弃战略　涉及企业（或子公司）产权的变更，是比较彻底的撤退方式。

退出障碍　指那些迫使投资收益低甚至亏损的企业仍然留在产业中从事生产经营活动的各种因素。

案例分析

案例4—1　思科的并购艺术①

思科成立于1984年，目前已经成为引领当今世界Intranet和Internet网络互联产品的巨头，互联网上80%以上的骨干路由器来自思科。在美国《财富》杂志推出2001年全美“最受推崇的公司”排行榜中，思科系统公司以其稳健的财务状况和经营管理方面的卓越表现排至第2位，此外还拥有信息产业“最吸引员工的公司”，“20世纪90年代最有效公司”以及“全球最有价值的公司”等响亮的称号。

作为一家新兴高科技公司，思科并没有像其他传统企业一样耗费巨资建立自己的研发队伍，而是把整个硅谷当作自己的实验室，采取的策略就是收购面向未来的新技术和开发人员，以填补自己未来产品框架的空白，从而迅速建立起自己的研究与开发体系、制造体系和销售体系，乃至塑造出自己的品牌，使自身的核心竞争力不断得到增强和拓展。在过去的9年多时间里，思科成功地收购了80多家大大小小的公司，最繁忙的时候曾在10天内吃掉4家公司。成功的收购策略不仅推动了思科的高速成长，使其先后超越英特尔和微软等成为全球最有价值的公司，而且改变了硅谷的技术精英们对自主研发与收购的看法。思科已经成为高科技领域中成功实施并购战略的一个样板，并被授予“并购发动机”的美誉。

1.“并购发动机”得益于整合

思科的并购战略得以成功，在很大程度上归功于它对被并购企业在并购前的考察以及并购后的整合。思科公司人力资源部总监巴巴拉·贝克甚至认为除非一家公司的文化、管理做法、工资制度与思科公司类似，否则即使对公司很重要也不会考虑收购。因此在“疯狂”的并购中，思科非常注重整个公司的共同目标和前进方向。

掌门人钱伯斯为兼并活动定了五条“经验法则”：兼并对象必须与思科发展方向相同或角色互补；被兼并公司员工能成为思科文化的一部分；被兼并公司的长远战略要与思科吻合；企业文化和气质特征与思科接近；地理位置接近思科现有产业点。在并购之后思科则强调并购双方在各个方面的整合。并购后的整合包括人事整合、被并购企业经营政策的调整、制度的调整、运行系统与经营整合等，是并购成败的关键。

购并失败的公司中有85%的CEO承认，管理风格和公司文化的差异是失败的主要原因。思科公司历史上最大的失败收购是在1996年收购StrataCom公司之后的几个月内，大约有1/3的原StrataCom公司的销售人员辞职，导致公司销售的长期瘫痪。之后，思科

① 资料来源：《中国经济时报》，2002-04-22。

公司吸取教训，迅速改变了购并战略，始终将人员的整合放在并购战略的首位。在正式并购开始之前公司就专门组织一个SWAT小组来研究同化工作的每一个细节，尤其针对人员整合做大量准备工作。以思科公司1998年收购Cerent公司为例，在公司接管后的两个月内，每个Cerent公司的员工都有工作、有头衔，都知道奖励办法和福利待遇，并能直接与思科公司内部的网站链接。这次购并最终获得巨大的成功，Cerent公司的400名员工中只有4人离开了公司。思科公司利用最少量的投资获得了光纤技术潜在的巨大收益和大量的专业人才，同时，这项并购使得思科公司成为光通信网络设备市场中的新贵，依靠Cerent公司的产品线和其广泛的客户基础、销售与服务组织，思科成功推出了7亿美元的产品线。

2. 并购企业意在并购人才

在互联网飞速发展的时代，企业成败的关键很大程度上在于人才的获得和保留。思科认为，对其威胁最大的并不是网络竞争中的老对手，而是不断增多的、咄咄逼人的小型创新公司，因为这些公司往往拥有顶级的技术开发人员，所以在实施其并购战略时思科往往将并购的目标瞄准新兴的IT企业。公司总裁钱伯斯曾经说："如果你希望从你的公司购买中获取5～10倍的回报，显然它不会来自今天已有的产品，你需要做的是，留住那些能够创造这种增长的人……与其说我们在并购企业，不如说我们是在并购人才。"而对于大企业，思科在购并的实践中总结出来的经验是，购并后整合效果一般不理想，适合采用联盟的方式进行合作。

在思科的雇员中，最具特色的是被兼并的公司的员工，其全球现有的3万多名员工中，30%来自被兼并的公司。思科坚持把并购公司员工的续留率作为衡量一次并购是否成功的第一标准。每次收购公司，钱伯斯都要带领一个由人力资源部成员参与的收购班子，在买公司的同时买下该公司的技术和人才。在过去一两年里，思科公司收购了几十家公司，但只流失了微不足道的7%的员工。

思科认为，用平均每人50万～300万的代价兼并一家公司，实际上买的是科技力量和市场份额，是一种很有效的投资，因为在留住并购企业核心员工的同时，也为自己减少了一批潜在的竞争对手，同时还可以通过兼并网罗高级技术人才，节省了研发投资。现在，思科70%的产品靠自己研究和开发，另外30%则是靠兼并得来。以Cerent公司为例，它开发的在光缆上传输数据和声音的技术正是思科与竞争对手争夺的一个领域，据市场分析家预测，到今年这项产品至少可以为思科带来25亿美元的收入。思科能够在并购企业的同时得到绝大多数的人才，是他们对人员和文化的整合重视的结果。

分析与思考

以思科购并为例，分析企业购并战略的动机与原则。

思科购并战略的动机：

(1) 避开进入障碍，迅速进入，争取市场机会。思科并没有像其他传统企业一样耗费巨资建立自己的研发队伍，而是通过留住被收购企业中新技术和开发人员迅速建立起自己的研究与开发体系、制造体系和销售体系。成功的收购策略推动了思科的高速成长，使其先后超越英特尔和微软等成为全球最有价值的公司。

(2) 获得协同效果。思科把整个硅谷当作自己的实验室，以获得面向未来的新技术和开发人员，以填补自己未来产品框架的空白，乃至塑造出自己的品牌，使自身的核心竞争力不断得到增强和拓展。在思科的雇员中，最具特色的是被兼并的公司的员工，其全球现有的3万多名员工中，30%来自被兼并的公司。

(3) 减少竞争，增强对市场的控制力。思科认为对其威胁最大的并不是网络竞争中的老对手，而是不断增多的、咄咄逼人的小型创新公司，因为这些公司往往拥有顶级的技术开发人员，所以在实施其并购战略时思科往往将并购的目标瞄准新兴的IT企业。在留住被并购企业核心员工的同时，也为自己减少了一批潜在的竞争对手。

思科购并战略的原则：

思科掌门人钱伯斯为兼并活动定了五条"经验法则"，反映了思科购并的原则具有典型意义。

(1) 对被购并企业的要求。兼并对象必须与思科发展方向相同或角色互补；被兼并公司员工能成为思科文化的一部分；被兼并公司的长远战略要与思科吻合；企业文化和气质特征与思科接近；地理位置接近思科现有产业点。思科公司人力资源部总监甚至认为，除非一家公司的文化、管理做法、工资制度与思科公司类似，否则即使对公司很重要也不会考虑收购。

(2) 对购并企业自身的要求。思科坚持把并购公司员工的续留率作为衡量一次并购是否成功的第一标准，在正式并购开始之前公司就专门组织一个SWAT小组来研究同化工作的每一个细节，尤其针对人员整合做大量准备工作。对于大企业，思科在购并的实践中总结出来的经验是，购并后整合效果一般不理想，适合采用联盟的方式进行合作。

(3) 新的协同要求。并购之后思科则强调并购双方在各个方面的整合。并购后的整合包括人事整合，被并购企业经营政策的调整、制度的调整、运行系统与经营整合等，是并购成败的关键。每次收购公司，钱伯斯都要带领一个由人力资源部成员参与的收购班子，在买公司的同时买下该公司的技术和人才。思科能够在并购企业的同时得到绝大多数人才，是他们对人员和文化的整合的结果。

案例4—2 诺基亚公司的业务定位[①]

20世纪60年代，诺基亚成为法国公司通讯产品的代理商，70年代进入移动电话设备制造产业。80年代又进一步扩张，进入电视机、电脑、塑料、电力等产业。1990年其产业分布为：电子29%、机械与电缆24%、数据产品21%、移动电话11%、通讯系统10%、基础工业8%。1991年，苏联解体对芬兰经济造成极大影响，诺基亚陷入空前的困境。1992年，新任总裁奥利拉（Ollila）断然采取了归核化战略，选定数字式移动电话为核心业务，逐步出售其他业务。在移动电话的发展上，又集中力量发展研究与开发能力，而将大部分零部件生产都外包出去；在地域市场上则积极进入像中国这样的新兴市场。到1996年，诺基亚已成为全球第一位移动电话制造商。1999年，诺基亚在全球移动电话市场的占有率为26.%，2001年接近40%。

① 康荣平：《大型跨国公司战略新趋势》，北京，经济科学出版社，2001；《太平洋电脑网》，2002-12-31；《金融时报》，2003-12-18。

2002—2003年，由于手机价格不断下降，使得诺基亚的销售额减少，已经处于全球领先的移动电话制造商诺基亚又决定将调整产品结构，重点开发的产品将包括照相手机、游戏控制台及企业市场设备等，公司最大的部门仍是手机业务部。这是诺基亚近5年来最大的一次战略调整，将决定公司未来的命运。

分析与思考

10年间，诺基亚业务范围经历了从“归核化”到“适度多元化”两次重大战略调整，反映了企业的业务定位是依据外部环境和内部条件的变化动态调整的过程。

案例4—3　沃尔玛与供应商结成利益共同体①

应当说，把价格从供应商那里压到最低是所有零售企业的共同准则。即使是对商业巨人沃尔玛来说也是一样。

在沃尔玛，采购经理和他们供货商这样讨价还价：“别把回扣算在里面，我们也不需要你们做广告或者送货，我们的卡车会直接到你们的商店取货，那么你们的最低价是多少？”

不断要求供货商压低价格会不可避免地遭到供货企业的埋怨。

1986年，约1 000家制造商组织成制造商代表组织，在全国新闻界展开一场谴责沃尔玛的宣传活动，包括在《华尔街》杂志刊登文章控告谴责沃尔玛的采购策略。还有人把沃尔玛称为“最粗暴的客户”。沃尔玛意识到与供货商的对抗，对企业的长期发展是不利的，于是着手改进这种关系。

沃尔玛要让它的供货商与之分享宝贵的商业信息，而这主要得益于计算机联网和电子数据交换系统。早在1990年，沃尔玛的5 000家供货商中就有1 800家与沃尔玛建立了电子数据交换系统，这样供货商可以通过沃尔玛的销售统计，及时准确地掌握自己产品的销售情况，制定更加富有针对性的生产计划，从而不断提高效率、降低成本。这样，供货商更快了解到沃尔玛的需要，在沃尔玛发出订单前，货源已经准备好了。宝洁公司和沃尔玛公司在这方面的合作关系就堪称典范。

沃尔玛与供货商改善关系的另一做法，是为一些大型供应商安排适当的空间展示产品，直至让供应商自行布置展区，以在店内造成一种更吸引人、更专业化的购物环境，这样就可以与百货公司和专卖店争夺顾客。

与供货企业的和谐关系，使沃尔玛始终得以保持长期稳定的廉价货源。同时，这些产品不会因为一味的压价而导致质量下降，因为沃尔玛亲自参与了帮助企业降低生产成本的努力。

沃尔玛的实践破解了一个商业悖论。反观中国：卖场靠租赁，资金靠贷款，员工靠招聘，商品靠赊欠，空手套白狼。这是目前一些供应商形容一些中小超市的顺口溜。

据业内人士介绍，由于目前我国消费品市场处于买方市场的状态，供货商为了使自己的产品走向市场，不得不对零售企业百依百顺，万般迁就。零售商赊欠供货商货款的现象

① 《环球财经》，2002（3）。

成为业内惯例，而且零售商还经常设立各色名目，向供货商收取各种费用。

例如，供货商往往要向零售企业支付一笔价格不菲的进场费，暗含之意就是你的产品能在我这儿亮相，是看得起你，怎么也得意思意思。又如，逢年过节搞促销，零售商业热热闹闹地折扣让利，实际上往往是供货商买单，搞不好还要供货商再付一笔广告费、赞助费。

对此，供货商自然叫苦不迭。零售企业当然打的是自己的算盘。近几年来，由于商业零售企业的竞争日益激烈，价格大战迫使零售商想尽一切办法降低成本，从供货商那里轧出的每一滴可能的利润，自然是零售企业的最好捷径。一位超市采购经理告诉记者："如果不从供货商那里额外征收一些费用，我们许多商品的销售基本就无利可图。"

在激烈的市场竞争面前，供货商和零售商的关系，越来越像一根绷紧的弦，零售企业火的时候，供货商赔小心，一旦零售企业有风吹草动，大批供货商就翻脸不认人，不但不再发货，还争相上门讨债。而货源一断，看起来还好好的零售企业很可能很快关门。

对货主们来说，如果到了这一步，能把拖欠的货款追回来就很不容易了。一些供货商总结出的唯一的办法是，一看超市有风吹草动就赶紧去搬东西。所以近年来，这样哄抢商品的案例时有所闻。

沃尔玛的实践证明，零售企业与其供货商之间并不是永远处于不可和解的利害相争之中，在供货商与零售商之间建立共生共存的伙伴关系，以相互合作来实现双方的长期发展目标是可以做到的。

分析与思考

波特教授在"五力模型"中强调供应者、购买者之间讨价还价的竞争关系，但是在"价值链"模型中，开始强调供应者、购买者之间的竞合关系。提出要"明确价值系统内各项价值活动之间的联系"，其主要思想是，在价值系统内的供应商和购买者要选择最佳合作方式，使得各方都能获得价值，创造最大化。这一思想即整合纵向链条的战略新思维。本案例中沃尔玛与供应商结成利益共同体就体现了这样的战略思维。

第五章

企业竞争战略

本章要点提示

- 基本竞争战略
- 蓝海战略

本章内容引言

本章讨论企业在一个具体业务或市场领域中的竞争战略，它们属于企业经营单位战略的范畴。波特在《竞争战略》一书中把竞争战略描述为：采取进攻性或防守性行动，在产业中建立起进退有据的地位，成功应对五种竞争力，从而为公司赢得超常的投资收益。为了达到这一目的，各个公司可以采用的方法是不同的，对每个具体公司来说，其最佳战略是最终反映公司所处的内外部环境的独特产物。

第一节　基本竞争战略

从最广泛的意义上，波特归纳总结了三种具有内部一致性的基本竞争战略：成本领先战略（cost leadership strategy）；差异化战略（differentiation strategy）；集中（focus strategy）战略。它是企业获得竞争优势的基本途径和手段。

三种基本竞争战略之间的关系可由图 5—1 表示。①

① ［美］迈克尔·波特著，陈小悦译：《竞争战略》，北京，华夏出版社，1997。

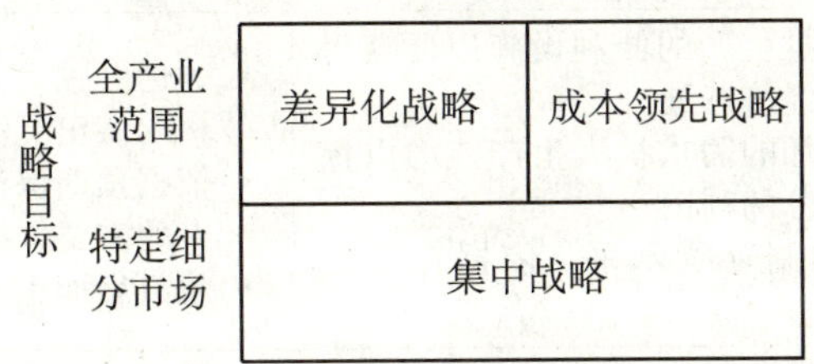

图 5—1　三种基本竞争战略

从图 5—1 可以看到，在三种基本竞争战略中成本领先战略和差异化战略是基本竞争战略的基础，它们是一对“对偶”的战略，而集中战略不过是将这两种战略运用在一个特定的细分市场而已。因此，我们将采用对比的方式论述成本领先战略与差异化战略，最后再单独论述集中战略。

一、成本领先战略与差异化战略

（一）成本领先战略与差异化战略的竞争定位

成本领先战略是指企业通过在内部加强成本控制，在研究开发、生产、销售、服务和广告等领域把成本降到最低，成为产业中的成本领先者的战略。按照波特的思想，成本领先战略应该体现为产品相对于竞争对手而言的低价格。[①] 但是，成本领先战略并不意味着仅仅获得短期成本优势或者仅仅是削减成本，它是一个“可持续成本领先”的概念，即企业通过其低成本地位来获得持久的竞争优势。

差异化战略是指企业向顾客提供的产品和服务在产业范围内独具特色，这种特色可以给产品带来额外的加价，如果一个企业的产品或服务的溢出价格超过因其独特性所增加的成本，那么，拥有这种差异化的企业将获得竞争优势。本书第二章从横向差异和纵向差异两个角度阐述了产品差异性的概念，事实上，产品差异性最终要落实到购买者对产品或服务差异程度的感觉。所以，企业通过广告、商标、销售技术等途径可以提高产品和服务的差异化程度。

表 5—1 对比了成本领先战略与差异化战略不同功能领域的竞争定位。

表 5—1　　功能领域的竞争定位[②]

功能领域	竞争定位	
	成本优势	差异优势
产品与营销战略	• 标准化产品 • 价格低于竞争者，带来较少的价格—成本差额 • 很少和节约的产品促销或广告 • 节约的售后服务或保养	• 价格高于竞争者，带来较高的价格—成本差额 • 强调通过品牌、广告和产品促销塑造产品形象 • 广泛的售后服务和保养 • 广泛的保证

① ［英］格里·约翰逊、凯万·斯科尔斯著，金占明、贾秀梅译：《公司战略教程》，北京，华夏出版社，1998。

② ［美］戴维·贝赞可等著，武亚军等译：《公司战略经济学》，北京，北京大学出版社，1999。

续前表

功能领域	竞争定位	
	成本优势	差异优势
生产操作战略	• 大量大批生产的便利设施以便获得规模经济好处 • 依据增加的需求扩大生产能力以保证充分的利用 • 严格控制存货水平，依据存货量生产	• 为迎合顾客需要和对不可预测的顾客需求做出灵活反应，愿意牺牲规模 • 依据预期保证产品的供应和最小化缺货的需要，扩大产能 • 依订货而生产产品
工程和设计	• 产品设计强调可制造性	• 产品设计强调增加消费者的收益或降低成本
研究与开发战略	• 研究开发强调过程创新，而不是开发新产品或基础研究	• 研究开发更强调产品创新和基础研究而不是过程创新
人力资源、组织和控制战略	• "传统"的管理风格，以正式的程序和严格的等级制为特征 • 对工人有强硬的讨价还价地位 • 强调成本控制的严格的管理体系	• 较不正式的管理风格，更少正式的程序，更少严格的等级以促进创新和企业家精神 • 为吸引更有技术的工人而付出高于平均工资的报酬

如表5—1所示，采用成本领先战略的公司，在产品和营销战略上通常以大量生产和易于提供服务的标准化产品为中心。采用差异化战略的公司通常比采用成本领先战略要求更多地注意产品线的宽度、广告促销预算的规模、最好使用的担保以及为消费者服务所需的资源的数量。

在生产操作中，寻求成本优势的公司在制造和后勤方面追求规模经济，同时也追求存货管理的效率。而追求差异优势的公司由于希望通过更好的价格获得更多的收益，因而更愿意放弃这些优势。由于增加生产能力和存货来对未预期的需求做出灵活反应的需要，可能会迫使这些公司按不同的方式进行组织，并发生相对于追求成本优势的公司更多的成本。

工程与设计活动方面类似的区别也很明显。采用成本领先战略的公司会设计合适的产品以增加可制造性，或者使设计的产品能符合多个市场最低的操作标准（如一些跨国公司为多国市场生产标准化产品）。而采用差异化战略的公司则设计符合重要的消费者或消费者细分市场需要的产品，即使这会使产品设计和服务更加困难。

竞争方式上的差异通常也与人力资源和组织管理方面的差异相联系。在追求成本优势的公司，尤其是在有稳定技术的低增长产业，公司的特点是更加具体和更少自由度的工作，技术较差但数量更多的工人，以及更仔细的控制。相反，追求差异优势的公司更可能将决策任务授予更接近顾客的较低层雇员，在决策时更多地听取雇员的意见，实行更广泛但较不正式的监督，这是因为这些公司考察雇员工作的过程或良好行为的结果方面存在困难。

（二）成本领先战略与差异化战略优势的来源

分析两种战略优势的来源有助于理解为什么在同一产业中采用同样战略而收效不同的原因，可以帮助我们了解怎样用好两种战略。波特和另外一些经济学家将成本领先战略和差异化战略优势的来源分别称作"成本驱动力"① 和"收益驱动力"②。

---

① ［美］迈克尔·波特著；陈小悦译：《竞争优势》，北京，华夏出版社，1997。

② ［美］戴维·贝赞可等著，武亚军等译：《公司战略经济学》，北京，北京大学出版社，1999。

1. 成本驱动力

企业可以通过各种途径获得成本效率。对以下成本驱动要素的选择将决定企业的长期竞争地位。

（1）规模与范围经济。规模与范围经济通常是制造企业成本优势的一个重要来源。

（2）要素成本。与各种投入相关的包括资金、劳动力、原材料和零部件等在内的生产要素是企业成本的直接来源。

（3）生产率。生产率即单位要素的产出，它与单位产出的成本互为倒数，那么，提高生产率与成本效率密切相关。学习或经验对生产率的提高有着重要的作用。

（4）产品—工艺设计。企业价值工程研究的一个重要内容是寻找物美价廉的替代品，这说明改进产品设计对提高成本效率的作用；工艺设计的改进对提高成本效率的作用更是显而易见的，因为这本身就是以降低生产成本为目的。

（5）生产能力利用程度。生产能力利用程度决定分摊在单位产品上的固定成本的多少。

（6）交易的组织形式。在不同的情况下，采取内部化生产，还是靠市场获取，成本会有很大的不同。

（7）重点集聚。企业集中力量针对某一经营领域，如某一顾客群体，某一特定市场、某一类型产品、某一特定的技术等，可能会比广泛地使用力量获得更多的成本效率。

（8）价值链、供应链与价值系统的资源配置。纵向链条的资源配置方式对公司总成本有重要的影响。第三章已做了详细的阐述。

从第三章的案例中可以看到，格兰仕实施成本领先战略先后在重点集聚、要素成本、生产率、生产能力利用程度、规模经济、供应链整合等多个方面降低成本，正如波特所强调的，“竞争优势的种类与数量越多越好”。

2. 收益驱动力

收益驱动力可分为五类：

（1）产品的物理特性。这些驱动力与产品本身有关，包括：产品性能、质量、特色、美感、耐用性、安置和操作的难易度等。

（2）公司或销售商提供的服务或互补产品的数量和特性。其中的重要收益驱动力包括：顾客培训或咨询服务等售后服务；与产品成套出售的互补品（如预备部件）；产品保修或维修合同；修理质量或服务能力。

（3）与产品销售或交货相关的特性。具体包括：交货的速度和及时性；信用和信用优惠；销售者的地理位置；售前技术性建议的质量。

（4）有关使顾客形成对产品性能感性认识或使用成本期望的特性。包括：产品性能的声誉；销售者被察觉的持久力或财务稳健性（在商业交易中这是很重要的，因为购买者预计就要与销售者达成交易）；产品的装备基数（即当前使用该产品的顾客数，顾客基数较大，人们预期该产品的使用技术的成本就要低）。

（5）对产品的主观想象。想象是消费者在购买、占有和消费产品时获得心理满足的简单方法，想象受到广告信息、包装、商标以及销售者声望等因素的影响。

同样，收益驱动力有多种，企业也应该根据自身的资源和能力状况选择不同的途径获得差异化优势。例如，20世纪90年代，在美国的航空公司中，联合航空公司的国内国际航线结构都是一流的，这是差异化优势的重要方面，特别是对于那些正在积累常客公里数而期望获得票价优惠的乘客来说是一个重要的收益驱动力。但是，联航的服务质量却不尽如人意；而西南航空公司的服务质量是所有航空公司中首屈一指的，但是它的航线网络小而不吸引人。又如，在我国家电企业中，海尔公司的售后服务质量是有目共睹的，但是它的产品质量不是最高的。事实上，即使都是采用差异化战略，竞争的定位也未必完全相同。

（三）成本领先战略与差异化战略的优势

波特从与产业五种竞争力竞争的角度，分别将成本领先战略和差异化战略可能给企业带来的优势归纳为如下几个方面。

1. 在与产业内现有企业的竞争中获得竞争优势

第三章的讨论已经给出了这一优势的理论基础：采用成本领先战略的公司通过提供以更低的成本（C）达到相同或者更低的消费者认可的价值（B），可以获得比竞争对手更大的成本优势。此时，公司可以以相对于对手更低的价格销售产品，如果这一价格不低于公司的成本，但价格降低的幅度高于可能带来的消费者认可价值（B）的降低幅度，公司将可能比对手提供更多的消费者剩余，并增加在目标市场的份额。例如，在北京，以低价竞争为宗旨的家乐福超市，以“不可思议的低价格”，保证商品的基本的质量水准，赢得川流不息的消费群。

相反，采用差异化战略的公司通过提供相同或更高的成本（C）达到更高的消费者认可的价值（B），就可以通过溢价而获得差异优势。如果此溢价幅度不低于公司可能提高成本（C）的幅度，但低于公司产品消费者认可价值（B）的增加幅度，公司将增加在目标市场的份额。例如，青岛海信公司在空调产品激烈的价格竞争中，推出差异化产品——变频空调，其价格高于一般空调产品，但在市场上却供不应求。

2. 形成和提高产业的进入障碍

无论是规模经济还是其他成本优势，往往也是产业潜在进入者需要克服的进入障碍，因而，拥有成本优势的企业可以抵御潜在进入者的进入威胁；然而，采用差异化战略的企业，由于产品的特色，顾客对该产品或服务具有很好的忠实程度，从而使潜在进入者要与该企业竞争，则需要克服这种产品的独特性。

3. 增强与购买者和供应者讨价还价的能力

对于拥有成本优势的企业来说，首先，企业的低成本地位能够对抗强有力的购买者，因为购买者的讨价还价只能迫使价格下降到居于其次的竞争对手的水平。也就是说，购买者讨价还价的前提是产业内仍有其他的企业向其提供产品或服务，一旦价格下降到最有竞争力的对手的水平，购买者也就失去了讨价还价的能力。其次，企业的低成本地位也构成对强大供给者威胁的防卫，在供给者供给的生产要素涨价时，企业仍可利用规模经济、学习曲线、生产能力充分利用等降低成本的途径获得低成本地位，从而在供给者产品涨价中具有较高的灵活性。对于拥有差异化优势的企业来说，企业产品的差异性增强了购买者对品牌的忠诚以及由此产生对价格的敏感性下降，因而削弱了购买者讨价还价的能力；另外，差异化战略可以为企业产生较高的边际收益，增强了企业对付供给者讨价还价的主动性和灵活性。

4. 降低替代品的威胁

替代品能否替代老产品，主要取决于两种产品的性能—价格比的比较。成本领先战略通过降低价格提高现有产品的性能—价格比，可以抵御新产品的威胁。例如，我国模拟系统电视机的生产厂家在几年内大幅度地降低彩电产品价格，有效地抵御了当时还处于技术不稳定、成本价格较高状况的数字系统彩电的替代威胁。差异化战略则是通过提高产品的性能来提高产品的性能—价格比。同样可以抵御替代品的威胁。例如，我国铁路运输系统改善服务质量，提高运行速度，因而从航空运输中争得相当一部分客流量。

由于采用成本领先战略与采用差异化战略企业获得的竞争优势完全不同，前面表5—1显示了追求两种不同优势的企业功能的定位上表现出明显的差异，所以波特曾指出，两种优势通常难以相容。他说，试图同时追求两种战略的公司会被“夹在中间”，即比追求差异优势的企业提供更少的消费者认可的价值B，却比追求成本优势的企业带来更高的成本C。[①] 波特的论证建立在一个简单的经济学权衡之上：更高的质量或更好性能的产品要花更多的钱来生产。他的这一观点引起了人们的争议。例如，在波特与英国最大的百货超市连锁店Sainsbury公司的总经理戴维·塞恩斯伯里（David Sainsbury）讨论基本竞争战略问题时，塞恩斯伯里认为，只关心价格或只关心质量的消费者只是非常小的一部分，大多数人既关心价格也关心质量。所以，应该在成本领先战略与差异化战略之间探讨这样一种战略，即注重于价格和质量的中间范围。[②] 一些经济学家还指出，表5—1所示的功能领域的战略代表的是极端情况，事实上，一个公司的优势很少完全建立在成本或差异上。可以找到不少以比竞争者更低的成本（C），提供比竞争者更多的消费者认可的价值（B）的例子。[③]

从理论角度看，以下一些因素会导致一个企业同时获得两种优势：

第一，提供高质量产品的公司会增加市场份额，而这又会因规模经济或经验曲线而降低平均成本。其结果是，公司可同时在该产业取得高质量和低成本的定位。

第二，高质量产品的经验累积降低成本的速度比低质量产品快。其原因与下面的事实有关，即生产工人必须更留心产品的生产，这会使在较低质量生产中被忽视的错误和缺点容易被发现。

第三，注重提高生产效率可以在高质量产品的生产过程中降低成本。例如，全面质量管理（TQM）运动的全部推动力就是使公司改善生产过程，以提高B，同时降低C。

（四）成本领先战略与差异化战略的应用条件

企业采用两种不同的战略都可以获得相应的竞争优势，但是，在决定采用哪种竞争战略时，要认真分析两种战略的应用条件。也就是说，应该考虑，在什么情况下，一种优势来源可能胜过其他优势？尽管没有公式化的明确规则，以下关于公司产品、公司目前在产业中的地位以及公司的资源、能力与组织状况的分析有助于说明某一个战略相对于另一个更可取。此外，即使采用了同样的竞争战略，各个企业的竞争定位也未必完全相同，所以，分析两种战略的应用条件，还可以帮助我们了解怎样用好这两个战略。

1. 产品寿命周期不同阶段的战略适用性

在产品寿命周期的不同阶段，采用成本领先战略或差异化战略的效果是不同的。图5—2描述了在产品寿命周期不同阶段，分别采用两种战略对企业绩效的影响。

如图所示，在产品的开发阶段，产品刚刚问世，产品创新者投入了大量的产品开发成

---

① ［美］迈克尔·波特著，陈小悦译：《竞争战略》，北京，华夏出版社，1997。

② ［英］格里·约翰逊、凯万·斯科尔斯著，金占明、贾秀梅译：《公司战略教程》，北京，华夏出版社，1998。

③ ［美］戴维·贝赞可等著，武亚军等译：《公司战略经济学》，北京，北京大学出版社，1999。

本，拥有产品特异优势，但产品性能尚不完善，消费者处于等待观望状态。此时，产品的需求价格弹性可能相当低，在这种条件下，产品性能的完善是消费者关注的焦点，价格因素还没有成为市场竞争的主要因素。企业也还不具备通过规模经济等手段降低成本的条件。所以，在这一阶段，采用成本领先战略的收益很低，而采用差异化战略可能会给企业带来较高的收益。

在产品的成长期，市场需求迅速上升，规模经济效应日渐明显，成本迅速下降，企业已经具备了一定的降低成本的条件；另外，竞争尚不激烈，产品的性能、规格、特性等还在不断完善，顾客对产品的关注还没有更多地转向价格和成本，在这一阶段，企业采用差异化化战略的收益仍大于采用成本领先战略。

在产品的成熟期，市场竞争日趋激烈，随着经验的积累和产品的发展，产品性能、结构都已标准化，价格和成本成为顾客关注的焦点。这个阶段，采用成本领先战略的收益明显高于采用差异化战略。

在产品的衰退期，产品将逐渐被新产品取代，竞争的加剧使一些企业已经退出该产业，企业已积累了大量经验，产品市场价格与成本已相差无几，企业生存的主要手段是削减成本，成本领先战略成为企业最适用的竞争战略。

从图 5—2 中，我们可以看到，在产品寿命周期的不同阶段，采用两种竞争战略对企业绩效的影响，形成一种“此消彼长”的对偶格局。

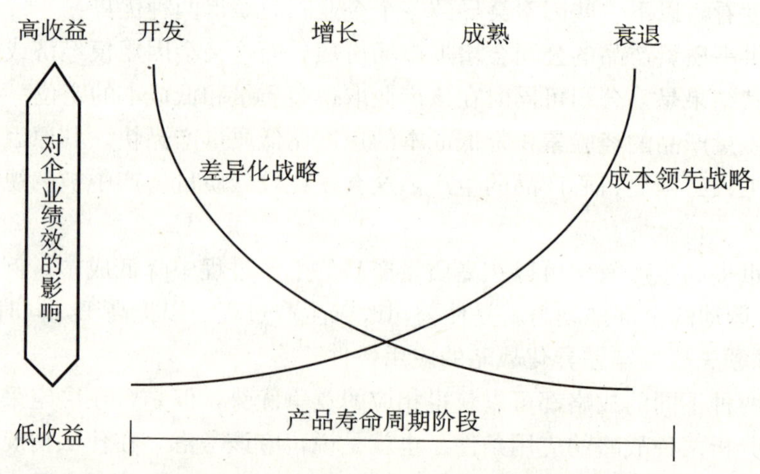

图 5—2 成本领先战略和差异化战略对企业经济效益的影响①

2. 产品生产的规模经济与学习经济状况与战略适用性②

如果产品的规模经济和学习经济非常有潜力，但市场上没有公司利用它们，采用成本领先战略可能更有吸引力。因为在这种情况下，以增加市场份额和积累经验为目标的成本领先战略将给公司带来相对于那些小竞争对手比不上的成本优势。然而，如果市场上已经有公司充分利用了规模和经验，或者随着市场的成长，许多公司都获得了赢得相同成本优势所需的规模和经验，采用成本领先战略优势的机会就很有限，通往价值创造的最好途径

① 资料来源：Griffin，R (1992)，*Management*，Houghton Mifflin Boston.

② ［美］戴维·贝赞可等著，武亚军等译：《公司战略经济学》，北京，北京大学出版社，1999。

在于水平差异——向市场上某一特定的人群提供非常独特的产品。

3. 消费者对产品的价格、差异程度的敏感性与战略适用性

有些产品，诸如化学产品和金属等产品，由于产品的性质，消费者对其价格的敏感性高于对其差异化的敏感。对于这类产品，创造额外价值的机会可能更多来自降低成本，而不是增加差异性。当然，需要注意的是，产品差异性远不只包括产品的物理特性，通过更好的售后服务、更优越的区位、比竞争者更快的交货都可能存在差异化的机会。另外一些产品，典型消费者愿意为有独特性能的产品付出额外的溢价，产品增加很少性能的公司就能获得相当大的附加价格。例如，美国吉列公司 1990 年生产感应剃须刀时就感受到这种效应。许多人愿意付相当高的价格买剃须效果好的刀片而不愿意买丢弃式或盒装刀片。对于类似的产品，差异化战略显然更有助于提高收益。

4. 搜寻型、经验型商品与战略适用性

搜寻型商品是指那些客观的质量信息在典型消费者购买时很容易获得的产品，如办公设备用品、部分农产品以及包装有特点的产品。经验型商品则是指只有在使用一段时间以后才能了解质量的产品，如药品、保健饮品、护肤品以及耐用消费品等。对于搜寻品，差异化的潜力在于加强产品可观察到的特征。但是，如果消费者能在许多不同产品中做出分辨，竞争者也能做到，这就增加了差异被模仿的风险。当出现这一情况时，一个公司创造持续竞争优势的最好机会来自使成本低于竞争者，同时关注于在产品改进中跟上竞争对手。对于经验型商品，差异的基础是想象、声誉或信用，它们比客观的产品特性更难以被模仿或抵消，因而采用差异化战略更可取。这也正是一些名牌产品价格高于同类普通产品的根源所在。

5. 组织落实的必要条件

不论企业采用哪种途径实施成本领先战略或差异化战略，都需要企业内部相应的组织的保障。表 5—1 中关于两种战略的竞争定位分析中已经涉及两种战略对组织类型的要求。有人用防御型组织和开拓型组织概括两种竞争战略所需要的组织条件。[①]

防御型组织是采用成本领先战略的企业所依托的组织类型。防御型组织在企业产品与市场选定以后，要运用大量的资源解决自身的工程技术问题，该组织要创造出一种具有高效成本效率的核心技术，技术效率是组织成功的关键。为了保证组织严格地控制效率，防御型组织常常采取“机械”式结构机制。这种机制是由生产与成本控制专家形成的高层管理，注重成本和其他效率问题的集约式计划，广泛分工的职能结构，集中控制，正式沟通等。

开拓型组织适用于采用差异化战略的企业，该组织追求一种更为动态的环境，将其能力表现在探索和发现新产品和市场的机会上。为了正确地服务于变化着的市场，开拓型组织要求它的技术和行政管理具有很大的灵活性。在工程技术问题上，该组织不是局限在现有的技术能力上，它根据现在和将来的产品结构确定技术能力，并且常常通过开发机械化程度很低和例外的多种技术和标准技术来解决问题。在行政管理方面，开拓型组织奉行的基本原则是灵活性，即在大量分散的单位和目标之间，调度和协调资源，不采取集中的计划和控制全部生产的方式。为了实行总体的协调工作，这类组织的结构应采取“有机的”

① 徐二明：《企业战略管理》，北京，中国经济出版社，1998。

机制。这种机制包括由市场、研究开发方面的专家组成的高层管理，注重产出结果的粗放式计划、分散式控制以及横向和纵向的沟通。

（五）成本领先战略与差异化战略的风险

虽然两种战略都可以从不同角度给企业带来竞争优势，但是它们也都会面临一定的风险。

1. 成本领先战略的主要风险

（1）技术的变化可能使过去用于降低成本的投资（如扩大规模、工艺革新等）与积累的经验一笔勾销。

（2）产业的新加入者或追随者通过模仿或者以高技术水平设施的投资能力，用较低的成本进行学习。

（3）顾客需求从注重价格转向注重产品的品牌形象，使得企业原有的优势变为劣势。

（4）采用成本领先战略降低价格（P）而为消费者提供的消费者剩余（B—P）不足以抵消采用差异化战略的竞争对手通过提高顾客认可的价值（B）而为消费者提供的消费者剩余（B—P），使企业失去竞争优势。

（5）为降低成本而采用的大规模生产技术和设备过于专一化，适应性差。

2. 差异化战略的主要风险

（1）企业形成产品差别化的成本过高，从而与实施成本领先战略的竞争对手的产品价格差距过大，购买者不愿意为具有差异化的产品支付较高的价格。例如，中美合资北京吉普有限公司曾有一项引以为豪的举措：合作合同中要求美方母公司提供“动态技术”，源源不断地将母公司的新车型、新技术引入子公司。如果这一措施能够生效，可以大大提高北京吉普产品差异化的水平。但是，事与愿违，几年后，该公司不得不成立了一个“改不改办公室”，用于研究对于母公司提供的新车型、新技术，本公司是否还有必要跟着改？其原因在于对于每一种新车型，国产化代价太大，子公司已无力跟上母公司的差异化水平。

（2）市场需求发生变化，购买者需要的产品差异化程度下降，使企业失去竞争优势。这一风险在我国家电产品的竞争中表现十分明显。20 世纪 80 年代，与国际品牌的家电产品相比，国产家电质量相差很多，所以，差异化程度较高的国际品牌在我国市场上的价格远远高于国内品牌。国内家电生产厂商的主要竞争方向也是产品质量的竞争。但是，随着我国家电产品整体质量水平的不断提高，顾客对于产品的差异程度的敏感转向了对价格的敏感，一些国际品牌的家电产品也不得不放弃差异化战略，参与到成本价格的竞争中来。

（3）竞争对手的模仿和进攻使已建立的差异缩小甚至转向。这是随着产业的成熟而发生的一种普遍现象。例如，我国 101 生发精问世后，引起日本消费者的极大兴趣，101 的生产企业向日本出口了大量的产品。但是，几年后，日本企业模仿了 101 的生产技术，开发出类似的产品，101 生发精就不能再出口日本了。又如，中草药源于中国，在欧美市场上是具有中国特色的差异化产品。但是，在欧美市场上销售的中草药，大多为日本、韩国企业所生产。这是因为日本和韩国能生产出更符合欧美消费者口味的中草药产品——饮片与口服液，使我国企业的差异优势荡然无存。

二、集中战略

集中战略是指企业把经营战略的重点放在一个特定的目标市场上，为特定的地区或特定的购买集团提供特殊的产品和服务。

与成本领先战略和差异化战略不同的是，集中战略不是面向整个产业，而是围绕产业中一个特定的目标开展经营和服务。采用集中战略的逻辑依据是：企业能比竞争对手更有效地为狭隘的顾客群体服务。即企业可以通过成本领先或差异化战略更好地满足其特定目标的需要。从总体市场看，也许集中战略并未取得成本领先和差异化优势，但它确实在较窄的市场范围内取得了上述一种或两种优势地位。

（一）集中战略的优势

由于采用集中战略是企业在一个特定的目标市场上实施成本领先或差异化战略，所以，成本领先和差异化战略抵御产业五种竞争力的优势也都能在集中战略中体现出来。此外，由于集中战略避开了在大范围内与竞争对手的直接竞争，所以，对于一些力量还不足以与实力雄厚的大公司抗衡的中小企业来说，集中战略的实施可以增强它们相对的竞争优势。即使是大企业，采用集中战略也能够避免与竞争对手正面冲突，使企业处于一个竞争的缓冲地带。

20 世纪 90 年代，上海徐汇区零售业的竞争格局就反映出各商厦分别采用集中战略所获得的优势。以前，徐汇区各商厦都将目标定在广泛的消费群体上，结果是各商厦没有特色，互相抢客源，经济效益也上不去。后来，徐汇区的几个主要商厦实施与临近商厦不同的目标定位，如第六百货公司面向收入水平中下等的中老年消费群体，商品实惠、价格便宜；而太平洋商厦的主要顾客是青少年，商厦的环境布置得活泼、轻松，商品档次也高于第六百货公司；东方商厦则是以商品高档高质高价为特点，产品 80%来自欧美，其中 60%直接从外国进货。各商厦市场细分的结果，使得上海徐汇区的零售业呈现出欣欣向荣、百花争艳的局面。

在深圳，万佳超市就是在与沃尔玛的成功对垒中声名鹊起的。沃尔玛以“一站式购物、天天低价”为主要卖点，但其食品主要以西式为主，不能适应多数中国人饮食中需要较多生鲜食品的习惯。而万佳超市在竞争中不断学习，采取“错位经营”战略，专门开办中档超市，在商品设置中安排了较多生鲜食品，使企业销售额大幅增加。2000 年，万佳超市销售额同比增长 60%，摘取了广东零售企业第一的桂冠。对此，沃尔玛中国有限公司商品采购及市场营销副总裁麦罗伦先生深有感触。他说：“万佳曾向沃尔玛学习了很多经营方式，现在反过来沃尔玛又要向万佳学习，万佳超市是中国传统企业在与外资竞争中成功发展的一个典型。”

（二）集中战略的应用条件

企业实施集中战略的关键是选好战略目标。一般的原则是，尽可能选择那些竞争对手最薄弱的目标和最不易受替代品冲击的目标。在选择目标市场时，必须确认：

（1）购买者群体之间在需求上存在着差异。

（2）目标市场在市场容量、成长速度、获利能力、竞争强度等方面具有相对的吸引力。

（3）在目标市场上，没有其他竞争对手采用类似的战略。

（三）集中战略的风险

企业在实施集中战略时，可能会面临以下风险：

（1）由于狭小的目标市场难以支撑必要的生产规模，所以集中战略可能带来高成本的风险，从而又会导致在较宽范围经营的竞争对手与采取集中战略的企业之间在成本差别上日益扩大，抵消了企业在目标市场上的成本优势或差异化优势，使企业集中战略失败。例如，台湾韩氏机械公司专门开发生产一种性能优良的折叠式自行车，该自行车折叠迅速（只需10～15秒）、简单（不用任何辅助工具），而且相当轻便（重12.5～14.5千克）。但是，其竞争对手——制造捷安特牌系列自行车、成功塑造高级车形象的巨大机械公司对此却有不同看法，认为折叠车的市场有限，可能会影响韩氏公司的竞争优势。事实上，韩氏自行车价格昂贵（出口约170～300美元/台），远远高于捷安特车的价格。如果在较宽范围内的竞争对手利用成本优势将自行车的价格降得很低（如现在我国市场上一辆非名牌自行车不过100元左右人民币），韩氏自行车的优势，如不易失窃等，就被削弱了许多。

(2) 由于技术进步、替代品的出现、价值观念更新、消费偏好变化等多方面的原因，目标市场与总体市场之间在产品或服务的需求上差别变小，企业原来赖以形成集中战略的基础也就失掉了。例如，在20世纪80年代，我国"金鱼"牌卫生纸是高档卫生纸的代表，使用金鱼牌卫生纸是富有的象征。那时，针对高收入的消费群体，金鱼牌卫生纸的集中战略是成功的。但是，随着人们收入水平的提高和价值观念的更新，过去人们眼中的高档卫生纸成为普及的一般商品，金鱼牌卫生纸成为众多卫生纸中的一个不引人注目的品牌，也不得不参与价格竞争。

(3) 以较宽的市场为目标的竞争对手采取同样的集中战略；或者竞争对手从企业的目标市场中找到了可以再细分市场，并以此为目标实施集中战略，从而使原来实施集中战略的企业失去了优势。第四章介绍的菲利浦·莫利斯公司收购七喜饮料公司的例子就说明了这一点。七喜公司本来是一个成功的市场细分者，它避开了可口可乐和百事可乐的正面竞争。但是被购并后，七喜进入可乐市场，导致可口可乐公司进入七喜公司的细分市场，最终的结果是七喜失去了赖以生存的细分市场。

三、基本竞争战略的综合分析——"战略钟"

基本竞争战略的概念非常重要，这是因为它们给管理人员提供了思考竞争战略和取得竞争优势的方法。然而，当试图用这些概念解决企业实际战略选择时却会遇到很多问题。企业遇到的实际情况比较复杂，并不能简单地归纳为应该采取哪一种基本战略。而且，即使是成本领先或差异化也只是相对的概念，在它们之中也还有多个层次。克利夫·鲍曼（Cliff Bowman）将这些问题集中到一个体系内，并称这一体系为"战略钟"①。他的这一思想很有参考价值，可以对波特的许多理论进行综合。本书对该模型的原形略作修改。

将产品的价格（P）作为横坐标，顾客对产品认可的价值（B）作为纵坐标，然后将企业可能的竞争战略选择在这一平面上用8种途径表现出来（见图5—3）。

（一）成本领先战略（途径1和途径2）

成本领先战略可以大致分为两个层次：一是低价低值战略（途径1）；二是低价战略（途径2）。低价低值途径看似没有吸引力，但有很多公司按这一路线经营得很成功。这时

① ［英］格里·约翰逊、凯万·斯科尔斯著，金占明、贾秀梅译：《公司战略教程》，北京，华夏出版社，1998。

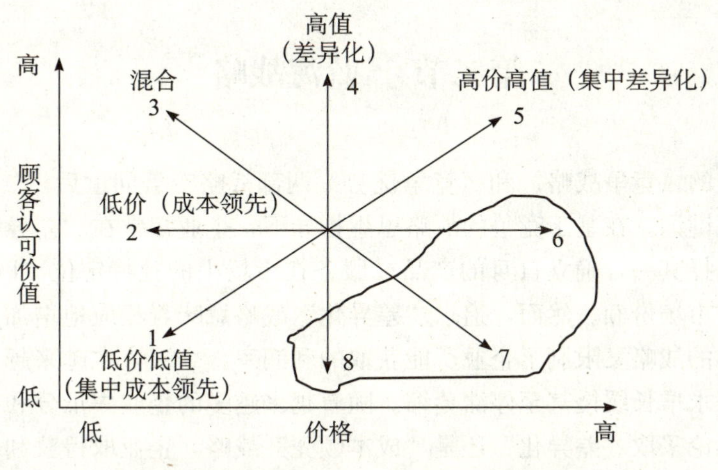

图 5—3 “战略钟”——竞争战略的选择

企业关注的是对价格非常敏感的细分市场，在这些细分市场中，虽然顾客认识到产品或服务的质量很低，但他们买不起或不愿买更好质量的商品。低价低值战略是一种很有生命力的战略，尤其在面对收入水平较低的消费群体时。如我们周围的低档餐馆、小商品批发市场等长盛不衰就足以说明这一点。途径 1 可以看成是一种集中成本领先战略。途径 2 则是企业寻求成本领先战略时常用的典型途径，即在降低价格的同时，努力保持产品或服务的质量不变。

(二) 差异化战略 (途径 4 和途径 5)

差异化战略也可大致分为两个层次：一是高值战略（途径 4)；二是高值高价战略（途径 5)。途径 4 也是企业广泛使用的战略，即以相同或略高于竞争者的价格向顾客提供高于竞争对手的顾客认可价值。途径 5 则是以特别高的价格为顾客提供更高的认可价值。我国的一些高档购物中心、宾馆、饭店等，实施的就是这种战略。这种战略在面对高收入消费者群体时很有效，因为产品或服务的价格本身也是消费者经济实力的象征。途径 5 可以看成是一种集中差异化战略。

(三) 混合战略 (途径 3)

在某些情况下，企业可以在为顾客提供更高的认可价值的同时，获得成本优势。这与波特原来的设想有所不同。导致这种战略可能成功的原因，我们在本章前面已经讨论过。

(四) 失败的战略 (途径 6、途径 7、途径 8)

途径 6、途径 7、途径 8 一般情况下可能是导致企业失败的战略。途径 6 提高价格，但不为顾客提供更高的认可价值。途径 7 是途径 6 更危险的延伸，降低产品或服务的顾客认可价值，同时却在提高相应的价格。除非企业处于垄断的地位，否则不可能维持这样的战略。我国一些产业中的企业能够为消费者提供质次价高的服务而生存得不错，正是由于企业拥有垄断的权力。途径 8 在保持价格不变的同时降低顾客认可的价值，这同样是一种危险的战略，虽然它具有一定的隐蔽性，在短期内不被那些消费层次较低的顾客所察觉，但是这种战略是不能持久的，因为有竞争对手提供的优质产品作为参照，顾客终究会辨别出产品的优劣。

第二节 蓝海战略①

自波特教授的《竞争战略》和《竞争优势》两部战略专著问世后，“竞争”就成了战略管理领域的关键词。在基于竞争的战略思想指导下，企业常常在“差异化”和“成本领先”战略之间选择其一，确立自身的产品或服务在市场中的独特定位，以打败竞争对手，最大限度地占有市场份额。然而，追求“差异化”战略意味着相应地增加成本，而以“成本领先”为导向的战略又限制了企业所能获取的利润率。今天，在越来越多的产业中，竞争白热化，而需求增长缓慢甚至停滞萎缩。随着越来越多的企业去瓜分和拼抢有限的市场份额和利润，无论采取“差异化”还是“成本领先”战略，企业取得获利性增长的空间都越来越小。在这种情况下，企业如何才能从血腥的竞争中脱颖而出？如何才能启动和保持获得性增长？

欧洲工商管理学院W·钱·金（W. Chan Kin）和勒妮·莫博涅（Renee Mauborgne）在2005年2月由哈佛商学院出版的研究成果《蓝海战略》（Blue Ocean Strategy）中为企业指出了一条通向未来增长的新路。他们认为，“红海”战略主要是立足当前业已存在的行业和市场，采取常规的竞争方式与同行业中的企业展开针锋相对的竞争。而“蓝海”战略是指不局限于现有产业边界，极力打破这样的边界条件，通过提供创新产品和服务，开辟并占领新的市场空间的战略。

W·钱·金和勒妮·莫博涅在《蓝海战略》一书中对蓝海战略的制定和实施进行了系统的阐述和归纳。下面我们仅从蓝海战略最直观的形象去领略蓝海战略区别于传统战略的不同思维。

■ 一、蓝海战略的内涵

尽管蓝海是个新名词，却不是一个新事物。无论过去还是现在，它都是商业生活的一部分。历史表明，产业在不断被开创和扩展，产业的条件和边界也不是一成不变的，企业个体可以重塑这些条件和边界。企业不必在给定的市场空间内残酷竞争。

当前主导性的战略思考仍然是基于竞争的红海战略。原因之一是，企业战略受军事战略的影响颇深。一旦企业把目光集中于红海，就等于接受了战争中的限制因素——有限的阵地以及必须击败敌人才能获取胜利的概念，忽略了商业世界的独特力量——避开竞争，创造新的市场空间。

蓝海的开拓者则并不将竞争作为自己的标杆，而是遵循另一套完全不同的战略逻辑，即“价值创新”（value innovation）。这是蓝海战略的基石。之所以称为价值创新，原因在于它并非着眼于竞争，而是力图使客户和企业的价值都出现飞跃，由此开辟一个全新的、非竞争性的市场空间。

价值创新不仅仅是“创新”，而是涵盖整个公司行为体系的战略问题。价值创新要求企业引导整个体系，同时以实现客户价值和企业自身价值飞跃为目标。如果不能将这两个

---

① ［韩］W·钱·金、［美］勒妮·莫博涅编著，吉宓译：《蓝海战略》，北京，商务印书馆，2005。

目标相结合，创新必然会游离于战略核心之外。表 5—2 归纳了红海战略和蓝海战略的关键性差异。

表 5—2 红海战略和蓝海战略的关键性差异

红海战略	蓝海战略
在已经存在的市场内竞争	拓展非竞争性市场空间
参与竞争	规避竞争
争夺现有需求	创造并攫取新需求
遵循价值与成本互替定律	打破价值与成本互替定律
根据差异化或低成本的战略选择，把企业行为整合为一个体系	同时追求差异化和低成本，把企业行为整合为一个体系

■ 二、重建市场边界的原则

蓝海战略的第一条原则，就是重新构筑市场的边界，从而打破现有竞争局面，开创蓝海。这一原则解决了令许多公司经常会碰到的搜寻风险。其难点在于如何成功地从一大堆机会中准确地挑选出具有蓝海特征的市场机会。

蓝海战略总结了六种重建市场边界的基本法则，被称为六条路径框架。表 5—3 对六种重建市场边界的路径框架作了一个小结。

表 5—3 从肉搏式竞争到蓝海战略

	肉搏式竞争	开创蓝海战略
产业	专注于产业内的竞争者	审视他择产业
战略群体	专注于战略群体内部的竞争地位	跨越产业内不同的战略群体看市场
买方群体	专注于更好地为买方群体服务	重新界定产业的买方群体
产品或服务范围	专注于在产业边界内将产品或服务的价值最大化	放眼互补性产品或服务
功能—情感导向	专注于产业既定功能—情感导向下性价比的改善	重设产业的功能与情感导向
时间	专注于适应外部发生的潮流	跨越时间参与塑造外部潮流

(一) 路径一：审视他择产业

他择品的概念要比替代品更广。形式不同但功能或者核心效用相同的产品或服务，属于替代品（statutes）。而他择品（alternatives ）还包括了功能和形式都不同、目的却相同的产品或服务。

例如，美国 NetJets 就是通过审视他择产业，重建市场界限并开创蓝海的。

航空业中最有利可图的客户群就是商务旅行者。NetJcts 首先研究了目前的同类市场，发现当公务旅行者要出行时，主要有两个选择：要么乘坐商业航空公司飞机，要么自己购买专机。选择乘坐商业航空公司飞机只有一个原因——成本，但是要排队去换登机牌和安检，要忙乱地去转机，在途中还不得不滞留过夜，每天在机场挤来挤去。相反，选择自己购买专机，要承担动辄上百万美元的高额飞机固定投资成本与变动成本，但可以避免商业航空公司难以避免的各种时间成本。

针对这种情况，NetJets 把飞机的所有权分成 16 等份，由 16 个顾客共同拥有，每个顾客每年享有 50 小时的旅行时间。顾客可以用最低 375 000 美元的价格（还要加上驾驶员、保养和其他固定的支出）来购买总价值为 600 万美元的飞机的一定份额。也就是说，顾客付出了商业航空公司机票的成本，但是得到的是私人飞机的便利，大大缩短了旅行时间，减少拥挤的机场带来的麻烦，使点对点飞行成为可能。

在不到20年的时间里，NetJets的规模超过了许多航空公司，它拥有500多架飞机，在超过140个国家间经营着超过25万条航线。1993—2000年间，其每年的收入增长率都在30%～35%之间。

（二）路径二：跨越战略群体

第二章在阐述战略群体概念时曾经介绍欧洲的食品工业在20世纪90年代运用战略群体的划分寻求新的战略方向的案例。这是重建产业边界的又一路径。

以美国"曲线美"健身俱乐部为例。一开始，"曲线美"健身俱乐部被认为是在进入一个过度饱和的市场。一方面，美国健身业中充满了传统的健身俱乐部，它不分男女，有全套锻炼和运动项目可供选择，而且通常都设在消费层次较高的市区。他们拥有一整套的有氧运动、力量练习器械、饮料吧、健身教练以及封闭的淋浴间和桑拿房。会员费通常都在100美元/月。这些俱乐部的会员只占到全部人口的12%，通常集中于大城市区域。投资开设一间这样的健身俱乐部需要50万～100万美元。另一方面，美国健身行业中也包括了那些家庭健身计划，比如讲授锻炼的录像、书籍和杂志。这些方式的成本很低，在家里使用，而且一般都不需要或只需要很少的器械帮助。健身指导很少，以录像、书籍和杂志上体育明星的示范和讲解为主。

大多数女性选择健身俱乐部的主要原因在于集体健身更有动力，更容易激励人的兴趣；相反，选择在家一个人锻炼的，主要考虑的是省时、成本低和私密性好。

"曲线美"健身俱乐部吸收两个战略群体各自的优势，消除和降低各自劣势，只对女性开放，消除了那些对大多数女性毫无吸引力的传统健身俱乐部的服务，去掉了那些特殊的器械、食物、美容、游泳池，甚至一些有锁的房间，也换成了用幕帘相隔的区域。将健身器械排成一个圈，从而使会员们可以充分交流，使锻炼成为一种乐趣。会员们绕着器械圈和有氧练习垫转圈，不到30分钟的时间就可以完成整个训练。开设一家"曲线美"健身中心的初期投资不过2.5万～3万美元（不包括2万美元的许可费用），因而价格降到了30美元/月。"曲线美"的口号是"以每天一杯咖啡的价格，你就可以享有正确锻炼带来的健康"。

到2004年底，"曲线美"在北美、欧洲、拉丁美洲的连锁店达到8 500家。

（三）路径三：重新界定产业的买方群体

一个产业中的企业通常会都集中于某一类购买群体。举例来说，医药行业主要将目光放在有影响力的群体即医生身上；办公用品行业主要关注采购者，即企业的采购部门；服装行业主要直接向使用者销售产品。

挑战产业有关目标买方群体的常识成规，就可以引领我们发现新的蓝海。

以诺和诺德公司（Novo Nordisk）为例。它是丹麦一家胰岛素制造商。过去，与其他医药行业一样，胰岛素生产企业主要关注有影响力的群体，即医生。由于医生对糖尿病患者选择何种胰岛素的影响力很大，他们自然成为这个产业的目标客户群。相应地，在医生提高药物质量的要求下，这个产业中的企业将注意力集中于提高胰岛素的纯度方面。到20世纪80年代末，胰岛素提纯技术已经有了显著的改进，只要胰岛素的纯度是企业竞争的主要参数，那么再想沿着这个方向改进就很难了。诺和诺德公司自身已经首先研制出了第一种"人体单一成分"胰岛素，从化学成分上与人类胰岛素完全相同。这样，主要竞争者之间的竞争趋同愈演愈烈。

然而，诺和诺德公司认识到，如果将注意力从以往的医生身上转移到使用者本身，即患者，就可以打破目前残酷的竞争格局。以往的胰岛素是装在瓶子里给患者的，处理注射器、针头、胰岛素和依据需要调整剂量等，这些事情都非常复杂，令患者感到非常不方便，针头和注射器还会引起一些人对患者产生不好的联想。诺和诺德公司 1985 年推出了诺和笔（NovoPen），其设计方便携带，里面装有约一个星期剂量的胰岛素，且消除了使用胰岛素注射器过程中的不便和担心。为了在新的蓝海市场中取得优势地位，诺和诺德公司在 1989 年又再次推出了 NovoLet 注射器，这是一种一次性的预先装满胰岛素的注射笔，它带有剂量控制系统，使用起来更方便、简单。1999 年，诺和诺德公司又推出了 Innovo 胰岛素计量器，这是一套嵌入电子记忆的盒式给药系统。该装置设有内置记忆系统，可以显示使用剂量、上一次剂量及间隔时间，这些信息对于避免错过注射时间的风险很有帮助。

诺和诺德公司的蓝海战略彻底改变了产业的竞争状况，而且成功地将企业自身从胰岛素制造商转为糖尿病治疗公司。诺和笔及其后的注射系统席卷了横扫胰岛素市场。在欧洲和日本，预填充型一次性胰岛素注射装置或注射笔现在已经占据了绝大多数份额。诺和诺德公司在欧洲已占有 60%以上市场份额，在日本则占到 80%。其产值的 70%来自糖尿病治疗这项业务，而这一业务概念在很大程度上出自这家企业将目标客户从影响者转为使用者。

(四) 路径四：放眼互补性产品或服务

产品或服务很少被单独使用。很多情况下，他们的价值会受到别的产品或服务的影响。但是，在大多数情况下，企业生产的产品或提供的服务都局限于产业范围内。事实上，在互补产品或服务背后常常隐藏着巨大的价值。

匈牙利的北美客车工业公司（NABI，以下简称北客）通过放互补性产品或服务开创了一片蓝海。它将这种思维方式用到了美国价值 10 亿美元的汽车运输产业。这个产业的主要客户包括公共交通集团、在主要城镇提供固定线路公交服务的市属交通运输公司。在产业竞争法则的驱使下，汽车公司都通过价格来竞争。造成的后果是，汽车设计过时，交货时间延迟，质量下降，而且在产业竞争条件下不允许期货交易。

北客发现，对市政当局来说，最重要的成本因素并不是汽车价格本身，而是汽车购买之后的成本，即汽车在 12 年使用期限内的维护费用。例如，出事故后的修理、燃料、由于汽车重量因素导致的配件磨损、为防生锈采取的一些预防性措施以及其他类似的费用，这些才是市政当局最沉重的负担。此外，由于对城市空气质量的要求，延续非环保型公共交通的代价也开始显现出来。虽然这些成本和代价远远超过客车的初始价格，产业仍然忽略这些补充性的保养维护活动及客车的寿命周期成本。

北客通过关注那些补充性活动，找出整体的解决方案，从而创造了产业前所未见的一种客车。北客采用了玻璃纤维作为汽车的材料，达到了"一石五鸟"的效果。因为完全不会腐蚀，玻璃纤维的车体大大降低了维护成本。发生事故或出现凹陷后，玻璃纤维的材质不需要更换整个底盘，只需要将破损的部分切去，然后将新的材料焊接上即可，它使得维修更快、更省、更容易。同时，它超轻的重量（比钢铁造的车轻 30%～35%）更省油，也大大降低了废气排放，从而使汽车更环保。另外，重量的减轻，不仅可以使用更小的发动机，而且还可以使用更少的轴承，从而降低了制造成本，也使车内空间更大。

这样，北客创造了一条与产业的平均曲线大相迥异的价值曲线。尽管北客的汽车初始要价高于产业平均水平，但是市政当局在汽车上花费的整体成本大大降低。北客改变了市政当局审视汽车运输服务收益和成本的方法，通过降低整个车辆生命周期的成本，为购买者（包括市政当局和乘客）创造了极大的价值。

（五）路径五：重设客户的功能性或情感性诉求

一些产业主要通过价格和功能来竞争，关注的是给客户带来的效用，他们的诉求是功能性的；其他一些产业主要以客户感觉为竞争手段，他们的诉求是情感性的。当企业愿意挑战产业中已经存在的功能或情感诉求时，常常会发现新的市场机会。

以下两个案例体现了功能与情感的转换。

日本快美美发店的蓝海战略的核心是把情感型产业转换成高度功能型产业。在日本，成年男子理发的过程中包含了一系列活动，使得理发变成了一种仪式，通常要1个小时左右。在这过程中，要用许多热毛巾，肩膀被来回按摩，顾客可以享用茶和咖啡，理发师对顾客头发和皮肤进行特别护理。结果造成理发的时间在总时间中只是很少一部分。而且，也造成了顾客排队的现象。理发的价格在3 000～5 000日元之间（27～45美元）。快美美发店去掉了那些情感性的因素，大大地简化了对头发的特殊护理，专注于最基本的理发过程。这些变革将理发的时间由原来的1个小时缩短到10分钟，理发的价格也降到了1 000日元（9美元），同时将每个理发师每个小时实现的收入提高了50%，每个理发师分摊的人力成本和营业面积都降低了。快美美发店在日本理发产业创造了一个蓝海市场，并借此在整个亚洲迅速成长。快美美发店成立于1996年，由一家店面发展到2003年的200多家。顾客数量从1996年的5.7万人迅速上升到2002年的350万人。它的业务已经扩展到新加坡和马来西亚，计划到2013年在亚洲开设超过1 000家店。

全球第三大水泥生产商墨西哥水泥公司则以相反的方式创造了一个蓝海，它将产业由功能主导型转变为情感主导型。在墨西哥，以零售包装形式出售给自助建房者的水泥超过了全部水泥市场的85%。尽管很多贫穷的家庭拥有自己的土地，而水泥又是一种价格不高的功能性材料，但墨西哥人长期生活在过度拥挤的居住环境中，很少有家庭加盖房间。大多数家庭都将余钱用于乡村节日、女孩子15岁生日庆典，以及洗礼和婚礼。因此，尽管拥有一栋水泥造的房子是墨西哥贫民的梦想，但多数人没有足够和稳定的积蓄来购买建筑材料。1998年，墨西哥水泥公司推出今日祖产（Patrimonio Hoy）计划，从而把水泥从功能性产品转变为梦想的礼物。当人们购买水泥后，他们就准备建造充满爱的房子，一家人可以在里面分享欢乐与幸福。今日祖产计划的基础是墨西哥传统的互助系统（tandas），它是一种传统的社区储蓄计划。在互助系统中，10个人（比如说），每人每周交100比索，连续交10周。在第一周，大家抽签决定每个星期都由谁来得到这1 000比索（93美元）。参与者都只有一次获得这1 000比索的机会，他们一旦获得这个机会，就有了一大笔钱可以用于大笔的支出。在传统的互助系统中，幸运的家庭通常都把这笔钱用于洗礼和婚礼等庆祝活动。而今日互助系统中，幸运的家庭将把这笔钱指定用于购买水泥兴建新的房子。可以把它看作某种形式的婚礼登记，只不过互助系统给予的不是诸如银器之类的婚礼礼品，而且把水泥当作一种爱的礼物。

自从公司推出这项附带融资和技术服务的情感导向型互助系统计划，需求迅速增长。选择建造新房子的家庭增加了20%，而且很多人计划修建的房子比原来要多2～3间。在一个以价格竞争为主的低成长产业中，墨西哥水泥公司获得了每月15%的增长率，而且可以以更高的价格卖水泥（约高3.5比索）。由于通过互助计划卖出的水泥具有可预测性，这使得墨西哥水泥公司的成本下降，因为存货成本降低、生产流程更畅顺、资金成本降低。而社会压力的存在使得互助计划很少出现违约的情形。总的来说，墨西哥水泥公司创造了一个情感型的蓝海水泥市场，以更低的成本实现了差异化。

（六）路径六：跨越时间

随着时间的推移，很多产业都会受到外部趋势变化的影响，如互联网迅速崛起和全球环保运动的兴起。如果企业能够正确预测到这些趋势，就可能找到蓝海市场机会。

例如，从20世纪90年代末开始，非法共享音乐的行为泛滥。到2003年底，通过这种非法方式传播的音乐文件平均每个月超过200万首。尽管音乐制作业努力打击这种非法拷贝CD的行为，但是非法的数码音乐下载行为屡禁不止。

由于技术上允许每个人自由地下载数码音乐，而不需要支付19美元买一张普通的CD，因而数码音乐流行趋势非常明显。苹果公司观察到这一潮流，并利用这个发展轨迹清晰的决定性潮流寻求获利的机会，2003年推出了iTunes网上音乐商店。iTunes通过与宝丽金、百代、索尼、环球和华纳5大主要音乐制作公司达成协议，在网上提供合法的、便利的、一站式的音乐下载服务。在iTunes上，顾客可以自由浏览多达20首歌曲，试听30秒钟的音乐样板，花99美分可以下载单曲，花9.99美元可以下载一本专辑。通过允许顾客载单曲，并且非常合理地进行策略性定价，iTunes攻克了困扰顾客的一个关键难题：当他们只想要其中一首或两首歌时，却不得不把整张CD买下来。

iTunes还提供了高质音效，以及易于导航、检索及浏览的功能，从而大大超越了免费下载服务。在非法下载音乐的时候，你必须首先搜索歌曲、专辑或演唱者。如果你要找到整张专辑，还必须知道每首歌的名字及其顺序。通常，要想在同一个地方下载到整张专辑是非常困难的。音乐的质量通常也比较差，因为人们在复制CD音乐的时候为了节省空间采用了较高的压缩比。而且能够找到的许多歌曲都很陈旧，所以尽管理论上你可以在网上免费找到成千上万的歌曲，但范围是有限的。

相反，苹果公司提供的搜索和浏览功能公认为是业界最棒的。而且，iTunes的音乐编辑们还将原本在唱片店里才会有的一些附加功能引进来，包括最佳发行组合、最佳爱情歌曲、员工至爱、名人推荐和歌曲排行榜等。iTunes的音效质量也是最高的，因为它们采用了AAC的格式，比MP3的质量高。

iTunes的顾客纷至沓来，唱片公司和艺术家们也因此获利。按iTunes的安排，他们可抽取下载歌曲售价的60%。此外，苹果公司还采取了一些措施，更好地保护了唱片业的权益。iTunes允许用户将歌曲录制到iPod和CD上，但最多不超过7次，这对音乐爱好者来说绰绰有余，但又不会造成盗版问题。

目前，iTunes音乐商店提供的歌曲超过70万首，第一年就卖出了7 000万首歌，用户平均每个星期下载的歌曲超过250万首。据尼尔森咨询公司的NetRatings估计，iTunes音乐商店已经占领了合法音乐下载服务市场70%的份额。苹果的iTunes打开了数码音乐的蓝海市场，也为已经非常畅销的iPod播放器提供了新的优势。随着其他网上音乐商店的进入，苹果面临着新的挑战，苹果将继续关注大众市场的发展，而不是仅仅将眼光放在高端市场。

三、制定和实施蓝海战略的过程

蓝海战略是一种崭新的战略思维，其制定和实施的方法也完全不同于典型的战略规划。典型的战略规划以冗长的产业现状和竞争态势的描述为基础，进而开始有关如何增加市场份额、夺取新的细分市场或缩减成本的讨论，其后是提出目标和提案的纲要。这样的规划过程通常要准备一大套文件，而数据资料则来源于企业不同部门的大杂烩。在这一过程中，经理们把思索战略规划的大部分时间都花在填空和摆弄数据上，而不是在思索中打破成规，对如何冲破现有竞争有一个清楚的全局性认识，因而只能导致一些战术性的红海行动，很少能启迪蓝海战略的开创。

蓝海战略开拓了一套条理清晰的绘制和讨论战略布局的过程，以将企业战略推向蓝海。表 5—4 列举了指导蓝海战略成功制定与实施的原则，以及这些原则所降低的风险。

表 5—4 蓝海战略的六项原则

战略制定原则	各原则降低的风险因素
重建市场边界	搜寻的风险
注重全局而非数字	规划的风险
超越现有需求	规模的风险
遵循合理的战略顺序	商业模式风险
克服关键组织障碍	组织的风险
将战略执行建成战略的一部分	管理的风险

综上所述，蓝海战略代表着战略管理领域的范式性的转变，即从给出一定结构下的定位选择向改变市场结构本身的转变。由于蓝海的开创是基于价值的创新而不是技术的突破，是基于对现有市场现实的重新排序和构建而不是对未来市场的猜想和预测，企业就能够以系统的、可复制的方式去寻求它；“蓝海”既可以出现在现有产业疆域之外，也可以萌生在产业现有的“红海”之中。

事实上，蓝海战略绝非局限于业务战略（或竞争战略）的范畴，它着重于企业产业和市场边界的重建，因而更多地涉及公司战略的范畴。

◀本章小结▶

·波特提出了三种基本竞争战略。其中，成本领先战略和差异化战略是基本竞争战略的基础，而集中战略不过是将这两种战略运用在一个特定的细分市场而已。

·成本领先战略和差异化战略是一对“对偶”的战略，本章以对比的方法，将这两种战略放在一起，研究它们各自的竞争地位、趋动因素、优势、应用条件和风险。

·“战略钟”的分析方法是一种对基本竞争战略进行综合分析的方法，战略钟用价格和顾客认可的价值作为两维坐标，将基本竞争战略放在一个平面上，归纳出八种不同的战略途径，这是对基本竞争战略理论的全面解释和发展。

·与“红海”战略不同的是，“蓝海”战略不局限于现有产业边界，而是极力打破这样的边界条件，通过提供创新产品和服务，开辟并占领新的市场空间的战略。因而蓝海战略更多地涉及公司战略的范畴。

★ 关键概念

成本领先战略 指企业通过在内部加强成本控制，在研究开发、生产、销售、服务和广告等领域把成本降到最低限度，成为产业中成本领先者的战略。

差异化战略 指企业向顾客提供的产品和服务在产业范围内独具特色，这种特色可以给产品带来额外的加价，如果一个企业的产品或服务的溢出价格超过因其独特性所增加的成本，那么，拥有这种差异化的企业将获得竞争优势。

集中战略 指企业把经营战略的重点放在一个特定的目标市场上，为特定的地区或特定的购买集团提供特殊的产品和服务。

蓝海战略 指不局限于现有产业边界，而是极力打破这样的边界条件，通过提供创新产品和服务，开辟并占领新的市场空间的战略。

红海战略 立足当前业已存在的行业和市场，采取常规的竞争方式与同行业中的企业展开针锋相对的竞争。

案例分析

案例5—1 福特汽车公司的成本领先战略①

20世纪20年代的福特汽车公司曾经通过限制车型及种类、积极实行后向一体化、采用高度自动化的流水线生产、减少改型以促进学习积累，以及通过学习积累严格推行低成本措施等，取得了所向无敌的成本领先地位。然而，随着美国人收入的增加，许多已经购买过一辆汽车的买主又在考虑购买第二辆，于是开始更加重视有风格的式样、多变的型号、舒适性和密封性。通用汽车公司注意到这种变化，迅速开发出型号齐全的各种汽车。在这种情况下，福特公司要想对生产线进行改造不得不花费巨额费用，因为以前的生产线是为降低成本而设计的大规模生产线。

分析与思考

以福特汽车公司的成本领先战略为例，分析实施成本领先战略可能的风险。

通过这一案例研究企业实施成本领先战略的可能的风险具有典型意义。

（1）技术的变化可能使过去用于降低成本的投资与积累的经验一笔勾销。当通用汽车公司注意到顾客需求的变化，迅速开发出型号齐全的各种汽车时，福特公司要想对生产线进行改造不得不花费巨额费用，因为以前的生产线是为降低成本而设计的大规模生产线。

（2）顾客需求从注重价格转向注重产品的品牌形象，使得企业原有的优势变为劣势。随着美国人收入的增加，许多已经购买过一辆汽车的买主又在考虑购买第二辆，于是开始更加重视有风格的式样、多变的型号、舒适性和密封性。

---

① 徐二明：《企业战略管理》，北京，中国经济出版社，2002。

(3) 为降低成本而采用的大规模生产技术和设备过于专一化，适应性差。20年代的福特汽车公司曾经通过限制车型及种类、积极实行后向一体化、采用高度自动化的流水线生产、减少改型以促进学习积累，以及通过学习积累严格推行低成本措施等，取得了成本领先的优势。然而，随着美国人收入的增加，许多已经购买过一辆汽车的买主又在考虑购买第二辆，于是开始更加重视有风格的式样、多变的型号、舒适性和密封性。福特公司要想对生产线进行改造不得不花费巨额费用，因为以前的生产线是为降低成本而设计的大规模生产线。

(4) 采用成本领先战略降低价格，而为消费者提供的消费者剩余不足以抵消采用差异化战略的竞争对手通过提高顾客认可的价值，而为消费者提供的消费者剩余，使企业失去竞争优势。

随着美国人收入的增加，开始更加重视有风格的式样、多变的型号、舒适性和密封性。福特汽车公司采用成本领先战略降低价格提供的消费者剩余，不足以抵消采用差异化战略的竞争对手通用汽车公司通过开发出型号齐全的各种汽车，而为消费者提供的消费者剩余。

案例 5—2 海信公司的变频空调①

海信空调是中国最早研发变频空调的企业，在业内有“变频专家”之称。自 1997 年推出中国第一台变频空调以来，海信连续十余年以遥遥领先的优势高居变频空调榜首。1999 年 11 月，海信自主研发出我国第一款直流变频空调并正式推向市场。2004 年，推出了我国第一款 180 度正弦波直流变频空调。2004 年 6 月，海信全直流变频空调 KFR-2301GW/ZBP 研发成功，季节能效比达到 7.01，刷新了国内空调能效比记录。2006 年 5 月，海信直流变频空调 KFR-22GW/FZBP 通过检测，能效比达 7.50，再次刷新纪录。2009 年 3 月，海信御享的诞生实现更高突破：将 180 度正弦波技术升级到 360 度全直流驱动技术，并且实现产品批量上市。

变频空调具有卓越的节能、舒适性能早已获得广大消费者认可，但过去，由于变频空调的技术含量高，价格不菲，让很多消费者可望而不可即。2009 年 7 月，海信空调宣布在全国开展“以旧换新”活动，消费者凭一张旧家电发票（不限空调）换购任何一款海信变频空调，即可获得 200～350 元的“政府补贴”，同时还能获得 300～850 元的海信“变频节能补贴”，双重补贴加在一起，最低金额为 500 元，最高达到 1 200 元。

受双重补贴拉动，同时由于其节能水平刷新纪录，这款产品掀起了空调行业“以旧换新”热潮。

海信空调此次率先响应国家的号召对消费者进行补贴，本质上是对消费者的巨大让利，极大地刺激了销售的增长。

分析与思考

分析海信公司的竞争战略。

(1) 海信公司竞争战略定位是差异化战略。这一战略的实施使海信公司在空调机产业中占据了领先地位。

① 资料来源：海信公司网站“公司简介”部分。

自 1997 年推出中国第一台变频空调以来，海信连续 12 年以遥遥领先的优势高居变频空调榜首。

（2）在差异化战略的功能定位中研究开发更强调产品创新和基础研究，海信公司为了成功地实施差异化战略，持续地进行产品创新。这是海信成功实施差异化战略的核心能力所在。

1999 年 11 月，海信自主研发出我国第一款直流变频空调并正式推向市场。2004 年，推出了我国第一款 180 度正弦波直流变频空调。2004 年 6 月，海信全直流变频空调 KFR-2301GW/ZBP 研发成功，2006 年 5 月，海信直流变频空调 KFR-22GW/FZBP 通过检测，再次刷新纪录。2009 年 3 月，海信御享的诞生实现更高突破：将 180 度正弦波技术升级到 360 度全直流驱动技术，并且实现产品批量上市。

（3）实施差异化战略的风险之一，是“企业形成产品差别化的成本过高，从而与实施成本领先战略的竞争对手的产品价格差距过大，购买者不愿意为具有差异化的产品支付较高的价格”。为了避免这一风险，海尔在推出对消费者补贴策略。

变频空调具有卓越的节能、舒适性能早已获得广大消费者认可，但过去，由于变频空调的技术含量高，价格不菲，让很多消费者可望而不可即。海信空调此次率先响应国家的号召对消费者进行补贴，本质上是对消费者的巨大让利，这会极大地刺激销售的增长。

第六章

中小企业战略分析

本章要点提示

- 零散产业战略分析
- 新兴产业战略分析

本章内容引言

波特在《竞争战略》中对几个重要的产业环境类型进行了更具体的战略分析。他的分析主要是依据产业集中程度、产业成熟情况和面对国际竞争的情况三个角度展开的。由于本书前面已多次进行过在产品寿命周期不同阶段的战略分析，为了避免重复，我们在本章与第七章将讨论的重点放在本书还未曾涉及或展开不多的三种主要类型的产业：零散型产业、新兴产业和国际化产业。零散产业和新兴产业大多以中小企业为主体，所以从某种意义上讲，本章针对两种不同类型的中小企业战略进行分析，也是国内外战略管理日益关注的一个层面。即使是这样，我们也要明确，本章与第七章将阐述这些产业中的一些特殊问题，并不能作为对这些产业中战略制定的全面指导，其中的原则应与书中其他部分阐述的全部概念、理论和技巧相结合，才能形成这些产业中战略分析的完整结构。

第一节 零散型产业战略分析

零散型产业是一种重要的结构环境，在这种产业中，产业集中度很低，没有任何企业占有显著的市场份额，也没有任何一个企业能对整个产业的发展产生重大的影响。一般情况下，零散型产业由很多中小型企业构成，存在于经济活动的许多领域中，如服务业、零售业、分销业、农产品等。

一、造成产业零散的原因

研究产业零散的原因是分析零散产业战略的重要内容。产业零散的原因主要来源于产业本身的基础经济特性。

（一）进入障碍低

进入障碍低是产业形成零散的前提。由于进入障碍低，大量中小企业涌入该产业，成为产业中竞争的主导力量。

（二）市场需求多样性导致高度产品差异化

在某些产业中，顾客的需求是零散的，每一个顾客希望产品或服务有不同的式样，不愿意接受更标准化的产品，也愿意为这种要求付出代价。这种需求的多样性在大众日常消费中表现得非常明显。例如，消费者对餐馆、洗衣店、理发店、女性时装店等提供的产品与服务，都有各自不同的要求。特别值得一提的是，这种需求的零散性还表现在消费者消费地点的零散。对一些产品或服务，消费者总是希望能够就近获取，如快餐、超市、农贸市场等。由于顾客需求的零散，导致该产业高度产品差别化，有效地限制了企业的规模，使效率不同的小企业得以生存发展。

（三）不存在规模经济或难以达到经济规模

不存在规模经济或难以达到经济规模是造成产业零散的重要原因。例如，一些产业需要投入的固定资产较少，而专门技能是该产业中竞争优势的主要来源，由于专门技能的复制不是件轻而易举的事情，因而这些产业很难达到经济规模。又如，市场需求的快速变化与多样性，要求迅速反应和多种功能间紧密合作，大企业难以发挥规模优势。再如，消费者对消费地点要求的差异性使高度集中的大企业无法满足消费者要求。试想，如果北京的麦当劳集中到一个地点，食客们本想享受的“快餐”可能就要因路途的耗时而变为“慢餐”。还有一种可能的情况是，由于买方和卖方产业结构的原因，顾客和供应者如此强大，以至于一个大企业在与之打交道时，和小企业相比也没有更多的讨价还价能力，因而无规模优势。有时，这些供应商或购买者还可能通过有意识延伸其业务范围或鼓励新企业进入的方式使产业中的企业规模较小。此外，有些产业虽然在生产过程中可能存在规模经济，但由于高运输成本、高库存成本或不稳定的销售而难以达到规模经济所需要的经济规模。

以上三个方面的原因是从产业本身的经济特性角度归纳的。如果再考虑其他的因素，如政府政策和地方法规对某些产业集中的限制，以及一个新产业中还没有企业掌握足够的技能和能力以占据重要的市场份额等因素，也是导致产业零散的原因。

二、零散产业的战略选择

零散产业中有很多企业，每个企业的资源和能力条件会有很大的差异，因此，零散产业的战略选择可以从多个角度考虑。如果从三种基本竞争战略的角度出发，零散产业的战略选择可分为三类。

(一) 克服零散——获得成本优势

零散产业的特点就是零散，企业无规模经济优势。但是，如果某一个企业能够克服零散，那么它的战略回报将会是很高的，其原因在于按零散产业的定义，进入这一产业的成本低，竞争者都较弱小，它们进行报复的威胁不大。根据造成产业零散的原因，克服零散的途径有如下几条。

1. 连锁经营或特许经营

对于由顾客消费地点或消费口味不同而造成的生产规模的不经济性，克服零散最好的办法就是连锁经营或特许经营。这与许多制造业通过集中生产获得规模经济的方式完全不同，如一些便民超市、快餐店、理发店、美容厅等零售业和服务业，通过连锁经营或特许经营的方式可以使这些服务点仍然分散在居民的生活区中间，但是可以建立起区域性的供货配送中心，克服高运输成本，减少库存，快速反应顾客的需求，共同分享管理经验。正是由于连锁经营和特许经营能够克服零散，使企业获得规模经济带来的成本优势，在零售业这样一个原本属于中小企业天下的产业中，崛起了沃尔玛、家乐福等这样一些世界顶级的大企业。

2. 技术创新以创造规模经济

如果技术变化能够产生规模经济，产业的集中就可能发生。例如，沃尔玛在20世纪80年代初期花4亿美元买卫星，"用卫星卖鸡蛋"的做法当时令很多人不理解，但正是沃尔玛在零售业这样的传统产业中使用"e"化技术，在零售行业中创造了规模经济。又如，在我国农村养殖业中，过去家庭圈养可以充分利用家庭消费中的废弃物，如剩余饭菜、涮锅水等，还可利用农民的闲暇时间。如果集中圈养仍采用原有技术，当然就无优势可言。但是随着养殖技术的发展，催肥、防疫、品种改良等手段的广泛使用，使得在谨慎控制的条件下，集中圈养已被证明是使动物增加重量的更经济的方法。伴随而来的是我国农村养殖业的逐步集中，乃至全国性的养殖场成为养殖产业的笼头企业。

3. 尽早发现产业趋势

如果零散的原因是由于产业处于开发期或成长期，那么随着产业的演变可能会发生集中。导致集中的因素可能是多方面的，比如，替代品的威胁通过改变顾客需要而触发了集中；批发渠道结构的改变和其他产业的趋势会直接或间接地对造成零散的原因发生作用；政府或管理当局可能提高产品或制造标准，使其超过小企业的能力，以造成规模经济的实现，等等。尽早意识到产业发展趋势，可以使企业较早地利用这些结果而处于主动的地位，这可能是克服零散的一种重要方法。

实施以上战略可能会使零散产业中的一部分中小企业逐步发展为大企业，但是对于广大中小企业可以更多地考虑以下两种战略。

(二) 增加附加价值——提高产品差异化程度

许多零散产业的产品或服务是一般性的商品，所以就产品或服务本身来说提高差异化程度的潜力已经不大。在这种情况下，一种有效的战略是给商品增加附加价值。具有典型意义的是已进入工业化国家之列的意大利发达的产业集群，其产业结构仍然停留在传统的纺织、皮鞋、家具、机械、食品、金属制品、化学制品、造纸与印刷、首饰等领域，并由此将一个资源匮乏、企业规模小的国家发展成为经济总量排名世界第六的国家。其中关键的要领是意大利的传统产业中融入了大量文化创意的内涵，大大提升了这些传统产业产品的附加价值。

（三）专门化——目标集聚

零散产业需求多样化的特点，为企业实施重点集中战略提供了基础条件。在零散产业中可以考虑以下几种专门化战略。

1. 产品类型或产品细分的专门化

当造成产业零散的原因之一是产品系列中存在多项不同产品时，产品类型或产品细分的专门化就是一种可行的战略。它可以使企业通过使其产品达到足够大的规模来增加与供应商的讨价还价能力；还可以因企业具有专门技能而提高细分市场上产品差异化程度。但是，这种战略的代价是可能会对企业的发展前景形成某些限制。

2. 顾客类型专门化

企业专注于产业中一部分特定顾客也可以获得潜在的收益。这些顾客可能因购买量小或规模小而造成讨价还价的能力低下；或者可能对产品或服务有特殊要求而对价格很不敏感。像产品专门化一样，顾客专门化也可能限制企业的发展前景，但企业可能获得更高的利润率。

3. 地理区域专门化

有些产业在大的地域范围内可能不存在规模经济或者企业难以达到规模经济所需的市场份额，但是在一个小的地域范围内却可能得到重要的经济性。其方法是集中设备、选择更有效的广告，使用唯一的分销商等而获得经济性。例如，一些地方性的小食品企业在本地集中经营就相当成功，尽管存在一些大型全国性企业，但食品产业仍保持着零散产业的特点。

三、谨防潜在的战略陷阱

零散产业独特的结构环境造成了一些特殊的战略陷阱。某些常见的陷阱应引起足够的警惕。在零散产业中进行战略选择要注意以下几个方面。

（一）避免寻求支配地位

零散产业的基本结构决定了寻求支配地位是无效的，除非可以从根本上出现变化。形成零散的基本经济原因通常会使企业在增加市场份额的同时面对低效率和失去产品差异性，而且企图对所有的人在所有方面占优势会导致竞争力量的脆弱性达到最大值。波特用了一个典型的例子说明其中的道理。[①] 美国龙虾业中的某公司曾宣布其目标是成为“龙虾业的通用汽车公司”。它建立了一支昂贵的、具有先进技术装备的庞大的龙虾船队，建立了内部维修和船坞设施，实行了包括运输车队和餐馆在内的纵向一体化。但是，龙虾捕捞的特点使它的船队比其他捕捞者并没有显示出明显的优势，反而由于高固定成本引起小捕捞者的价格竞争。小捕捞者对于相当低的收益就感到满意，不像大企业那样寻求较高的投

① ［美］迈克尔·波特著，陈小悦译：《竞争战略》，北京，华夏出版社，1997。

资收益率。其结果是，这家寻求支配地位的公司陷入财务危机，最终停止运行。

（二）避免过分集权化

许多零散产业的竞争本质在于：人员服务、当地联系、营业的近距离控制、对波动及式样变化的反应能力等。在许多情况下，集权化的组织结构与生产效率背道而驰，因为它延缓了反应时间，经营单位的管理人员的主动性小，难以适应零散产业中的竞争。

（三）了解竞争者的战略目标与管理费用

零散产业中有许多小型、私营企业，这些企业往往是家族式的管理方式：使用家庭劳动力，经常在家中工作。它们的管理费用通常很低，其目标与股份制企业也有很大差异，它们可能对较低的盈利水平就感到满意，因而对价格变动或其他产业事件的反应与“正常”企业相比可能极不相同。

（四）避免对新产品做出过度反应

在零散产业中，巨大的竞争者数量与激烈的竞争往往使一种新产品成为激烈竞争的救星。但是，由于零散产业需求的多样性与缺乏规模经济，企业对新产品做出的大量投资在该产品的成熟期并不容易收回，或以此获得较高的回报。虽然在所有产业中怎样对待新产品都是一个困难的问题，但在零散产业中显得尤为突出。

第二节　新兴产业战略分析

新兴产业是新形成的或重新形成的产业。其形成的原因是技术创新、消费者新需求的出现、其他经济和社会变化将某个产品或服务提高到一种潜在可行的商业机会的水平。例如，电讯、计算机、家用电器等产业是创新技术的产物；搬家公司、送餐公司、礼仪公司等则是新需求的产物；典当行是新中国成立前的老产业，随着改革开放的发展它又成为我国的一个新兴产业。

从战略制定的观点看，新兴产业的基本特征是没有游戏规则。缺乏游戏规则既是风险又是机会的来源。

■ 一、新兴产业的内部结构环境

新兴产业在内部结构上彼此差异很大，但是仍有一些共同的结构特征。

（一）共同的结构特征

1. 技术的不确定性

在新兴产业中，企业的生产技术还不成熟，还有待于继续创新与完善。同时，企业的生产和经营也还没有形成一整套的方法和规程，哪种产品结构最佳，哪种生产技术最有效率等都还没有明确的结论。例如，在美国的光导纤维的生产中，不同的生产厂商使用至少五种不同的方法。

2. 战略的不确定性

与技术不确定性相联系的是战略的不确定性。在新兴产业中，由于产业内的企业对于竞争对手、顾客特点和处于新兴阶段的产业条件等只有较少的信息，没有企业知道所有的竞争者是谁，也没有企业能够经常得到可靠的产业销售量和市场份额的信息。所以，厂商在产品—市场定位、市场营销和服务等方面经常试图采用广泛的战略方法，没有“正确”的战略被公认。

3. 成本的迅速变化

新兴产业通常有一段非常陡峭的学习曲线发生作用。这意味着新兴产业最初的高成本会以极高的比例下降。小批量和新产品常在新兴产业中共同形成相对于产业能够获得的潜在收益的较高成本。然而，随着生产过程和工厂设计的改进、工作熟练程度的提高、销售额的增长导致的规模与累积产量的大幅度增加，企业的生产效率会大幅度提高。按照某些常见的情况，当处于新兴阶段产业的技术在开始时比最终情况劳动密集程度更大时，这些因素的作用就更加明显。如果学习曲线的作用能与产业增长时不断增加的获得规模经济的机会相结合，则成本下降会更快。

4. 萌芽企业和另立门户

由于产业没有成型的游戏规则和规模经济作为进入障碍，在产业的新兴阶段通常伴随着极大比例的萌芽企业的进入。萌芽企业是相对于已立足企业中新成立单位而言的新企业。与萌芽企业的进入相联系的是许多另立门户企业，即那些已立足的企业中的雇员走出企业创立他们自己的新企业。新兴产业中另立门户现象涉及很多因素：第一，在迅速发展和充满机会的环境中，权益投资要比在已立足公司中充当工薪阶层更具吸引力；第二，由于新兴阶段技术和战略的流动性，已立足企业的雇员具有良好的条件去实现其更好的新的想法，这些新想法在原有企业可能由于转换成本过大而无法实现。例如，波特指出，当美国的几家数据设备公司的雇员不能使其公司采用一种他们确认有很高潜力的产品的意见时，通用数据公司便产生了。萌芽企业和另立门户的企业一般不可能是大企业，所以新兴产业也是中小企业的天下。

5. 首次购买者

新兴产业中许多顾客都是第一次购买。还有许多顾客对新兴产业持等待观望的态度，认为第二代或第三代技术将迅速取代现有的产品。在这种情况下，市场营销的中心活动是诱导初始购买行为。

（二）早期进入障碍

对新兴产业早期进入障碍的研究有助于理解前面所阐述的结构特征。与产业得以发展后的进入障碍相比，早期进入障碍有很大的不同。常见的早期进入障碍有：

（1）专有技术；

（2）获得分销渠道；

（3）得到适当成本和质量的原材料和其他投入（如熟练劳动力）；

（4）经验造成的成本优势；

（5）风险。

这些障碍会随着产业的发展逐步弱化或消失。我们不妨比较一下第二章的产业结构分析中的几种主要进入障碍，显然，早期进入障碍通常不是第二章所列举的规模经济（产业太小以至于谈不上此问题）、产品差异化（知名品牌刚刚开始被创造）、资金需求（大型企业可为低风险投资创造出惊人的资金）等。这一差异可以解释为什么新兴产业中的中小企业和新企业较多的原因。早期进入障碍较少来源于需要掌握巨大资源，而更多地源于承担风险的能力、技术上的创造性以及做出前瞻性的决策以储备投入物资与分销渠道的能力等，在这些方面，中小企业往往比大企业更具有优势。这类差异同样可以解释已立足的企业经常不是率先进入新产业的企业，因为它们可能要为资金的投入付出更多的机会成本，并对在产业发展早期阶段必然存在的技术和产品风险缺乏必须克服的激励。正因为如此，当已立足的企业所在产业的产品面临新的替代品威胁时，原有企业往往先是着眼于与替代品进行较量，而当替代品逐步要取代老产品时，原有企业才会考虑进入替代品的产业。例如，传统真空管企业是半导体制造业的晚期进入者；模拟系统家用电器生产厂商大都并不急于开发生产数字系统的家用电器；VCD 机的生产厂商大都是新企业而不是过去生产录像机的老企业，等等。

■ 二、新兴产业的发展障碍

新兴产业在不同程度上面临产业发展的障碍。从产业的五种竞争力角度分析，这些障碍主要表现在新兴产业的供应者、购买者与被替代品三个方面，其根源还在于前述的产业本身的结构特征。

（一）原材料、零部件、资金与其他供给的不足

新兴产业的发展要求出现新供应商或现存供应商修改原材料和零部件以满足产业的需要。但是，严重的原材料和零部件短缺在新兴产业中是很常见的。面对发展的需求和不能适应的供给，在新兴产业的早期阶段，重要的原材料和零部件的价格经常会大幅上涨。部分供应商也因此乘机大捞一把。另外，由于技术与战略的不确定性，新兴产业在金融界的形象和可信任程度可能较差，这种情况将会影响企业取得低成本融资的能力。不仅如此，新兴产业还缺乏各种发展所必需的基础设施，如服务设施、经训练的技巧、互补产品等。

（二）顾客的困惑与等待观望

新兴产业中顾客的困惑来源于众多产品方案、技术种类以及竞争者们互相冲突的宣传效果。这些现象又是由于技术的不确定性以及缺乏技术标准和产业中企业间总的技术协议。这种混乱可能增加购买者的购买风险感而采取等待观望的态度，从而限制了产业的市场容量。此外，缺少分销渠道也是制约新兴产业市场容量发展的障碍。

（三）被替代产品的反应

与本书第二章所描述的那样，在面临新产品替代威胁时，老产品生产厂商会采用各种有效的办法降低替代品的威胁。老产品防范新产品的最佳战略可能是进一步降低成本，这一行为迫使新兴产业中与学习和规模相关的价格下降目标还要向下移动，这也给新兴产业的发展增添了难度。

不难看到，上述障碍最终来源于新兴产业的技术与战略不确定、不稳定的产品质量、缺乏产品或技术标准以及难以避免的早期高成本等产业特征。

由于新兴产业的发展存在种种障碍，进入新兴产业中经营的企业失败率很高。20 世纪 90 年代，美国高技术企业完全失败的占 20%～30%，经受挫折后仍可获得一定成功的企业占 60%～70%，获得完全成功、取得显著效益的只占 5%左右。美国每年建立高技术企业约 50 万家，其中 3/4 在四五年内很快破产，只有 1/4 的企业能在竞争及新技术开发中艰难地生长起来①。

---

① 刘冀生：《企业经营战略》，北京，清华大学出版社，1995。

新兴产业的特征可能成为发展的障碍与风险的来源，但也同样会成为发展机遇的来源。新兴产业的发展机遇更多地从五种竞争力中的另外两个方面——进入障碍与产业内现有企业的竞争中表现出来。由于新兴产业进入障碍相对较低，产业尚处于不平衡状态，竞争结构还没有完全建立起来，因此，相对于成熟产业，新兴产业的进入成本与竞争代价都会小得多，这就为新兴产业中的企业发展打下了良好的基础。事实上，在现代市场激烈竞争的条件下，创新企业固然有受挫失败的风险，但守旧的企业却冒着在竞争中完全被淘汰的更大风险。真正的企业家认为：创新虽有风险但有希望，守旧必有风险且无希望。

■ 三、新兴产业的战略选择

在新兴产业中，企业的战略自由度最大，一个战略的优劣对经营绩效的影响也会表现得最充分。如前所述，在新兴产业中，发展风险与机遇共存，而风险与机遇都来源于产业的不确定性。所以，新兴产业中的战略制定过程必须处理好这一不确定性。

（一）塑造产业结构

在新兴产业中占压倒地位的战略问题是考虑企业是否有能力促进产业结构趋于稳定而且成型。这种战略选择使企业能够在产品策略、营销方法以及价格策略等领域建立一套有利于自身发展的竞争原则，从而有利于企业建立长远的产业地位。

（二）正确对待产业发展的外在性

在一个新兴产业中，一个重要的战略问题是在对产业倡导和追求自身狭窄利益的努力之间做出平衡。产业的整体形象、信誉、与其他产业的关系、产业吸引力、顾客对产业的认知程度、产业与政府及金融界的关系等都与企业的生产经营状况息息相关。产业内企业的发展，离不开与其他同类企业的协调以及整个产业的发展。企业为了产业的整体利益以及企业自身的长远利益，有时必须放弃暂时的自身利益。

（三）注意产业机会与障碍的转变

新兴产业迅速发展可能会使原有的障碍和机会都发生变化。例如，供应商和渠道的角色可能会有变化。当产业在规模上有所发展，企业也证明了自身价值时，供应商和分销渠道在方向上可能会有所改变。供应商可能变得希望（或被迫）满足企业某些方面的特殊需要，如产品规格、服务和交货等；分销渠道可能变得更乐于作为企业的伙伴投资于设备、广告或其他。那么，尽早挖掘这些方向变化可能给企业提供战略机会。又如，新兴产业早期的进入障碍可能会迅速变化，当产业在规模上发展和技术上成熟时，企业不能永远依靠诸如专有技术或独特产品种类等进入障碍保卫自身地位，这些障碍可能转换为其他障碍。对变化的进入障碍做出反应可能涉及投入比早期阶段更多的资金。再则，产业的发展会吸引更有规模、资金和市场营销等实力的企业进入，甚至供给者和购买者也可能以纵向一体化的方式进入该产业。在这些情况下，企业必须有应对激烈竞争的准备。

处理与把握新兴产业的机会与风险是最具挑战性的战略问题，公司要想取得成功，通常应该采取下列一种或多种方式：

（1）发扬企业家精神和实施创造性战略为尽早赢得产业领导地位而斗争。以产品卓越性为基础的广泛或聚集的差异化战略通常能够为取得竞争优势提供最好的机会。

（2）推动自身在技术上臻于完善，改善产品质量，开发有吸引力的性能特色。

（3）一旦技术不确定性消除，出现了占统治地位的技术，就采纳它。尽量成为产业中技术标准的制定者和"占统治地位的产品"开拓者。但是，当产业中同时存在很多互相竞争的技术、研究开发代价很大，或技术发展可能很快等情况下，这一举措的方式选择就要十分慎重。

(4) 在早期就致力于有前途的技术，同最有能力的供应商建立联盟，扩大产品的选择范围，改善产品的款式，实现经验曲线效应，在新的分销渠道中稳住阵脚，从而尽量抓住首先行动者所拥有的优势。

(5) 同关键的供应商建立联盟关系，获取专业化的技能、技术能力和关键的原材料或零部件。

(6) 追寻新的顾客群、新的用户应用、进入新的地理区域。如果财务资源受到限制，也可以采用合资企业的方式。

(7) 使首次购买者试用公司的第一代产品的代价和难度降低。然后，随着产品为市场的很大一部分所熟悉之后，开始将广告的重点从创造产品转向提高使用频率和建立品牌忠诚。

(8) 采用削价的策略来吸引后来对价格敏感的购买者。

(9) 预测与关注在产业进入成长期后的新进入者：1) 根据产业现在和未来的进入障碍分析最有可能的新进入者是谁；2) 它们可能采取的战略类型。企业在为争取产业中领导地位的角逐中，必须将这一努力与建立持久竞争优势和坚固市场地位的长期必要性平衡起来。

(四) 选择适当的进入时机与领域

选择适当的进入时机在新兴产业中尤为重要。早期进入涉及高风险，但可以在关键市场取得"局内人的位置"，获得市场支配地位。

当下列基本情况具备时，早期进入是适当的：第一，企业的形象和声望对顾客至关重要，企业可因先驱者而发展和提高声望；第二，产业中的学习曲线很重要，经验很难模仿，并且不会因持续的技术更新换代而过时，早期进入企业可以较早地开始这一学习过程；第三，顾客忠诚非常重要，那些首先对顾客销售的企业将获益；第四，通过早期对原材料供应、分销渠道的承诺可带来绝对成本利益。

在下列情况下，早期进入将是非常危险的：第一，早期竞争细分市场与产业发展成熟后的情况不同，早期进入的企业建立了竞争基础后，面临过高的转换成本；第二，为了塑造产业结构，需付出开辟市场的高昂代价，其中包括顾客教育、法规批准、技术开拓等，而开辟市场的利益无法成为企业专有；第三，技术变化使早期投资过时，并使晚期进入的企业因拥有最新产品和工艺而获益。

我国 VCD 产业中两个典型企业对进入时机的不同选择很具有代表性："万燕"是 VCD 产业的早期进入者，曾经对产业的发展做出了杰出的贡献，但随着产业的发展，失去了继续投资的能力，成为众所周知的"革命先烈"；"步步高"的战略则是当产业成长和利润前景已经明朗的情况下，大规模进入，利用中央电视台这一强势媒体，抢占产业的领先地位。我国 VCD 产业中，"万燕"和"步步高"进入时机的不同而导致的竞争优势的差异值得研究与借鉴。

进入战略的选择还包括对进入领域的选择，即使是新兴产业，不同领域的市场发展前景、发展速度、五种竞争力的变化状况也不尽相同，因而产业整体的盈利水平也会有较大差异，所以，第二章所讨论的产业分析和市场分析的理论与方法，应作为企业进入哪一个新兴产业的主要依据。

◀本章小结▶

• 零散产业是由大量中小企业组成的产业。在零散产业中，企业的战略选择有三种：克服零散——获得成本优势；增加附加值——提高产品差异化程度；专门化——目标集聚。这与波特的三种基本竞争战略相吻合。

• 由于大企业进入新兴产业的机会成本较大，所以新兴产业也是中小企业的天下。新兴产业由于技术与战略的不确定，发展风险很大。新兴产业中的企业战略选择应考虑处理好产业发展与企业发展的关系、注意产业的演变以及选择适当的进入时机等问题。

★ 关键概念

零散型产业 是一种重要的结构环境，在这种产业中，产业集中度很低，没有任何企业占有显著的市场份额，也没有任何一个企业能对整个产业的发展产生重大的影响。在一般的情况下，零散型产业由很多中小型企业构成。

新兴产业 是新形成的或重新形成的产业。其形成的原因是技术创新、消费者新需求的出现、其他经济和社会变化将某个产品或服务提高到一种潜在可行的商业机会的水平。

案例分析

案例6—1 胜利汽车维修站创业过程

王和是一家汽车修理厂的技师，已有20余年工龄，退休在家。他儿子王进是油漆厂工人，从事喷漆工作已有八年，因企业不景气而下岗。父子商量今后如何生活，能否自己创业以求发展。考虑到王和虽已年过半百，但身体健康，又有熟练的修车技术。王进也有一定的喷漆经验，可以自己开一个汽车维修站。从市场状况分析，近年来单位和个人拥有汽车数量日益增加，特别是私人购买中低档小型汽车的发展势头更猛，修车业务的市场需求量很大，预计修车行业的经济效益前景乐观。但创业首先要解决的是资金问题。王进有位舅舅做生意比较富有，向他借30万元，因是亲戚，利息率很低。他们自己又凑了10万元，可以先开个简易修车铺，以后赚了钱再扩大营业。开业必须采购修车设备和各种汽车零配件。王和有位朋友张志强在汽车配件公司工作多年，熟悉采购业务和汽车零配件的购货渠道。王和动员他辞职与之合伙开汽车修理站，张志强欣然同意，并投资5万元。三个合伙人经过研究签订了一份协议书。企业取名为胜利汽车维修站，企业使命是为保证汽车的正常安全行驶服务。重点维修中低档小型汽车，兼修高档车和大卡车。总战略目标是争取在三年内盈利300万元，并不断扩大规模和业务范围，以后争取每年增加盈利30%。明确了组织分工，由王和任经理，负责维修业务和抓全盘工作。张志强任副经理，具体负责汽车零部件的采购和公关工作。王进负责喷漆、补带和打气等一般修理工作。聘请王进的爱人朱小丽为修理站会计。待遇分配为王和月薪1 000元，张志强900元，王进800元，企业盈利后除扩大规模所需资金外，余钱三人平分。会计朱小丽月薪600元，企业盈利后工资可适当调高。他们租了一套房子，配备了必需的零部件、工具和器材。准备就绪后择一吉日开业了。

开业后来此修理的车辆寥寥无几，前几个月的月营业额只有几千元，有些修车顾客的欠款收不回来，还欠了不少购买汽车零部件的债务，入不敷出，难以为继。企业效益不好使他们大失所望，王进年轻火气大，还经常和顾客吵架。造成这种状况的原因何在？经过调查分析发现了不少问题。

首先，外界对此新开业的汽车修理站知者甚少。调查了三十家有车户，知道者只有六家。再者，作为经理的王和只顾修车而对别的事很少过问；为了降低修车成本，购进了一些质量差甚至不合格的汽车零部件，尽管王和技术熟练可返修率仍然很高；由于各方面工作配合不好，导致修车完工日期常常拖后；修车价格无一定标准，对公家车往往猛敲竹杠，对熟人则任意减价甚至不收费；赊欠的修车款也无人催收。归根到底，管理极度混乱是主要原因。

他们意识到只有资金、技术和决心不行，光有战略设想和战略目标，缺乏实施战略的措施和严格管理也不行。经过研究提出了一套改进措施：强调企业总体规划和重大事务要全体成员讨论通过，决定后必须切实执行；完善经理负责制，王和经理不仅要重视修车业务，还必须狠抓全面工作，别人有事应向经理请示汇报，不得各行其是；加强宣传推销和公关工作，向有关单位和个人印发宣传材料。装修门面，放大店名招牌；严格采购合格零部件，保证修车质量；明确“顾客至上”观念，改进服务态度；修车价格明码标价，修车款一般不得拖欠，已欠款责成会计负责催收；必须按约定时间完成修理任务，做到按时交货；另外还制定了一些必要的规章制度，大家都必须严格遵守。

经过大力宣传和内部整顿，该汽修站的知名度提高了，信誉改善了，修车业务日益增加。又招聘了几名工人，扩大了修车能力。经济效益也逐月提高。为了方便顾客和招徕顾客，他们辟出了一间房子作为顾客的休息室，免费提供一些茶水兼卖一些饮料、面包、方便面等小食品。后来在修车站旁又开了一家“司机饭店”。由于实施这种多角化经营战略，又赚了不少钱，一年下来总计盈利120万元，初战告捷。

当他们雄心勃勃，正想大干一场之际，没想到形势风云突变，修车业务量减少了，特别是高档车来得更少。经调查原来是一家实力很强的大汽车公司看到了胜利汽车修理站生意红火，投入上千万元在附近开了一家规模大得多的“明星汽车维修中心”，房子更气派，设备更先进，技术人员也不少，因而抢走了大量业务。面临这种严峻局面，胜利汽修站该怎么办？经过大家反复研究提出了几种应变战略方案：

（1）继续增加投资，与明星汽车维修中心对着干。

（2）估计很难竞争得过对手，只好歇业不干了。

（3）放弃修车业务只开饭店。

（4）把汽修站迁到别处继续营业。

（5）考虑到在原地已有一定基础，有一批关系好的老顾客不会轻易改换门庭，保留原汽修站和饭店，但汽修业务只好适当缩减。为了不和大汽修中心直接对抗，根据小企业应当“在夹缝中求生存”的理论，把汽修站改为“夏利”车特约维修站，重点修“夏利”车兼修其他中低档车。理由是“夏利”车价格便宜，买者甚多，出租车也多为“夏利”。修高档车的实力确实远远不如对手，不如将这块市场让出去（实际上不让也不行）。为了弥补损失，拟筹集资金和招聘技术人员，在远离原地址的交通要道处再开一家胜利汽修分站，实施应变的成长战略（据分析新建点资金基本上可以解决，因今后不必储存价格昂贵的高档汽车零件，可腾出部分资金，同时本企业也已有一定的积累。只要条件优惠，招聘技术人员也不困难）。

以上方案，因意见不够统一，尚在进一步研究审议中。

分析与思考

汽车维修站属于零散型产业。造成产业零散的原因有：

（1）进入障碍低。退休技师王和与家人凑了40万就可以先开个简易修车铺。

（2）需求的多样性导致高度产业差异化。需求多样性表现在纵向差异：多种档次的需求同时存在，高、中、低档车维修的需求同时存在，"明星汽车维修中心"在胜利汽车维修站所在地区出现后，胜利汽车维修站有一批关系好的老顾客不会轻易改换门庭；横向差异是不同地点的需求差异。

（3）不存在规模经济或难以达到经济规模。汽车维修产业需要投入的固定资产较少，专门技能（维修、喷漆等）是产业中竞争优势的主要来源，而专门技能的复制不是件轻而易举的事情；另外，市场需求的快速变化与多样性，要求迅速反应和多种功能间紧密合作（购销渠道、零部件质量、定价、为客户提供勉强服务等），大企业难以发挥规模优势。

汽车维修站可能的战略选择：

（1）专门化——目标集聚。如案例中第（5）个方案"在夹缝中求生存"，把汽修站改为"夏利"车特约维修站，重点修"夏利"车兼修其他中低档车。

（2）增加附加价值——提高产品差异化程度。就汽车维修产业等零散产业本身来说提高差异化程度潜力已经不大，在这种情况下，一种有效的战略是给商品增加附加价值。应继续延续胜利汽车维修站既有的举措，如辟出顾客的休息室；免费提供一些茶水兼卖一些饮料、面包、方便面等小食品；开办"司机饭店"，方便客户，等等。

第七章

跨国企业战略分析

本章要点提示

- 跨国企业的概念
- 跨国经营的动机
- 进入外国市场方式
- 两种国际战略
- 全球资源寻求战略

本章内容引言

国际化经营战略是企业战略不可分割的组成部分。本章以跨国企业的经营战略为基点，对企业国际化经营战略进行系统总结，对大型企业的战略研究也有借鉴意义。

对于跨国企业的这一概念，如同当初对跨国公司的定义一样，各国学者基于不同的角度曾给出种种不同的标准，如以地区分布为标准，以所有权为标准，以企业规模为标准，以全球战略和动机为标准，等。比较有权威性的定义是联合国跨国公司中心 1977—1986 年起草的《跨国公司行为守则草案》（该草案至今尚未获得联合国大会通过）中的提法："本守则中使用的'跨国公司'一词是指由在两个或更多国家的实体所组成的公营、私营或混合所有制企业，不论这些实体的法律形式和活动领域如何；该企业在一个决策体系下运营，以便通过一个或更多决策中心制定协调的政策和共同的战略；该企业中各个实体通过所有权或其他方式结合在一起，从而其中一个或更多的实体能够对其他实体的活动施行有效的影响，特别是与其他实体分享知识、资源和责任。”①

可以看到，上述关于跨国公司的定义事实上包容了多种形式的跨国企业。根据联合国有关机构的解释，联合国跨国公司委员会对跨国公司的定义，基于以下几点理由②：

(1)囊括了所有行业的各种规模和不同的海外经营比重的企业，可以避免发生任何遗漏；

(2)可以直接利用现成的多数国家政府公布的有关资料；

(3)该定义充分吸收了其他国际机构有关文件中的说法，并以此为基础作了综合、补充和完善；

(4)在发展中国家东道国看来，任何在其境内的外国企业都是外资企业，它们并不关心这些外资企业在国外拥有多少子公司。

第一节 跨国经营的动机

对于企业为什么要跨国经营，为什么能够跨国经营，从亚当·斯密（Adam Smith）和大卫·李嘉图（David Ricardo）等先驱者们的自由贸易理论开始就已经为跨国企业的行为理论奠定了基础。到20世纪60年代，随着跨国企业的发展遍及世界各地，并开始成为世界经济中的重要经济力量，对跨国企业行为理论的研究迅速发展，经济学家们从各个侧面和角度探索和研究跨国企业的行为特点及其作用与影响，提出了许多理论和主张。事实上这些理论和主张的研究无非也是沿着两个基本主要思路：一是国际生产要素的组合；另一是跨国企业所面临的市场特征（特别是寡头垄断市场特征）。③

一、国际生产要素的最优组合

跨国企业对外直接投资首先必须具备两大基础：一是作为投资方跨国公司自身的优势；二是作为受资方东道国的条件。而首先在这两方面作出贡献的，一个是美国学者海默（Stephen H. Hymer），一个是索思阿德（F. Southard）和沃尔特·艾萨德（Walter Isard）。

① United States Center on Transnational Corporations: The United Nations Code on Transnational Corporations, Series A No. 4, UNCTC Current Studies, 1986, p. 29. 转引自吴文武：《跨国公司新论》，北京，北京大学出版社，2000。

② 罗进：《跨国公司在华战略》，上海，复旦大学出版社，2001。

③ 经济学家们大多是从微观经济学角度来解释跨国公司对外投资的行为。也有少数学者，如阿利伯（R. Z. Aliber, 1970），是从宏观经济角度解释对外投资行为。又如，有人将日本经济学家小岛清的“边际产业扩张理论”也归入宏观跨国公司理论。本书这里所说的两个主要思路，是从微观经济角度而言的。其他的有关论述将放在其他章节。

(一) 垄断优势理论

1960年，美国学者海默在其博士论文《国内企业的国际经营：对外直接投资的研究》中首次提出垄断优势理论（Monopolistic Advantage Theory）[①]。后得到其导师金德尔伯格（C. P. Kindlerberg）的支持并加以完善[②]，成为最早研究对外直接投资独立的理论。

垄断优势理论是在批判传统国际资本流动理论中关于各国产品市场和生产要素市场是完全竞争的市场这一假设的基础上形成的。海默认为，传统国际资本流动理论说明的是证券资本的国际移动，它不能解释第二次世界大战后发达国家企业对外直接投资以及发达国家之间直接投资对向流动现象。海默研究了美国企业对外直接投资的产业构成，发现美国从事对外直接投资的企业主要集中在资本集约程度高、技术先进、产品具有差别的一些制造业部门。这些部门都是寡头垄断程度较高的部门。因此，海默主张利用产业组织理论来解释美国企业对外直接投资行为，即从不完全竞争或寡头垄断来解释对外直接投资。

海默和金德尔伯格认为，是市场不完全导致了对外直接投资。正如金德尔伯格在1969年所说："直接投资的兴旺必定是因为存在着产品或要素市场的不完全性（包括技术市场不完全性），或是存在造成市场分割的政府或企业对竞争的某些干预。"[③]

一般来讲，市场不完全可以表现为四种类型：(1) 产品和生产要素市场不完全；(2) 由规模经济导致的市场不完全；(3) 由政府干预引起的市场不完全；(4) 由税赋与关税引起的市场不完全。跨国企业在不完全竞争下取得了各种垄断优势。这些优势可分为三类：一是来自产品市场不完全的优势，如产品差别、商标、销售技术与操纵价格等；二是来自生产要素市场不完全的优势，包括专利与工业秘诀、资金获得条件的优惠、管理技能等；三是企业拥有的内部规模经济与外部规模经济。

金德尔伯格利用收入流量资本化的公式 $C=I/r$（式中 C 表示资产额，I 表示该资产获得的利润，r 表示利率）来说明垄断优势理论的精髓。他指出，证券资本流动是利率差异作用的结果，而直接投资则是对利润差异的反应。只有在美国企业能够获得高于当地企业的利润时，直接投资才可能发生。利润是竞争能力的反映。一般说来，当地企业由于熟悉本国消费者嗜好，了解当地企业经营的法律与制度，市场信息灵通，决策反应迅速，因而具备有利的竞争条件。美国企业则要承担在国外远距离经营的各种成本以及对当地市场了解发生偏差等引起的额外成本。但是，由于美国企业拥有各种垄断优势，因此可以抵消在海外经营中的不利因素，压倒当地竞争对手，取得高于当地企业的利润。

垄断优势理论还试图解释美国企业选择直接投资，而不是出口和许可证交易方式来利用其垄断优势的原因。海默认为，美国企业从事直接投资的原因：一是东道国关税壁垒阻碍企业通过出口扩大市场，因此企业必须以直接投资的方式绕过关税壁垒，维持并扩大市场；二是技术等资产不能像其他商品那样通过销售获得全部收益，而直接投资可以保证企业对国外经营及技术运用的控制，因此可以获得资产的全部收益。

---

① Stephen H. Hymer, International Operations of National Firms: A Study of Direct Foreign Investment, 1976).

② Charles P. Kindleberger, "Monopolistic theory of direct foreign investment," in International Political Economy, 1975).

③ Kindleberger, C.P., American Business Abroad: Six Lectures on Direct Investment, New Haven, Conn.: Yale U.P., 1969.

（二）区位理论

1953年，索思阿德（F. Southard）提出区位理论（Location Theory），用以研究国内资源的区域配置问题。[①] 后来，沃尔特·艾萨德（Walter Isard）等人用此理论来解释对外直接投资的现象。区位理论认为，市场不完全性不仅存在于一国市场，同样存在于国际市场。国际市场的不完全性会导致各国之间的市场差异，即在生产要素价格、市场规模、市场资源供给等方面存在着不同的差异。如果国外市场这些差异为准备投资的一国企业带来了有利的条件，企业就会发生对外直接投资。影响区位优势的主要因素有：生产要素、市场定位、贸易壁垒、经营环境、政府政策等。

区位优势理论可以从供给与需求两个方面加以论述。供给导向的区位优势理论认为，在国内买方市场条件下，企业如果已达到了最大盈利水平，就会到国外寻找生产要素成本最低的地方进行直接投资，以获得供给方面的优势。需求导向的区位优势理论认为，市场需求方面的区位优势与竞争对手分布情况决定着企业选择对外直接投资的国家和地区。

（三）产品寿命周期理论

1966年，美国哈佛大学教授维农（R. Vernon）从新技术创新入手，分析国际贸易、对外直接投资与产品寿命周期的关系。[②] 事实上，正如学者徐二明教授所说，维农的产品寿命周期理论"是将垄断因素与区位因素结合起来的动态分析"。[③]

产品寿命周期理论（Product Life Cycle Theory）认为，企业的各种优势最终体现在产品上。随着产品寿命周期阶段的变化，企业产品生产的地域也会从一个国家转移到另一个国家，以寻求最佳的区位优势，获得自己的竞争优势。

产品寿命周期理论将产品市场运动的普遍现象——产品创新、成熟与标准化三个阶段的变更，用于解释美国企业战后对外直接投资的动机、时机和区位选择。在产品的创新阶段，价格的需求弹性可能相当低，因为发明企业拥有产品特异性或垄断优势；同时在此阶段，为了消除产品面世初期的困难或变更产品的规格、特性等，同顾客和供应商保持密切联系十分必要，因而产品的创新、生产与销售需要在同一个国家，企业有在国内选择生产地点的固有倾向。在产品的成熟阶段，该产品的设计和生产已经有了某些标准化的因素，用确立的技术从事长期生产已变得可能了，人们关心更多的是生产成本，特别是当竞争对手已出现时更是如此。此外，相对于美国来说，像西欧那样相对先进的国家出现各种机会时，市场范围也会发生变化，此时，发明国要通过出口维持和扩大其国外利益就难以实现，它们必须对外投资（投资地区一般是那些收入水平和技术水平与母国相似的地区），并设立子公司，就地生产，以便维持和扩大出口市场，保障自己的利益。在产品的标准化阶段，产品和技术都已完全标准化，发明者的技术优势已消失，随着竞争的加剧，成本和价格问题变得十分突出，市场知识和信息流通已退居次要地位，其最终结果就是把生产或装配业务转移到劳动力成本低的发展中国家，国外生产的仿制品可能导致原来的发明创造国或国外子公司进口该产品。

维农随后的著作修正了他最初的理论，而强调了跨国公司的寡头垄断行为，以弥补原产品寿命周期理论存在的较大的局限性。维农的寡头垄断产品周期理论将国际生产要素组

---

①③ 徐二明：《国际企业管理概论》，北京，中国人民大学出版社，1995。

② Raymond Vernon, " International investment and international trade in the product cycle ", Quarterly of Economics, May 1966.

合与寡头垄断市场特征联系在一起，从而为国际投资决策奠定了理论基础。

（四）内部化理论

为了寻求对企业对外投资行为的解释，1976 年，英国学者巴克利（Peter J. Buckley）和卡森（Mark C. Casson）发掘了罗纳斯·科斯（Ronald H. Coase）在 1937 年对企业的起源和均衡规模[①]提出的内部化理论（Internalization Theory）。[②]

内部化理论是从市场不完全与垄断优势理论发展起来的。在巴克利等新创的内部化理论中，市场不完全并非规模经济、寡头垄断或关税壁垒等因素造成的，而是指由于某些市场失效，以及由于某些产品的特殊性质或垄断势力的存在，导致企业市场交易成本增加。内部化理论建立在三个基本假设的基础上：（1）企业在市场不完全的情况下从事经营的目的是追求利润最大化；（2）当生产要素特别是中间产品市场不完全时，企业有可能统一管理经营活动，以内部市场代替外部市场；（3）内部化越过国界时就产生国际企业。

企业能否实现中间产品的内部化，还受到四种因素的影响，这四种因素事实上又是着眼于跨国企业的垄断优势与东道国的区位因素：（1）行业特有因素，包括中间产品的特性、外部市场结构、规模经济；（2）地区特有因素，包括地理距离与文化差异；（3）国家特有因素，包括东道国政府的政治、法律、财政状况；（4）企业特有因素，包括企业的组织结构、管理经验、控制和协调能力等。

内部化理论与垄断优势理论的区别在于，内部化并不是给予企业特殊优势的这种财产本身，而是指这种财产的内部化过程给了跨国企业以特有的优势。

（五）国际生产折中理论

国际生产折中理论（The Eclectic Theory of International Production），又称国际生产综合理论。1976 年，英国里丁大学教授邓宁（John H. Dunning）首次提出了综合理论学说。[③] 以后，邓宁又多次发表论文，系统阐述"综合主义"理论，并将其动态化，从而形成了目前对跨国企业和对外直接投资影响最大的理论框架。

邓宁认为，人们以前研究跨国公司的成果已分别解决了 4 个"W"，即企业拥有优势说明为什么（Why）能到国外办企业；区位优势说明企业到哪里（Where）去办子公司；内部化优势说明企业建立子公司怎样（How）使效益更大；产品寿命周期理论说明企业在什么时候（When）建立子公司。但是，它们之中没有一种理论能单独解释清楚跨国公司的全部行为。所以，邓宁主张要把有关部分理论结合起来构成一个整体，综合地对跨国企业做出分析。

邓宁的国际生产综合理论可以概括为一个简单的公式：

所有权优势＋内部化优势＋区位优势＝对外直接投资

邓宁还指出，企业可以根据自己所具备的不同优势，分别采用不同的国际经营方式。企业对外直接投资，必须同时具备所有权优势、内部化优势与区位优势；该企业如果只拥有所有权优势与内部化优势，只能进行出口贸易；企业如果只有所有权优势，则只能考虑采用技术转移的形式，将技术出让给其他企业；如果企业具有上述三种优势，却只采取技

① Ronald H. Coase，"The nature of the firm"，Economics，November，1937，pp386～405.

② Peter J. Buckley and Mark Casson，The Future of the Multinational Enterprise，1976；Allan M. Rugman，Inside the Multinationals，1981.

③ John H. Dunning，International production and Multinatinal Enterprise，1981.

术转移的方法，则会丧失内部化优势与区位优势所能带来的收益。

以上介绍的几位代表人物及他们的研究成果虽然只是关于跨国企业理论探讨的一小部分，但是他们的研究构筑了一个从国际生产要素组合角度研究跨国企业行为理论的框架。各国经济学家关于跨国企业行为的其他研究，有不少是对这一理论框架研究的进一步补充和发展。

二、寡占市场（即寡头垄断市场）的反应

对企业跨国经营的行为，一些学者更侧重从企业所面临的市场角度，特别是从跨国企业投资产业大都属于寡占市场特征的角度进行研究。

（一）海默论跨国企业的寡头垄断反应行为

对于发达国家之间的对向或交叉直接投资来说，海默认为，必须利用寡占反应行为来解释。海默所说的寡占反应行为是指各国寡占企业通过在竞争对手的领土上建立地盘来加强自己在国际竞争中的地位。[①] 海默认为对向直接投资只是国内寡占竞争行为在国际范围内的延伸，但基础仍在于各国企业所拥有的技术等垄断优势，各国企业在技术、管理及规模经济方面的相对优势决定了直接投资的流向及多寡，决定了一国是主要的对外直接投资国还是主要的直接投资接受国。海默对跨国公司寡占反应行为的解释还只是作为垄断优势理论的补充，在寡占反应理论上作出较为系统阐述的是美国学者尼克博克（F. T. Knickerbocker）。

（二）尼克博克的“寡占反应理论”

尼克博克沿着与海默不同的思路，对美国跨国公司对外直接投资提出了新的解释。[②] 他指出，战后美国企业对外直接投资主要是由寡占行业少数几家寡头公司进行的，它们的投资又大多在同一时期成批发生。由于这个特点，尼克博克认为，垄断优势理论不能作为全面解释美国企业对外直接投资的决定因素，必须用寡占行为理论加以补充。

尼克博克将对外直接投资区分为“进攻性投资”与“防御性投资”。在国外市场建立第一家子公司的寡头公司的投资是进攻性投资，同一行业其他寡头成员追随率先公司也建立子公司，是防御性投资。尼克博克认为，决定这两类投资的因素各不相同的，进攻性投资的动因可由维农的产品周期理论解释，而防御性投资则是由寡占行业所决定的。尼克博克研究的重点是防御性投资。决定防御性投资行为的寡占反应，目的在于抵消竞争对手首先采取行动所得到的好处，避免对方的行动给自己带来的风险，保持彼此之间的力量均衡。当国内同一寡占行业的竞争对手率先在某国外市场进行直接投资时，其他寡头企业就会面临严重风险。这些企业在该地的出口地位与市场份额将会降低，公司收益减少；更重要的是，竞争对手在国外经营中可能获得新的竞争优势与能力，从而可能使其他企业在国内与国外的经营都处于不利地位。为了使风险减少到最低程度，寡头企业的最优战略便是紧随竞争对手，在对方已进入的市场上建立自己的子公司，恢复与竞争对手的竞争均衡。尼克博克认为，这种寡占反应行为解释了美国某些寡占行业中几家大公司在一个很短的时期内集中对某个国家进行直接投资，纷纷建立子公司的原因。西欧对美国的直接投资也有

---

① Stephen H. Hymer，The Multinational Corporation：A Radical Approach，1979，pp. 227～228.

② Frederick T. Knickerbocker，Oliopolistic Reaction and Multinational Enterprise，1973.

类似情况发生。

尼克博克在其寡占反应理论中还详细分析了与对外直接投资成批性有相关关系的各种因素。他证明，对外直接投资成批性与行业集中程度、行业盈利率以及东道国市场容量等因素正相关，与规模、产品创新、产品差别以及产品多样化的程度等因素负相关。这些结论对寡头垄断市场的深入研究具有较高的价值。

三、经过修正的产品周期理论——国际生产要素最优结合理论与寡占市场反应理论的结合

20 世纪 70 年代，维农本人已认识到，他的产品周期理论已不能作为一个完整的理论来解释以美国为基地的跨国企业的行为①，随后修正了他的理论。他引入国际寡占行为来解释跨国企业的投资行为。维农将产品周期重新划分为以创新为基础的寡占、成熟的寡占、老化的寡占三个阶段。在各个阶段中，跨国企业根据不同类型的进入壁垒建立和维持自己的垄断地位。不同的进入壁垒对跨国企业在国内和国外的生产区位选择具有重要的意义。②

（一）以创新为基础的寡占阶段

在以创新为基础的寡占阶段，创新仍在国内市场开始，并受国内生产要素禀赋状况的影响，但跨国企业也有可能针对国外市场研制新产品。为了维护垄断地位，跨国企业在产品创新上投入大量资本和人力，扩大现有产品的差别，加强对新产品和技术的垄断。由于各国资源禀赋条件不同，美国公司在满足高收入需求以及节省劳动的产品创新与研制上拥有比较优势，欧洲公司将会集中创新节省土地和原材料的产品，日本公司则集中在节省原材料产品的创新上。新产品的研制与生产仍集中于国内生产基地，以便协调生产与研制及销售活动。在技术扩散、产品和工艺标准化以及国外竞争出现时，跨国企业就会把生产移往国外，维持和延续以创新为基础的优势。但由于各国、公司的技术和生产成本结构不同，各国跨国企业的区位选择可能有差异。

（二）成熟的寡占阶段

在成熟的寡占阶段，跨国企业以创新为基础的优势消失，但跨国企业会利用生产、销售与研制的规模经济来代替创新因素，排斥竞争者进入。这时，规模经济就构成寡占优势的基础。各国跨国企业主要采取相互牵制战略或盯住战略来维持各自的市场份额与地位。前一战略指跨国企业各自到对方的主要市场上设厂经营，以此为质来避免竞争对手在自己的市场上削价竞争。后者指当领先的公司开辟新市场时，同一行业的寡头成员亦紧紧跟上，以维护寡占均衡。两种战略均旨在稳定寡头成员在世界市场上的份额，避免竞争失利。

（三）老化的寡占阶段

到老化的寡占阶段，规模经济已不再是阻碍竞争者的有效手段，跨国企业力图组成卡特尔，或通过广告商标使它们的产品互有差别，以建立新的障碍。但由于竞争者不断进入，成本竞争与价格竞争的压力重新出现，成本高的公司被迫退出该行业，拥有有利生产条件的公司继续留下。这时，生产区位的选择主要取决于成本差异，而市场距离和寡占反

---

① Stephen H. Hymer，The Multinational Corporation：A Radical Approach，1979，pp. 227～228.

② Raymond Vernon，"Location of economic activity"，in John H. Dunning ed.，Economic Analysis and the Multinatinal Enterprises，1974.

应则变成次要的因素。

综上所述，在经过维农修改过的产品周期理论中，跨国企业在三个产品周期分别以产品差异、规模经济、成本差异为主要的维持寡占优势的手段。

维农的产品寿命周期理论将制造业产品国际贸易和直接投资看作产品通过其生命周期的动态模式。依据这一理论，投入的不断变化以及产品趋于标准化的特性决定了产品在其生命周期的不同阶段有相应的最佳生产地点。

然而，当今世界技术的迅速普及已经成为现实，维农的产品寿命周期理论在以下三个方面仍存在局限：

第一，不断加快的新产品引进步伐和创新领先时间的缩短，使公司从陈旧的多中心营销方式向全球市场观念转变。

第二，在产品寿命周期中对资源进行有预见性的开发，使得精明的公司在竞争中获胜。

第三，在全球范围对不同地点和公司的资源进行更为积极的管理，使公司在竞争中占有先动优势。

四、发展中国家对外直接投资理论的探讨

传统的对外投资理论，用于解释发达国家向发展中国家的垂直投资，或发达国家之间的水平投资行为已日臻完善。

近年来，为了寻求发展中国家对外投资的理论依据，国际经济学界创立了一些新的理论学说。

(一) 投资发展周期理论

邓宁在 1981 年又提出“投资发展周期理论”，从动态角度解释发展中国家对外投资行为，进一步发展和完善其国际生产折中理论。邓宁实证分析了 67 个国家 1967—1978 年间直接投资流量与人均国民生产总值的联系，结果发现：一个国家对外直接投资与该国经济发展水平密切相关。换言之，一个国家对外直接投资的动力和能力大小，直接取决于人均国民生产总值的高低。因为处于不同经济发展阶段的国家，企业所有权优势、内部化优势和区位优势都有较大差别，从而对直接投资流量产生重大影响。

邓宁根据人均国民生产总值大小划分了四个经济发展阶段，处于不同阶段的国家对外直接投资的地位也不同：

(1) 处于第一阶段的是人均 GNP 低于 400 美元的最穷的发展中国家，这些国家企业缺乏所有权优势，且内部化能力也很低，几乎没有对外直接投资。同时，这些国家缺少区位优势，投资环境差，引进外资规模也很小。该国对外直接投资净额为负值。

(2) 处于第二阶段的是人均 GNP 在 400～2 000 美元之间的发展中国家，这些国家的企业所有权优势和内部化优势虽有所增长，但仍很有限，对外直接投资只能维持在一个较低的水平上。随着本国投资环境的改善，开始出现较强的区位优势，从而吸引越来越多的外商直接投资。这一阶段对外直接投资净额仍为负值，且负值有增加的趋势。

(3) 处于第三阶段的是人均 GNP 在 2 000～4 750 美元之间的国家，这时本国所有权优势和内部化能力明显增强，对外直接投资也相应增长，其发展速度可能超过引进国外直接的发展速度，但对外直接投资净额仍为负值，不过数额日益减少。

(4) 处于第四阶段的是人均 GNP 在 4 750 美元以上的国家，其拥有强大的所有权优

势和内部化能力，同时善于利用国外的区位优势，对外直接投资额明显大于引进外资额，且差额不断扩大，因此对外直接投资额为正值，并呈现逐步扩大的趋势。

邓宁认为，一国吸引外资和对外投资的数量不能仅仅用经济指标衡量，它还取决于一国的政治经济制度、法律体系、市场机制、教育水平、科研水平以及政府的经济政策等因素。一国的所有权优势、内部化优势和区位优势可以从国家、产业和企业三个层面上进行分析。从所有权优势看，国家层面的因素包括自然资源禀赋、劳动力素质、市场规模及其特征、政府的创新、知识产权保护、竞争与产业结构政策；产业层面的所有权优势包括产品和加工技术深度、产品差异程度、规模经济、市场结构等；企业层面的所有权优势包括生产规模、产品加工深度、生产技术水平、企业创新能力、企业的组织结构、管理技术、企业获得低成本要素供给的能力等。

邓宁经济发展阶段论的启示是，在一定的经济发展条件下，一国吸纳的外国直接投资和其对外投资是紧密相连的两个发展过程，如何有效利用外资并使其作为提高本国国际竞争力的基础，是每一个发展中国家所面临的课题。

但是，投资发展周期理论在分析方法上仍存在着不足。邓宁用人均国民收入水平来区分经济发展阶段从而说明一国的国际投资地位。按照这一分析逻辑，经济越发展，人均净对外投资量就越大。这一结论难以经得住实践检验。比如，人均净对外投资值低，可能由两种情况所致：一种是那些低收入国家，既没有外资投入，更谈不上对外投资，其人均净对外投资表现出一种均衡状态；另一类是经济发达国家，其对外投资存量和外国直接投资存量都有相当规模，其人均净对外投资值仍然是低的，而这两类国家在经济发展水平上不可比拟。例如，根据邓宁的计算，1967—1975 年间，埃塞俄比亚的人均净对外投资是－500 000美元，德国和法国的同类指标分别是－1 300 000美元和－3 800 000美元。即使是经济发展水平相同的国家，人均净对外投资也表现出很大的差异。例如，根据邓宁的计算，人均国民收入在2 500～4 000美元之间的国家中，英国和荷兰人均净对外投资为17.2和11.4，比利时、卢森堡分别为－51.4，挪威为－32.1。可见，人均净对外投资并不是真正反映一国国际投资地位的代表性指标。

就中国的情况而言，1994年以来，中国一直是世界第二大东道国。外国直接投资大规模进入中国，已成为中国向海外投资的必要条件之一。中国内向投资与外向投资的关联性十分显著。1982—2007 年中国外商直接投资流入额与中国对外直接投资流出额见表7—1。

表 7—1　　1982—2007 年中国外商直接投资流入额与中国对外直接投资流出额

单位：亿美元

年份	外资直接投资额 A	对外直接投资额 B	A－B	年份	外资直接投资额 A	对外直接投资额 B	A－B
1982	0.4	0.04	0.36	1988	3.2	0.85	2.35
1983	0.6	0.09	0.51	1989	3.4	0.78	2.62
1984	1.3	0.14	1.16	1990	3.5	0.83	2.67
1985	1.6	0.63	0.97	1991	4.4	0.91	3.49
1986	1.9	0.45	1.45	1992	11.2	4	7.2
1987	2.3	0.65	1.65	1993	27.5	4.4	23.1

续前表

年份	外资直接投资额A	对外直接投资额B	A—B	年份	外资直接投资额A	对外直接投资额B	A—B
1994	33.7	2	31.7	2001	468.46	70.92	397.54
1995	37.5	1.9	35.6	2002	527.43	28.49	498.94
1996	41.7	2.1	39.6	2003	535.05	18.5	516.55
1997	45.28	2.72	42.56	2004	606.3	20.81	585.49
1998	45.46	2.82	42.64	2005	855.06	118.71	736.35
1999	404.12	23.77	380.35	2006	865.67	185.47	680.2
2000	407.72	22.39	385.33	2007	1 496.24	189.25	1 306.99

资料来源：根据历年《中国对外经济年鉴》和国家统计局《中国统计年鉴》中的“国际收支平衡表”数据整理。

中国企业对外直接投资印证了邓宁所总结的规律。自1999年开始，在中国利用外商直接投资在发展中国家中已经连续7年排名第一之时，中国对外直接投资开始大幅度增长。2006年中国人均GDP超过2 000美元，依据邓宁的理论，进入投资发展周期第三阶段，即本国所有权优势和内部化能力明显增强，对外直接投资也相应增长。事实上，中国这一周期提前了一年，从2005年开始，中国对外直接投资迈进了一个新的历史时期，当年对外直接投资额突破100亿美元大关，达到118.71亿美元，累积投资总量达到460亿美元，在联合国贸易与发展发展会议《2006年世界投资报告》中被列为2005年发展中经济体和转型期经济体对外直接投资15强的第7位。此后，中国企业对外直接投资继续增长，2006年为185.47亿美元，2007年为189.25亿美元。

（二）小规模技术理论

在对发展中国家对外直接投资理论的研究者中，美国哈佛大学研究跨国公司的著名教授刘易斯·威尔斯（Louis T. Wells）被认为是最有影响的代表人物之一。他在1977年发表的《发展中国家企业的国际化》一文中提出小规模技术理论，在1983年出版的《第三世界跨国公司》专著中对该理论作了较系统的阐述。

威尔斯教授和他的助手在20世纪80年代初建立了发展中国家跨国企业的数据库，包括1 964家海外子公司和分公司以及963家母公司。这些子公司和分公司分布在125个东道国，其中有963家子公司和分公司是从事制造业经营的。威尔斯在该项研究中对发展中国家跨国企业的投资动机、竞争优势、投资方式以及政府政策等问题进行了深入的讨论。

威尔斯认为，与发达国家相比，发展中国家的经济技术相对落后，在对外直接投资中难以有绝对的竞争优势，因而发展中国家跨国公司的技术优势具有十分特殊的性质，这种优势是投资企业母国市场环境的反映。威尔斯主要从三个方面分析了发展中国家跨国公司的比较优势。

1. 拥有为小市场需求服务的小规模生产技术

低收入国家制成品市场的一个普遍特征是需求量有限，大规模生产技术无法从这种小市场需求中获得规模效益。而这种市场空缺正好被发展中国家企业所利用，它们以此开发了适合小批量生产的技术而获得对外投资的部分优势。1959年斯里兰卡准备求助苏联建一座轧钢厂。当时，苏联一座轧钢厂最小的生产能力也要6万吨/年，西方国家一座轧钢厂的平均生产能力在100吨/年。斯里兰卡对钢材的年需求量只有3.5吨，所需的钢材品种却比苏联轧钢厂提供的要多。最后，斯里兰卡从印度进口了适合小批量生产的钢铁设备。

在许多产品销售市场较小的情况下，发展中国家的企业只有使技术适合于小规模制造，才能增加利润。这些企业一般在开始时总是使用从工业国引进的技术，然后逐步改造使之适合于本国市场。威尔斯对印度52家制造业跨国公司的一项调查表明，绝大部分印度公司生产技术是从国外进口的，而且几乎所有公司都对进口的外国技术进行了改造，以满足本国和其他发展中国家批量、多样化产品的市场需求。

在对泰国的一项调查中发现了发展中国家跨国企业具有小规模的特点。通过生产设备能力利用率可以证明发展中国家企业小规模是很有效的。根据他的考察，在泰国的外国公司中，发达国家跨国企业的生产规模比当地企业的生产规模平均大两倍以上。在生产设备能力利用率上两者也出现了明显差距，前者的平均生产能力使用率仅为26%，后者却高达48%。

威尔斯认为，发展中国家跨国企业所掌握的小规模技术具有“劳动密集型”和“灵活性”的特点。他比较了印度尼西亚外国公司的资本劳动比率。结果表明，跨国公司的资本劳动比率比东南亚国家和地区的资本劳动比率高一倍以上。为了满足小规模市场的需要，发展中国家的企业必须使生产技术具有灵活性，提供品种繁多的产品。

2. 来自“当地采购和特殊产品”的竞争优势

威尔斯认为，发展中国家的竞争优势来自“当地采购和特殊产品”。为了减少因进口技术而造成的特殊投入，发展中国家的企业便寻求用本地的投入替代特殊投入。一旦这些企业学会用本地的投入替代特殊投入，它们就可以把这些专门知识推广到面临同样问题的其他发展中国家。

发展中国家对外直接投资的另一特征表现在鲜明的民族文化特点上，这些海外投资主要是为海外同一种族团体的需要而建立的。一个突出的例子是华人社团在食品加工、餐饮、新闻出版等方面的需求，带动了一部分东亚、东南亚国家和地区的海外投资。而这些民族产品的生产往往利用母国的当地资源，在生产成本上享有优势。根据威尔斯的研究，这种“民族纽带”式的对外投资在印度、泰国、新加坡、马来西亚以及中国台湾、中国香港特区都占有一定比例。

3. 低价产品营销策略

物美价廉是发展中国家跨国企业抢占市场份额的有力武器。发达国家跨国企业的产品营销战略往往投入大量的广告费用，树立产品形象，以创造名牌效应。而发展中国家跨国企业则支出较少的广告费用，采取低价营销战略。美国学者Busjeet对毛里求斯出口加工区外国制造业公司的调查证实，发展中国家跨国企业推销产品的广告费用大大低于发达国家的同行公司。在被调查的企业中，96%的发展中国家公司广告费用占销售额的比例低于1%，而在跨国企业的同行中，21%的子公司广告费用占销售额的比例超过5%。

威尔斯有关发展中国家跨国企业的研究在西方理论界被认为是该领域早期代表性成果。小规模技术理论的最大特点，就是摒弃了那种只能仰赖垄断的技术优势打入国际市场的传统观点，将发展中国家对外直接投资竞争优势的产生与这些国家自身的市场特征有机结合起来，从而为经济落后国家发展对外直接投资提供了理论依据。由于世界市场是多元化、多层次的，即使对于那些技术不够先进、经营范围和生产规模不够庞大的小企业而言，参与对外直接投资仍有很强的经济动力和较大的市场空间。但是，从本质上看，威尔斯的小规模技术理论属于技术被动论。他显然继承了维农的产品寿命周期理论，认为发展中国家主要使用“降级技术”生产产品，生产的是在西方国家早已成熟的产品。这样，发展中国家在这个国际生产的位置永远处于边缘地带，或是产品寿命周期的最后阶段。同时，该理论很难解释一些发展中国家的高技术企业的对外直接投资行为，也无法解释当今发展中国家对发达国家的直接投资日趋增长的现象。

（三）技术地方化理论

英国经济学家拉奥（Sanjaya Lall）在1983年出版的《新跨国公司：第三世界企业的发展》一书提出，用技术地方化理论来解释发展中国家对外直接投资行为。拉奥深入研究了印度跨国公司的竞争优势和投资动机，认为发展中国家跨国企业的技术特征尽管表现为规模小、使用标准化技术和劳动密集型技术，但这种技术的形成却包含着企业内在的创新活动。

拉奥认为，以下几个条件使发展中国家企业能够形成和发展自己的“特定优势”：

（1）在发展中国家中，技术知识的当地化是在不同的环境下进行的。这种新的环境往往与一国的要素价格及质量相联系。

（2）发展中国家生产的产品适合于它们自身的经济条件和需求，换言之，只要这些企业对进口的技术和产品进行一定的改造，使产品能够更好地满足市场需要，这种创新活动就会形成竞争优势。

（3）发展中国家企业竞争优势不仅来自其生产过程及产品与当地供给条件和需求条件的紧密结合，而且来自创新活动中所产生的技术在小规模生产条件下具有更高的经济效益。

（4）在产品特征上，发展中国家企业仍然能够开发出与名牌产品不同的消费品，特别是国内市场较大、消费者的品位和购买能力有很大差别时，发展中国家的产品仍有一定的竞争能力。

（5）上述几种优势还会由于民族的或语言的因素而得到加强。

技术地方化理论以发展中国家跨国企业为研究对象，为发展中国家进行对外直接投资提供了新的理论支持。该理论的重要意义在于，它不仅指出了发展中国家技术及其产品对于当地市场的适应性，而且强调技术创新对增强企业的国际竞争能力的重要作用，尽管对企业技术创新活动的描述仍然是粗线条的。此外，该理论还强调根据东道国市场特征不同开发出不同产品，以便形成独特的竞争优势，这对我们发展对外直接投资是有启迪意义的。发达国家与发展中国家跨国公司竞争优势来源对比如表7—2所示。

表7—2　发达国家与发展中国家跨国公司竞争优势来源对比①

发达国家跨国公司	发展中国家跨国公司
1. 企业/集团规模大	1. 企业集团
2. 靠近资本市场	2. 技术适合于发展中国家供求条件
3. 拥有专利或非专利技术	3. 有时的产品差异
4. 产品差异	4. 营销技术
5. 营销技巧	5. 适合当地条件的管理技术
6. 管理技术和组织优势	6. 低成本投入（特别是管理和技术人员）
7. 低成本投入	7.“血缘”优势
8. 对生产要素和产品市场的纵向控制	8. 东道国政府的支持
9. 东道国政府的支持	

① Sanjaya Lall（1983）. The New Multinationals：the Spread of Third World Enterprises. New York：John Wiley & Sons. pp. 250－268.

（四）技术创新产业升级理论

20世纪80年代中期以后，发展中国家对外直接投资出现了加速增长的趋势。特别是一些新兴工业国家和地区的对外直接投资把触角直接伸向工业发达国家，并成为当地企业有力的竞争对手。如何解释发展中国家跨国企业的新趋势，是跨国公司理论界面临的重要挑战。坎特威尔（Cantwell John）教授是英国里丁大学研究技术创新与经济发展问题的著名专家，他作为托兰惕诺（Paz Estrella E. Tolentino）的博士生导师，与托兰惕诺共同对发展中国家对外直接投资问题进行了系统的考察，提出了发展中国家技术创新产业升级理论。该理论提出后，受到经济理论界的高度评价，托兰惕诺本人的博士论文《技术创新与第三世界跨国公司》也因此获得了1989年度理查得·法默国际商务学会最佳博士论文奖。

发展中国家跨国企业技术创新产业升级理论提出了两个基本命题：

第一，发展中国家产业结构的升级，说明了发展中国家企业技术能力的稳定提高和扩大，这种技术能力的提高是一个不断积累的结果。

第二，发展中国家企业技术能力的提高是与它们对外直接投资的增长直接相关的。现有的技术能力水平是影响其国际生产活动的决定因素，同时也影响着发展中国家跨国公司对外投资形式和增长速度。

在第一、第二个命题的基础上，该理论的基本结论是：发展中国家对外直接投资的产业分布和地理分布是随着时间的推移而逐渐变化的，并且是可以预测的。

坎特威尔和托兰惕诺认为，从历史上看，技术积累对一国经济发展的促进作用，在发达国家和发展中国家没有什么本质上的差别。技术创新仍然是一国产业、企业发展的根本动力。与发达国家相比，发展中国家企业的技术创新表现出不同的特征。发达国家企业的技术创新表现为大量的研究与开发投入，掌握和开发尖端的高科技，引导技术发展的潮流。而发展中国家企业的技术创新并没有很强的研究与开发能力，掌握和开发现有的生产技术。

新兴工业化经济体的竞争优势表现在工业产品、轻工业消费品（如纺织、服装和鞋帽、玩具以及电子产品）。这些企业的技术创新最初来自外国技术的进口，并使技术适合当地的需求。随着生产经验的积累，进行技术创新，这种创新优势又随着管理水平、市场营销水平的提高而得到加强。因此，发展中国家跨国公司的技术积累过程是建立在“特有的学习经验基础上的”。

坎特威尔和托兰惕诺还分析了发展中国家跨国企业对外直接投资的产业特征和地理特征。他们认为，发展中国家跨国企业对外直接投资受其国内产业结构和内生技术创新能力的影响。在产业分布上，首先是以自然资源开发为主的纵向一体化生产活动，然后是以进口替代和出口导向为主的横向一体化生产活动。从海外经营的地理扩张看，发展中国家在很大程度上受“心理距离”的影响，遵循“周边国家——发展中国家——发达国家”的渐近发展轨道。随着工业化程度的提高，一些新兴工业化经济体的产业结构发生了明显变化，技术能力也得到迅速提高。在对外投资方面，它们已经不再局限于传统产业的传统产品，开始从事高科技领域的生产和开发活动。例如，中国台湾跨国公司在化学、半导体、计算机领域；新加坡跨国企业在计算机、生物技术、基因工程、电子技术领域；韩国、香港特区企业在半导体、软件开发、电信技术等领域都占有一席之地。这些国家和地区对发达国家的投资也表现出良好的竞争力。

（五）人力资本理论

人力资本理论从另一个角度研究了发展中国家企业向发达国家的投资行为。

新古典理论认为，发展中国家的资本/劳动比率远远小于发达国家，即发展中国家资本的边际产品要高于发达国家，因此资本的合理流向应是从发达国家到发展中国家。卢卡斯（Lucas）认为，新古典理论忽略了国家与国家之间劳动者的质量差异。因为发达国家的劳动中可能含有大量的发展中国家所无法比拟的人力资本因素。根据克鲁伊格（Krueger）1968年的测算，美国或加拿大一个工人的生产力大约相当于印度或加纳五个工人的生产力。所以，发达国家与发展中国家的资本/劳动比率的差异并不像新古典理论假设的那样，发达国家的资本边际报酬仍有可能高于发展中国家，这就为资本由发展中国家流向发达国家提供了一种理论上的解释。

（六）投资诱发要素组合理论

近年来，国际经济学者为了克服以往对外直接投资理论的片面性和局限性，提出了“投资诱发要素组合理论”。该理论的核心观点是：任何形式的对外直接投资都是在投资直接诱发要素和间接诱发要素的组合作用下而发生的。

所谓直接诱发要素，主要是指各类生产要素，包括劳动力、资本、资源、管理及信息知识等。直接诱发要素既可存在于投资国，也可存在于东道国。如果投资国拥有技术上的相对优势，可以诱发其对外直接投资，将该要素转移出去。反之，如果投资国没有直接诱发要素的优势，而东道国却有这种要素的优势，那么投资国可以通过对外直接投资的方式利用东道国的这种要素。例如，一些发展中国家通过向技术先进的国家投资，在当地建立高技术分公司或研究开发机构，将其作为科研开发和引进新技术、新工艺和新产品设计的前沿阵地；或者与东道国联合投资创办企业，在实际生产经营过程中直接学习别国先进技术和管理经验，从而获得一般的技术贸易和技术转让方式得不到的高新技术。由此可见，东道国的直接诱发要素同样也能诱发和刺激投资国的对外直接投资。

间接诱发要素是指除直接诱发要素以外的其他诱发对外直接投资的因素，主要包括三个方面：（1）投资国政府诱发和影响对外直接投资的因素。例如，鼓励性投资政策和法规；政府与东道国的协议和合作关系等。（2）东道国诱发和影响对外直接投资的因素。例如，东道国政局稳定；吸引外资政策优惠；基础设施完善；涉外法规健全等。（3）全球性诱发和影响对外直接投资的因素。例如，经济生活国际化以及经济一体化、区域化、集团化的发展；科技革命的发展及影响；国际金融市场利率和波动等。

投资诱发要素组合理论试图从新的角度阐释发展中国家企业对外直接投资的动因和条件。直接诱发要素的提出，较好地解释了发展中国家企业到发达国家投资获取先进技术的动机，间接诱发要素则拓展了区位理论，全面总结了企业对外投资的环境因素，而发展中国家企业的对外直接投资在很大程度上是间接诱发要素作用的结果。

第二节 国际化经营进入国外市场的方式与职能演进

一、企业进入国外市场的方式

企业进入国外市场的模式一般有出口、许可证交易、证券投资、对外直接投资等几种主要模式。每一种进入模式都有各自的利与弊。

(一) 出口

商品出口贸易是最简单，也是最普遍的进入国外市场的方式，可分为间接出口和直接出口两种途径。

1. 间接出口

间接出口是指企业通过中间商或其他国内代理机构来经营商品出口业务。间接出口的主要渠道包括：

(1) 专业国际贸易公司，生产企业可以将产品卖给或委托给这些公司，由其自行出口销售。

(2) “搭便车”出口，指一个企业利用另一个出口企业已经建立的国外渠道和经营能力出口。目前，中国大型企业或企业集团以及中外合资企业中已有相当一部分获得了外贸自主经营权，中小企业可借助这些企业的力量将本企业产品打入国际市场。

(3) 出口管理公司，这是一种专门为生产企业从事出口贸易的公司，是中小型企业进行间接出口的一种重要形式。它与专业性国际贸易公司的区别主要在于其业务是以代理的形式进行的，即出口管理公司以生产企业的名义从事产品的外销活动，并收取一定的佣金。这种出口渠道在我国尚不多见，但在欧美比较普遍。美国制造业出口产品的10%是利用出口管理公司完成的。

(4) 外国企业驻本国的机构，这主要是指外国的大型批发商、零售商、原材料采购商和国际贸易公司在东道国设立的采购处，它们主要将东道国的商品出口到自己的国家或其他国家。

间接出口形式可以使企业在不增加固定投资的前提下开展国际业务，因而其费用及风险小。同时，产品的生产集中于某一地区能够实现规模经济效益。企业可以借助于在国际市场上销售的初步成功，逐步增加出口产品系列进入新的目标市场，进而转为直接出口。

然而，利用间接出口的方式进行国际业务也有很大的局限性：产品生产企业不能迅速准确地掌握国际市场信息；企业不能获得在国际市场的直接经营经验，国际化经营水平不能得到提高；商品的市场份额和价格无法控制；企业的信誉很难提高等。此外，还存在运输和保险成本高，易发生交货延误等缺点。这些都直接影响着生产企业的经济效益和发展速度。随着生产规模的扩大，生产企业都有向直接出口过渡的愿望。

2. 直接出口

直接出口是指把企业生产的产品直接卖给国外的客户或最终用户，而不是通过国内的中间机构转卖给国外顾客。直接出口要求企业有自己的国际营销渠道，有专人负责出口营销的管理工作。与间接出口相比，直接出口投资较大，风险较大，但潜在的报酬也较高。

直接出口主要有以下几种形式：

(1) 企业驻外办事处。它直接负责本企业产品的销售，并兼有收集市场信息、提供维修服务等职能，海外办事处一般都设在市场潜力较大，并有希望向更高经营阶段过渡的国家和地区。

(2) 建立国外销售子公司。其与驻外办事处的区别是在法律和税收方面具有相对独立性，企业能更深入地介入国际化经营活动。

(3) 直接卖给最终用户。这种出口方式往往适用于大型设备或专有技术的出口，如航空航天设备、大型成套水利电力设备、高技术产品等。

（4）国内出口部。它是国内销售部门的分支机构，专门从事国际营销活动。按专业化分工，企业的出口活动全部由出口部承担，这种部门往往可发展为专营进出口业务的分公司或子公司。

直接出口的优点相对于间接出口而言，主要体现在企业的主动权及控制能力上。直接出口使企业更加接近国际市场，因而企业能够直接掌握国际市场的动态及发展状况，直接了解消费者的各种需求变动情况。直接出口减少了中间环节，从而能够使企业及时掌握国际市场环境的突变情况，并做出迅速、适当的反应。在间接出口的情况下，产品使用的往往是中间商的商标或中间商名义向国际市场销售，而直接出口可以避免这些缺点，加强企业自身商标、品牌的市场渗透，有利于提高企业知名度，在消费者心中建立一定的品牌忠诚度。此外，对于具有国际化经验的企业，出口可以减少技术外溢风险。

但是，直接出口无论采取何种具体渠道，一般来说都需要企业有更大的投入，而且需要自己承担各种风险。因而，间接出口与直接出口，很难简单判断哪一种更具有优势。企业选择哪一种出口方式和具体渠道将产品销售到国际市场上去，在综合分析比较两者各自优缺点的基础上，还须根据商品的特点以及企业自身的条件加以综合考虑，才能做出正确的决策。

整体上看，出口方式相对于后面的方式而言，对于刚刚起步的企业，简便易行，风险小。对于具有国际化经验的企业，出口可以减少技术外溢风险。

（二）许可证贸易进入模式

许可证贸易，是指技术许可方将其交易标的的使用权通过许可证协议或合同转让给技术接受方的一种贸易方式，是技术贸易最基本、最主要的形式。许可证贸易的标的内容包括专利技术、商标和专有技术三方面。

1. 许可证贸易的类型

按照受让方取得使用许可项目的权限，许可证贸易可分为以下几种。

（1）独占许可证，即在规定的地区内，受让方对引进的技术在协议有效期内享有独占的使用权，出让方不得在该地区使用该项技术制造和销售产品，也不得把同样技术授予该地区的任何第三方。

（2）排他许可证，即在规定地区内出让方和受让方在协议有效期内对许可证协议项目的技术都享有使用权，但许可方不得将该项技术在该地区的使用权授予第三方。

（3）普通许可证，即受让方对引进的技术在一定区域内有使用权，但对许可方和任何第三方使用该项技术没有任何限制，即出让方保留对该项技术的使用权和再转让的权力。

（4）双向许可证，即协议双方各自技术在限定的时间、地区内相互交换使用，这种转让一般都不收取费用。

在服务业中，许可证交易方式一般表现为特许经营方式。即企业卖给被特许经营企业以有限权利，可以使用企业的商标品牌，而收取一次性付清的费用和被特许经营企业利润的一部分。被特许可经营的企业要严格遵守许可方的经营规定。

1. 许可证贸易进入模式的优点

（1）经营风险小。从企业经营风险的角度来看，这种许可证交易的安排比直接对外投资风险小，因而许多新兴的跨国企业在向海外国际市场扩张的过程中，常常采用许可合同交易作为从出口到对外投资的一种过渡性的进入方式。许多资金不足或缺乏国外投资经验的企业也往往选择许可合同交易来进入国外市场以避免直接投资的风险。

(2) 带动企业产品的出口。通过许可合同交易，被许可方往往被允许使用许可方的商标、名称或规范化的服务模式等，这样就提高了许可方在当地市场的知名度，有利于许可方应的系列产品向当地市场的直接出口。有时在许可合同中还规定许可方应提供必要的零部件和机器设备等，这就使许可方企业产品的出口有了稳定的市场。

(3) 保护专利和商标。通过许可合同不但可以有效地保护专利和商标的所有权免遭可能的侵害，而且还可以增加一定的收益。

(4) 分摊研究与开发成本。许可合同具有投资少收益快的特点，从而受到被许可方的欢迎；同时许可方利用这种方式也增加了收益，可用来分摊其研究与开发成本，并积累了进一步开发与研究的资金，使企业继续保持其技术优势。

此外，当东道国的市场容量较小，就地生产不能实现规模经济时，尤其是服务性企业，比起设立分公司或子公司，许可合同或特许经营更能节省成本，避免风险。

2. 许可证贸易进入模式的缺点

(1) 控制程度低。许可方在许可合同的有效期内总是力求保持对被许可方某种程度的控制，因此合同中往往规定了许可方的某些监督权力；通过提供必要的零部件和机器设备也保证了许可方对被许可企业一定程度的控制。但总的来说，许可证贸易进入模式的控制程度远远低于直接投资。而且，被许可方产品质量不稳定会影响到许可方产品和技术的声誉。

(2) 培养了潜在的竞争对手。许可协议都是有一定期限的，协议终止后被许可方完全有可能独立地运用被授权的技术从事产品的生产和营销，并占领本国甚至外国的市场，成为许可方强有力的竞争对手。

(三) 对外证券投资

对外证券投资是指个人或机构取得外国证券，但并不控制该企业或参与管理，购买外国股票可能出于若干重要战略考虑：

(1) 证券投资可能成为直接投资的前奏。一些跨国企业把证券投资当作一种先发制人的行动，其目的是防止被国内或国外对手兼并。

(2) 证券投资可以作为企业长期计划的一部分，因为它可能有助于加强技术、许可证和销售协议。

(3) 证券投资也是扩大企业在其他国家利益的一种方法，如为了较长时期地占有，为了多样化经营，或是为了搜集市场信息，去建立一个基地。

尽管这些动机以及许多其他动机可以说明在国外从事证券投资的原因，但是制造业企业很少会把它的长期计划建立在这种投资的基础上。与直接投资相比，这种间接投资有两个基本弱点：一是证券投资虽然涉及所有权问题，但很少或没有涉及管理和控制问题，不能管理企业所持有的资产；二是证券投资很难充分发挥该公司的技术或产品的优势。由于这两个基本弱点，证券投资妨碍了企业把它持有的国外资产充分结合起来使用，而直接投资却能做到这一点。

(四) 对外直接投资进入模式

与出口和许可证贸易进入方式不同的是，采用对外直接投资进入模式，企业将管理、技术、营销、资金等资源以自己控制企业的形式转移到目标国家（地区），以便能够在目标市场更充分地发挥竞争优势。同出口方式相比，进行对外直接投资缩短了生产和销售的距离，减少了运输成本；可利用当地便宜的劳动力、原材料、能源等生产要素，降低制造成本；能随时获得当地市场的信息和产品的信息反馈，从而可根据市场的需求来调整生产。此外，对外直接投资也使企业跨越东道国政府的各种贸易和非贸易壁垒，有时直接投资还能享受东道国提供的某种优惠。但是，直接投资方式进入需要大量的资金、管理和其他资源的投入，这就意味着风险更大，灵活性差。

对外直接投资方式可以分为全股子公司与合资经营两种形式。

1. 全股子公司（即独资经营）

全股子公司，即由母公司拥有子公司全部股权和经营权，这意味着企业在国外市场上单独控制着一个企业的生产和营销。独资经营可以使企业拥有百分之百的控制权，全部利润归自己所有。此外，独资经营可以摆脱合资经营在利益、目标等方面的冲突问题，从而使国外子公司的营销战略与企业的总体战略融为一体。企业采取独资经营的方式进入国际市场还可以更直接、更全面地积累国际营销经验。这种进入方式的主要缺点表现在：企业投入的资金最多，风险也最大，同时由于东道国政府和公众可能不欢迎外来企业，因而不容易得到当地合作者的帮助，经营灵活性也较差。

2. 合资经营

合资经营又称为股权式经营，是指协议共同投资的各方各按一定比例的股份出资，共同组成一家具有法人地位、在经济上独立核算、在业务上独立经营的企业。

合资经营企业是对外直接投资的一种重要形式。企业采用这种方式，一方面可以减少国际化经营的资本投入，另一方面有利于弥补跨国经营经验不足的缺陷，有利于吸引和利用东道国合资方的资源，如东道国合资方在当地市场的信誉、融资与销售渠道、同当地银行和政府官员的公私关系及其拥有的生产、技术、管理和营销技能等。

合资经营企业最主要的缺点是：由于合资企业由多方参与投资，因此在产品定价、盈利分配、出口方向和数量、原料采购和产品设计等方面，投资企业常和当地合作者发生冲突。有关调查显示，发达国家之间合资经营企业的失败率高达50%以上，而在工业国与发展中国家之间这一比例更高。

绝大多数跨国企业进入中国市场初期由于对中国市场不了解，往往采取和中国内地企业合资、合作的方式。据统计，截至1996年底，合资一直是跨国企业选择最多的进入途径。随着跨国企业对中国市场的熟悉和中国市场本身的成熟（更规范、更具透明度以及更可预测性），越来越多的跨国企业选择了独资这一进入途径。

据统计，1997年中国内地建立的外商独资企业为9 604家，同年建立的合资企业为9 046家，这是新建独资企业首次超过合资企业，说明跨国公司在悄然改变着进入中国的途径，以往备受青睐的合资途径逐渐让位于独资。1998年5月14日德国《经济周刊》刊登了题为《中国合资时代行将结束，越来越多的德国企业在建自己的子公司》的文章。文章引用了香港菲杜西亚企业咨询公司的调查数据。该调查数据表明，想在中国发展业务的西方人中，只有32.5%打算继续建合资企业，有67.5%的人决定建立独立、全资的子公司。

（五）其他进入方式

1. 非股权安排

又称非股权投资或合同安排，是20世纪70年代以来被广泛采用的一种新的国际市场进入方式。进入企业在东道国的企业中没有股份投资，而是通过签订一系列合同为东道国提供各种服务，与东道国的企业建立起密切的联系，从中获得各种利益。非股权安排主要有管理合同、国际分包合同、工程承包合同、销售合同、劳务输出合同等多种形式。非股权安排是一种非常灵活的投资方式。联合国跨国公司中心在一份研究报告中称其为“直接投资的替代物”。

2. BOT 方式

BOT 是“Build - Operate - Transfer”的英文缩写，即“建设—运作—转让”的境外投资方式。一般是指企业与当地政府签订特许权协议，在一定期限内，按合同要求对东道国的某一基础设施项目进行建设和经营，所得收益用于偿还项目债务及投资回报。合同期满后，将该设施无偿移交给当地政府。BOT 有三个特点：一是初始投资大；二是经营周期长；三是不确定性投资风险较大。因此，在做出投资决策时，必须对项目的基本条件和风险进行详细的评估和预测。

二、进入方式的选择

企业选择进入外国市场的方式是一项重要的战略决策。决定和影响着企业对进入方式选择的各种因素，除了各种进入方式本身的特性和它们所共同具有的三个问题：控制、风险和灵活性外，还有两类因素：第一类是跨国企业内在因素；第二类是外部因素。

（一）公司内在因素对进入方式选择的影响

1. 技术水平

公司的技术水平是决定其进入方式选择的最重要的因素之一。国际技术市场是一个高度不完善的市场，一方面是指在技术市场上技术的泄密现象严重；另一方面，对一项新技术的估价很难找到一个客观标准，也没有国际技术交易所；此外，许可证交易本身也具有一些内在的缺点。因此，拥有先进技术的公司往往倾向于对外直接而把外国市场内部化，以此来克服国际技术市场的缺陷和许可证交易本身的缺点。

戴维逊（Davidson）等人的研究表明，当跨国公司研究开发的开支占销售的比例从2%增加到5%时，对外直接投资发生的频率也从0.74上升到0.82。他们的研究也表明，研究与开发开支很大的企业比研究开发开支较小的企业更为经常地进行对外直接投资。虽然研究与开发的开支水平不能直接用来衡量技术水平，但它的确反映了企业继续保持或增强技术优势的可能性。①

威尔斯（Wales）等人则发现，研究与开发的开支与跨国公司对合资企业中所所占股权份额之间存在着正向关系。② 也就是说，跨国公司的研究与开发的开支越大，就越倾向于选择全股子公司。

上述研究结果不难解释：

（1）在不具备高技术的跨国企业所举办的合资企业中，跨国企业的合伙者往往会向合资企业提供重要的资源。这种资源的贡献往往超过了母公司处理同伙者的关系所需要的成本。然而，拥有高技术的跨国公司一般不需要合伙者，而由于合资经营所带来的束缚和冲

---

① 腾维藻等：《跨国公司战略管理》，上海，上海人民出版社，1992。

② 腾维藻等：《跨国公司战略管理》，上海，上海人民出版社，1992。

突，选择合资方式似乎是弊大于利。

(2) 合资企业也同许可证交易一样，会低估跨国企业所带来的技术的价值。当地合伙者可能不同意对母公司支付合适的价格或对母公司支付合适的收益。

(3) 某种行业的技术水平越高，发展中国家的企业没有来自发达国家的帮助而进入该行业的困难就越大，因此，跨国企业的讨价还价能力也越强，从而获准在当地建立全股子公司的可能性也越大。换言之，跨国企业对发展中国家的讨价还价能力同行业的技术水平具有正向的关系。

总之，跨国企业拥有的技术水平越高，就越倾向于采用控制性强的进入方式。但是，对于正处于迅速变化发展过程中的技术，为了迅速地抓住时机取得收益，有些跨国企业喜欢采用许可证交易的方式。对于一次性的和小项目技术专利，跨国企业也多采用许可证交易的方式，以避免直接投资固定成本。但是，如果跨国企业在东道国已经有了子公司，而且母公司的新技术属于该子公司的主要业务范围时，那么，即使是一次性的小项目也会在母公司同子公司之间内部转让。在这种情况下，许可证交易常常不会发生。

2. 产品年龄

按照维农产品寿命周期理论，企业对最新产品采取以出口为主、对外直接投资为辅的政策；随着产品的成熟，逐渐转向采取对外直接投资或以许可证交易为主、出口为辅的政策。

当企业把新产品的生产向国外转移时，它就要在不同股权份额的直接投资和许可证之间做出选择。一般的趋势是：产品越成熟，企业越会选择控制程度低的进入方式。即对于不成熟的产品，企业倾向于选择全股子公司的方式；对于较为成熟的产品，企业则倾向于选择合资企业或许可证交易。这主要有下面几个原因：

(1) 不成熟的产品具有很高的专有技术水平，只有开发该产品有创新，企业才能了解这种产品的特性和市场。因此，技术的传递和估价的困难对不成熟产品尤为突出。

(2) 不成熟的产品收益高，因此，企业希望以全股子公司的方式获得最大的收益。随着产品成熟和收益下降，企业更愿意选择合资企业和许可证交易。

(3) 不成熟产品使企业具有更大的讨价还价能力，迫使东道国让出更多的股权份额和控制。

3. 产品在母公司战略中所占的地位

公司一般对属于其重点发展的行业内产品更多地采用控制性强的进入方式；对于非重点发展的产品，则更多地采用许可证交易，即使进行对外直接投资，也往往更多地采取拥有股权额较少的合资企业方式。因为对非重点发展的产品，企业不想投入大量的资本，从而能将资源集中到重点发展的产品上去。这样不仅是公司经营战略的需要，而且还可以充分利用公司的子公司网络中现有的基础设施，节约投资成本。威尔斯发现，在跨国公司非重点发展的产品中，合资企业占公司对外直接投资的42.2%；而在跨国公司重点发展的产品中，合资企业则占33.6%。戴维逊等人也曾经指出，由于对外直接投资所需的大量固定成本和间接成本，跨国公司对于边缘性技术的交易内部化的可能性较母公司的主流技术交易内部化的可能性较小。

4. 品牌与广告开支

具有很高知名度品牌的跨国企业常常选择控制程度较大的进入方式，因为当地合伙者很可能会损害跨国企业品牌的声誉。品牌的知名度除了取决于产品本身和性质外，还取决于广告宣传。因此，品牌的知名度或企业广告开支越大，控制性强的进入方式就越有效。

当通过产品设计、式样、质量和名称的标准化来加强商誉成为企业战略的一部分时，进入者就要求更大的所有权。由于这种战略依靠品牌名称所意味着的商誉，对产品质量的控制就是非常关键的。因此，采取这类战略的跨国企业倾向于通过控制性强的进入方式来控制产品质量，以维护企业的商誉。

有关美国跨国公司在拉丁美洲活动的资料表明，由于广告开支的增加，美国跨国公司在拉丁美洲的子公司的所有权水平也随之提高。据统计，美国跨国公司在拉丁美洲的制药工业和化妆品工业中的广告开支最大，因此，在这两个工业中的子公司中有95%属于全股子公司。

5. 对外直接投资的固定成本

这里的固定成本指跨国企业在国外市场上的生产、销售和管理等所需的投资和其他开支。当固定成本相对于跨国公司的规模来说很大时，跨国企业就比较倾向于采用许可证交易或合资企业的方式以减少资本支出；当固定成本较小或能为跨国企业所承担时，跨国企业就倾向于采用全股子公司。

如果跨国企业在一个外国市场已经有了子公司，而且新的投资和现有子公司的行业是相关的，那么母公司对该市场的再次投资所需要的固定成本要低于一个没有子公司存在的外国市场的直接投资所需要的固定成本。这时，跨国企业就比较倾向于采用全股子公司股权方式。而对尚未建立子公司的外国市场，或虽然已经有了子公司但其行业与新的投资不相关的外国市场，跨国企业采取全股子公司的比例就较低。一项对57家以美国为基地的跨国公司的调查表明，在以前没有活动的外国市场，许可证交易方式占全部进入方式的31.8%；而当跨国企业市场上已经有了直接投资，许可证交易所占的比例则下降到17.2%，全股子公司所占比例则高达59.5%。导致这种现象的主要原因之一正是对外直接投资的固定成本的不同。

推行产品多样化战略的跨国企业，常常不能充分利用现有子公司网络的生产设施来减少直接投资的固定成本，因此，采用许可证交易和合资企业的比例就较高。而经营产品范围较窄的跨国企业则较为倾向采取全股子公司。例如，在欧洲，跨国公司的产品多样化程度同对外直接投资的股权水平之间的关系是负相关的。

6. 企业的国际经营经验

它包括几方面：第一，跨国企业总部对跨国企业管理的规模经济效益；第二，由于学习曲线效应，跨国企业人员经验的增加而带来的利益；第三，经验导致了不确定性的减少。

新兴的跨国企业进行对外直接投资时总是谨慎地选择它所较为熟悉的邻国或社会文化比较接近的国家。随着经验的积累，再进入较远、较陌生的国家，而且越来越不满足于由合伙者来管理合资企业。在国际经营上富有经验的跨国企业控制强的进入广度方式，并愿意为此承担更多的风险。

就一般情形而言，跨国企业所选择的进入方式的控制程度同跨国企业累积的国际经营经验具有正向相关的关系。

（二）外部环境因素对进入方式选择的影响

1. 母国与东道国社会文化的差异

一般情况下，母国与东道国之间的社会文化差异越大，对跨国企业来说不确定性也越大，因而跨国企业倾向于控制程度较低的进入方式，以减少资产暴露，增强灵活性。这是因为：第一，跨国企业管理人员不了解、不适应东道国的政治和商业环境以及东道国企业的经营方式，在环境很不相同的地方，把母公司的管理技术和管理制度引入东道国是很困难的。第二，社会文化差异也导致了很大的信息成本，于是跨国企业通过少数股的合资企业或许可证交易来减少这种信息成本。

57 家以美国为基地的跨国公司的有关材料表明，在诸如加拿大、澳大利亚和英国这样一些同美国高度相似的国家，使用许可证交易和合资企业方式的比例较低，而使用全股子公司的比例则较高，分别为 87.5%（加拿大）、65%（澳大利亚）和 63.4%（英国），而在其他国家中，这 57 个跨国公司采用许可证交易几乎占各种进入方式的一半。

阿根廷被普遍认为是南美洲最西方化的国家，菲律宾是亚洲相对来说最西方化的国家，因此，美国跨国公司在这两个国家的全股子公司的比例在南美和亚洲独占鳌头。在欧洲大陆，荷兰吸收与同化外国语言和文化的能力最强，因此，美国跨国公司在该国的介入程度也很高。而法国文化在欧洲大陆最为独特，则美国跨国公司法国的全股子公司的比例很低。

2. 东道国的管制

事实上没有一个东道国愿意让外国跨国企业自由地在自己的国家活动，然而，也很少有国家走到完全排除外国投资的极端。尽管各东道国对外国直接投资的管制各不相同，但无非都是采取鼓励和限制或禁止两个方面的管制，企图从外国投资中获得最大利益。

东道国常常按不同的行业对外国投资施加不同的限制。例如，印度把工业部门分为三大类：外国投资者只允许在第一类行业内直接投资；在第二类行业只能进行许可证交易；第三类行业则不允许外国企业以任何形式进入。东道国对外国直接投资的管制会随着时间的推移而发生变化。在印度和印度尼西亚，随着本国工业自给程度的提高，对外国投资的限制范围一直在扩大。而日本向外国直接投资开放的部门的数量从 1967 年的 55 个增加到 1973 年的 228 个，到 1980 年，除了三个部门以外，其他都开放了。

东道国对外国直接投资的审查程序虽然不会明显地影响外国投资的可能性，但审查过程和审查机构提出的必要条件常常增加了外国直接的成本，导致对外国直接投资的吸引力相对减弱。因此，在具有严格审查程序的国家，跨国企业也采用出口或许可证交易的方式。

3. 跨国企业和东道国谈判地位的演变

东道国（尤其是发展中国家）在同跨国企业打交道的过程中逐步积累着经验，它们的谈判技术和水平也在不断提高。联合国有关机构、各国的咨询公司和顾问也对东道国的谈判技术与水平的提高起到了很大的作用。

决定跨国企业和东道国的谈判地位的另一个重要因素是在一个特定行业中从事竞争的跨国企业数量的多少。如果东道国被迫要在很少几个跨国企业中做出选择，则它用一个外国公司来对付另一个外国公司的能力就会受到限制。而当外国公司认识到自己是能向东道国提供某种技术或特定资源的少数几个跨国公司之一，它就可能要求得到更为有利的条件。从美国在拉美的有关统计资料可以清楚地看到，跨国企业之间的竞争和所有权（即股权份额）之间的关系，在一个特定行业中，随着相互竞争的跨国企业数目的增加，跨国企业得到的所有权的水平在逐渐下降。

（三）进入方式选择的定量方法

赫尔施（Seev Hirsch）法①和净现值法是跨国企业按照成本最小化或利润最大化原则，在许可证交易和对外直接投资之间做出最佳选择的两种方法。在介绍这两种方法之前，需要了解这两种选择方法的基础：跨国企业国际经营成本。

1. 跨国企业国际经营成本

跨国企业国际经营成本可以分为两类：基本生产成本和特别生产成本，基本生产成本表现为生产过程中劳动、资源技术以及其他要素投入的价值。它是跨国企业的边际成本，随产量的变动而变化。无论在母国还是在东道国经营，这类成本总要发生。基本成本可分为两种：

C，即跨国企业在母国的基本生产成本；

C'，即跨国企业在东道国的基本生产成本。

特别生产成本是指跨国企业分别采取这三种进入方式进入东道国市场时发生的三种成本。它包括：

M'，即出口销售成本，包括保险、运输、关税等，以及由于母国与东道国的社会文化差异而导致的东道国市场信息成本；

M，即进口销售成本，其所包括的内容同 M'；

A'，即国际经营成本，是指跨国企业在对外直接投资时由于母国与东道国的社会文化差异而产生的信息成本；

D'，即跨国企业在发放许可证后的技术扩散损失成本。

跨国企业为了保护技术所有权和防止受证方利用许可证交易得到的技术来同跨国企业竞争而作的努力（如规定许可证协议有关条件）所导致的成本也可以看做是 D' 的一部分。

2. 赫尔施法

跨国企业的成本与利润之间的关系可以通过下列公式表示出来：

利润＝销售收入－基本生产成本－特别生产成本

跨国企业的销售对象无论是外国市场还是本国市场，其销售收入不变，利润大小取决于基本生产成本和特别生产成本。因此，跨国企业可以通过成本的比较来选择一种最佳进入方式。

如果跨国企业的销售对象是外国市场，它就涉及三种成本组合：出口成本 $C+M'$；对外直接投资成本 $C'+A'$；许可证交易成本 $C'+D'$。

跨国企业可以按照下列关系进行选择：

（1）如果 $C+M'<C'+A'$ 且 $C+M'<C'+D'$，则选择出口。

（2）如果 $C'+A'<C+M'$ 且 $C'+A'<C'+D'$，则选择对外直接投资。

（3）如果 $C'+D'<C'+A'$ 且 $C'+D'<C+M'$，则选择许可证交易。

当跨国企业的销售对象是母国市场时，它也涉及三种成本组合：在母国的基本生产成

---

① Hirsch, S., *An international trade and investment theory of the firm*, Oxford Economic Papers, 28, 1976.

本 C；在国外直接投资并进口其产品的成本 $C'+M+A'$；在国外发放许可证并进口其产品的成本 $C'+M+D'$。

于是跨国公司可做出下列选择：

（1）如果 $C<C'+M+A'$ 且 $C<C'+M+D'$，则选择在母国生产。

（2）如果 $C'+M+A'<C$ 且 $C'+M+A'<C'+M+A'$，则选择国外生产以供进口。

（3）如果 $C'+M+D'<C$ 且 $C'+M+D'C'+M=A'$，则向外国企业发放许可证并进口其产品。

后来一些学者指出，赫尔施仅考虑到成本之间的比较，忽略了风险等因素。一般来说，对外直接投资的风险远高于出口。两者的差距越大，跨国企业越有可能选择出口方式，而不进行直接投资。因此，赫尔施模型尚存在不足。

3. 净现值法

净现值（NPV）法的特点是考虑到进入方式最佳选择中的动态因素。由于货币具有时间价值，跨国企业应该按照贴现收入和成本（包括基本生产成本和特别成本）之间的差额来计算每种进入方式的净现值，从而选择在整个经营时间内具有最大净现值的进入方式。

在净现值法中，出口销售成本仅定义为跨国企业在出口时由于母国与东道国的社会文化差异而导致的信息成本。M' 值随着跨国企业对东道国市场熟悉程度的增加而逐渐减少，运输、保险、关税既随着时间而变化，又随着产量而变化。因此，在净现值法中，将它并入跨国企业的边际成本 C 中。

净现值法的其他变量均与赫尔施法相同。

正因为净现值是从动态的角度去评估跨国企业对进入方式的选择，因此，必须考察特别生产成本的变化。

三种特别成本的初始值之间的关系是：$M'<A'<D'$。因 M' 为只包括了有关东道国的产品市场的信息成本，而 A' 既包括有关东道国产品市场信息成本，也包括东道国的生产要素市场的信息成本。因此，M' 小于 A'。具有技术优势的跨国企业一般不愿意承担由于不成熟的或定价不合适的许可证交易而使它的技术优势遭到损失的重大风险，因此，D' 通常大于 A'。

特别成本随着时间的推移而逐渐。特别成本减少的速度的大小刚好同上面的不等式中的三种特别成本排列的顺序相反。对于新发明的产品，D' 值为最大，随着产品的成熟，D' 值下降得最快。由于对外直接投资的介入程度大于出口，可以使跨国企业更快地熟悉东道国市场。因此，A' 下降的速度大于 M'，但小于 D'。

以外国市场为目标的跨国企业可以有三个选择：出口（E）；对外直接投资（F）；许可证交易（L）。

假定所有的变量都在时间 t 内；t_0 为时间的初始点；r 为贴现率；R 为最终产品销售总收入。于是，这三种进入方式的净现值分别为：

$$NPV_E = \sum_{i=t_0}^{t} (R_i - C_i - M')/(1+r)^i$$

$$NPVF_F = \sum_{i=t_0}^{t} (R_i - C'_i - A'_i)/(1+r)^i$$

$$NPV_L = \sum_{i=t_0}^{t} (R_i - C'_i - D'_i)/(1+r)^i$$

跨国企业通过比较三种进入方式的净现值的大小来做出选择：

当 $NPV_E > Max$（NPV_F，NPV_L）时，则选择出口。

当 $NPV_F > Max$（NPV_E，NPV_L）时，则选择对外直接投资。

当 $NPV_L > Max$（NPV_F，NPV_E）时，则选择许可证交易。

在前面讨论了出口、许可证交易和对外直接投资的特点以及影响跨国企业对出口、许可证交易和对外直接投资之间做出选择的各主要因素。这些因素一般都与跨国企业的基本生产成本和特别生产成本具有直接或间接的关系。例如，产品的技术、年龄和商标决定或影响着 D'值的大小；对外直接投资的固定成本和产品的战略地位关系到 C'值的大小；等等。

三、市场进入与开发的职能演进

跨国企业进入外国市场方式的动态表现构成了其在国外市场的职能演进过程。图 7—1 表示了职能演进的一般顺序。[①]

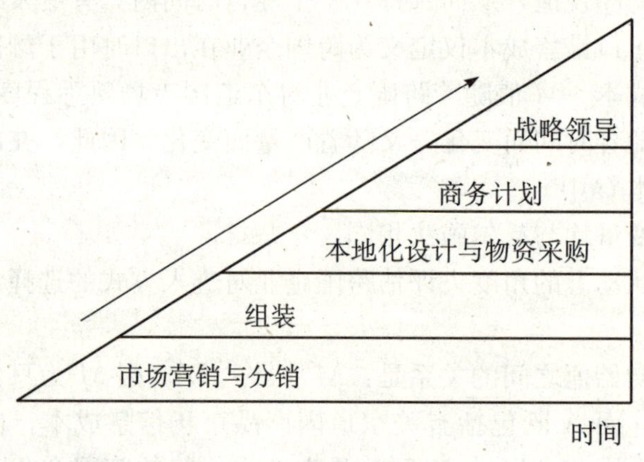

图 7—1 职能演进的典型模式

约翰森（Johanson）和瓦伦（Vahlne）对瑞士跨国企业的研究表明，瑞士的跨国企业倾向于首先将其产品出口到外国市场，然后再建立管理这些进口产品的外国销售下属公司，最后建立全资拥有的下属公司。这些公司建立以后，母公司在本国的业务范围内的各项职能一般都仍然发挥作用，这些职能有利于本国在研究和开发、生产规划、战略决策等方面形成规模经济。在东道国，他们所执行的只是那些需要当地知识的职能，如市场营销和分销。但是，经过一段时间以后，这些下属公司就会执行更多的职能，包括组装生产、本地化设计以及物资采购。在一些案例中，当下属公司在其生产领域获得国际化专业技术后，就可以担当起经营规划甚至战略领导的角色。在另外一些例子中，下属公司执行了特别的职能，成为跨国公司“优势的核心”。

图 7—1 所显示的职能演进过程在小规模投资上表现得最为显著。在这种情况下，下属公司是以有限的职能开始进入东道国市场，然后不断地增加新的职能。但是，如果跨国企业是以购并的方式进入国外市场则可能是另外一种情况。当跨国公司收购当地一家纵向

---

① 包铭心等：《国际管理教程与案例》，北京，机械工业出版社，1999。

一体化的公司后，它就有效地回避了职能演进的过程，只需一步就获得了全部职能。更多的案例是，跨国公司开始只能收购一个执行部分职能的当地公司进入国外市场，例如，一些跨国企业收购当地的公司是为了能够获得一个已建立起来的销售网络，通过它可以销售进口产品。在这种情况下，下属公司在图 7—1 中依旧是从左至右进行转移，但不是从左端点开始，而是沿着连续区间的某个位置开始的。在另外一些例子中，公司通过小规模的投资进入外国市场，然后通过收购当地的公司扩充其职能，包括购买生产能力，或者收购一家当地的研究开发实验室。在这种情况下，收购加速了职能的演进，而一般又不改变基本顺序。

第三节　跨国企业的国际战略

一、国际战略的类型

(一) 全球化战略

全球化战略是指跨国企业向国际市场推销标准化的产品和服务，并在较有利的国家中集中进行生产经营活动，由此形成规模经济和经验曲线效益，以获得高额利润。

在全球化战略下，跨国企业强调通过在低成本国家生产，利用世界范围的设备生产标准化产品，开展全球一体化经营和对抢占国内市场份额进行补贴等手段，实现全球效益最大化。实施全球化战略的跨国公司从一开始就是基于全球市场来构思和设计公司的产品，处于重要市场的子公司经常对产品设计提供建议，但是一旦母公司引进了一项新产品，子公司的角色就转换为执行者。

全球化的产品通常是要依据各国的相似性，而不是依据文化差异来销售，因此营销战略是由母公司制定的。产品可在世界上任何一处制造，只要这些地方能以最低的费用达到必需的质量标准。事实上，大市场之所以吸引制造企业，正是由于制造企业的存在可以使公司扩大它的份额。而且，东道国政府有时会利用非关税壁垒诱使各公司在其本土生产产品。

(二) 多国本土化战略

多国本土化战略是根据不同国家的不同市场，提供更能满足当地市场需要的产品和服务。实施多国本土化战略的公司首先在自己国家市场开发产品，然后把产品提供给国外的子公司进行销售或改造。子公司的发展是为了有能力吸收母公司的技术并且使最终产品适合当地的条件和偏好。如果说专业化是全球化战略的核心，那么，复制和自治将是多国本土化战略的核心。在纯粹的多国本土化模型中，跨越国境的是技术和工艺，而不是产品。

在高关税的 20 世纪五六十年代，多国本土化战略比较适合跨国企业，然而，20 世纪 70 年代以后，在全球化压力的剧烈冲击下，多国本土化战略开始在许多产业受挫。随着产业压力开始显现出更多的全球化特征，跨国企业通过实施全球化战略来赢得竞争优势成为可能。

(三) 从多国本土化到全球化战略的演进过程

多国本土化战略与全球化战略是跨国企业国际战略的两个方向，这两种战略之间还有一些过渡的形式。联合国跨国公司中心将跨国公司的国际战略分为三种类型，这三种类型展示出跨国企业从初始海外投资开始，战略演变与跨国公司结构见表 7—3。

表 7—3 **战略演变与跨国公司结构**①

类型	一体化的程度	一体化的内容	环境条件
独立子公司（多国本土化）	较弱	所有权、技术	东道国对外国投资的开放、贸易壁垒高、运输和通讯成本高
简单一体化（寻求外源）	价值链某些环节较强，另一些环节较弱	所有权、技术、市场、资金及其他投入	至少有双边开放的贸易与投资政策、非股权安排
复合一体化	整体价值链都具有强化一体化的潜在可能	所有职能	贸易和投资政策开放、交通和通讯发达、偏好趋同、竞争加剧

资料来源：联合国跨国公司中心，《1993 年世界投资报告》，北京，对外贸易教育出版社，1994。

1. 独立子公司战略

建立独立的海外子公司和接受多国本土化战略是一致的。在东道国设立独立运作的子公司、母子公司之间的联系主要通过所有权来控制。子公司拥有很大的自主权，可与当地供应商和分包商建立广泛联系，可雇用当地人，可在当地借贷。子公司服务于一个独立的市场，并效仿母公司的生产组织。

2. 简单一体化战略

通过寻求外部资源，将东道国的区位优势转化为跨国企业的经营优势，把“当地生产”变为国际生产经营的一部分。母公司通过对子公司的所有权或通过与当地公司的非股权安排——分包制造合同，来控制外源化生产。这些子公司或分包公司已植于母公司的价值链中，通常已不能独立存在。因此，在公司的许多职能上，如生产、资金、营销等方面必须实现一体化。

3. 复合一体化战略

亦即全球化战略。放眼全球资源和市场，把各种职能行为，如融资、研究开发、零部件生产、总装、会计、培训等，安排到能最好地实现公司总体战略的地方，并实行统一控制。

福特公司以“全球车”为目标而实施的全球化战略，是典型的复合一体化战略。福特汽车公司在 20 世纪 70 年代完成了把欧洲各公司整合成一个欧洲公司后，于 20 世纪 70 年代末提出“全球车”计划，即设计、部件生产和组装活动都一体化的世界型汽车。经过 20 世纪七八十年代末以及 20 世纪 90 年代中期三轮“全球车”的努力，福特车将包括美国公司和欧洲公司在内的所有汽车业务整合于一家公司——福特汽车经营公司（FAO），并按家用、商用、轿车、卡车分别成立了四个汽车项目中心，每个中心负责某一系列车型的全球设计和制造工程工作。在零部件供应上也实施全球统一采购或自制（见图 7—2）。

二、全球化与多国本土化战略的压力与动因

（一）全球化战略的压力与动因

促进跨国企业采用全球化战略的压力与动因包括广泛的推动因素以及不同行业的因素。

① 康荣平：《大型跨国公司战略新趋势》，北京，经济科学出版社，2001。

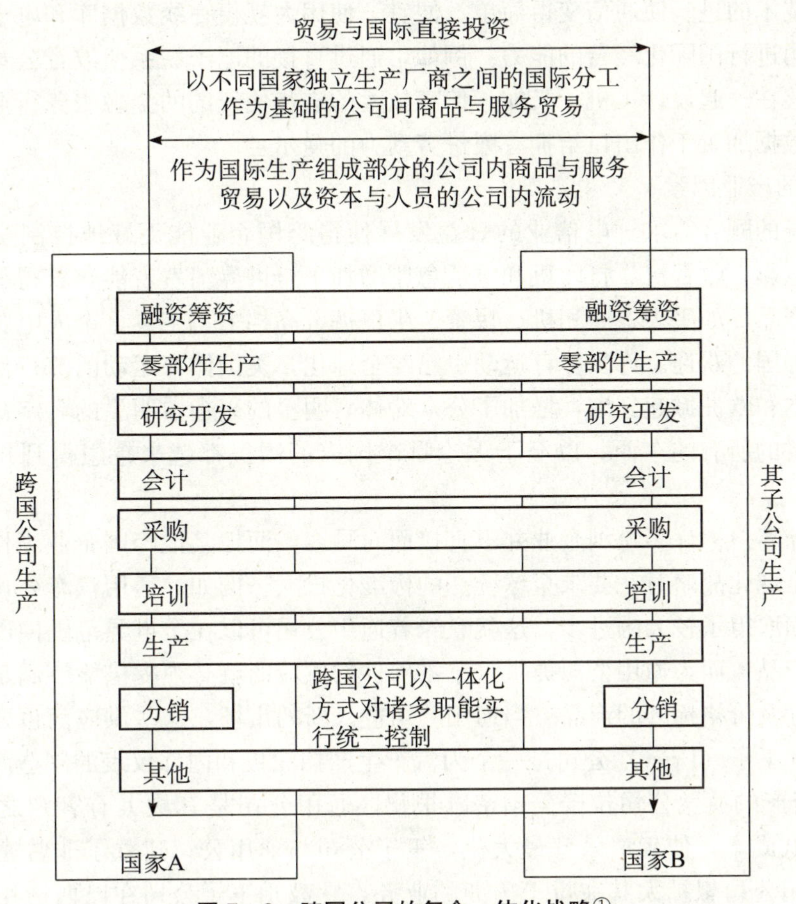

图 7—2 跨国公司的复合一体化战略①

资料来源：联合国跨国公司中心，《1993 年世界投资报告》，北京，对外贸易教育出版社，1994。

1. 广泛的推动因素

(1) 更加自由的贸易。日益降低的关税和地区贸易集团的出现对世界贸易与投资产生了巨大的冲击。随着国际经济体间限制措施的逐步弱化，国际贸易和跨国合作得到飞速发展。信息技术的广泛应用更促进了跨国企业在国际范围内投资活动的活跃。只要有利可图，商业机会就会迅速出现在世界的任何一个角落。跨国企业投资活动又加速了经济全球化的进程，原本主要存在于发达经济体间的商业活动吸引了越来越多的后发国家参与。关税与非关税壁垒消失，地区贸易阻碍被打破，北美、欧洲、东南亚、非洲以及拉美的联系得以加强，标志着国家经济角色的削弱和“全球化思维”的出现。

(2) 全球金融服务及资本市场。全球金融服务及资本市场便利了许多企业在全球整合其经营活动，资本能通过跨国银行、海外风险投资家获得，还可以通过 Internet 筹集。金融技术的发展趋势是，无论你所在国家的位置如何，金融工具可以一年 365 天、每天 24 小时交易。此外，跨国企业通过套期保值和计算机化市场交易来管理利率风险及汇率的能力，降低了将投资资本置于国家保护下的重要性。

(3) 通信技术的进步。管理一个广泛的国际业务需要大量通信才能维持组织控制。计

---

① 康荣平：《大型跨国公司战略新趋势》，北京，经济科学出版社，2001。

算机及传真技术的进步使通信变得简单、便宜。使用大规模在线数据库和电子邮件系统大大增强了公司进行国际化经营的能力。例如，通过直接的电子联系使波音公司和其日本的联营伙伴能够在一起设计飞机；又如，信息技术的进步使纽约的金融服务行业得以将数以千计的后台数据加工工作出口给拥有廉价劳动力的爱尔兰。

2. 具体的产业因素

(1) 普遍的顾客需求。电信业的日益发展使得跨国企业能更好地控制全球的经营活动；电视、电影、收音机、打印机和电话急剧增加了全世界消费者能够获得的信息量。成功的世界性产品，如手表、照相机、快餐、牛仔裤、高档书写工具、个人电脑和移动电话越来越受到各国的欢迎。许多体育运动也已经全球化，美国体育运动的流行使橄榄球与篮球比赛在日本和欧洲掀起狂潮，增加了公众对体育明星的兴趣，明星的名字被用来销售从香水到比萨饼的所有的东西，以至于无论哪个国家的国民都越来越想得到相同的产品与服务。

(2) 全球客户。许多跨国企业并不直接面对顾客，而把其他跨国企业当作客户。当这些客户实施全球化战略时，要求全球统一的标准化投入。例如，通用汽车公司在统一全球采购活动方面取得了较大的进步，这就意味着通用公司可以在全世界范围内以最低的价格购买最好的产品。而为通用公司提供汽车零部件的供应商就必须提供能够满足通用公司全球质量、特性及价格标准的产品。当通用公司进入新的市场，这些供应商也要做出相应的反应。例如，王子（Price）公司是一个为汽车生产挡泥板和内部仪表的制造商，这个拥有3.5亿美元资产的荷兰公司位于美国密歇根州，通用公司是其最大有客户之一。为了简化设计，降低成本，使生产效率最大化，王子公司与通用公司建立了非常密切的合作关系。由于通用公司想扩大其在拉丁美洲的业务，它鼓励王子公司在巴西通用公司组装厂附近建立一个大型制造厂。王子公司必须积极响应，否则将危及其与通用公司的合作关系。

(3) 全球竞争者。某些产业是由实施全球化战略的跨国企业所统治。这些企业在这些产业中建立了竞争规则。一旦在某个产业建立起竞争规则，在该产业中竞争的其他公司也不得不遵循这一规则。

(4) 高投资强度。一般来说，投资强度越大，企业生产全球统一标准化产品的压力就越大。例如，波音公司投资60亿美元使新型波声777飞机进入市场，这笔投资包括：新计算机系统的费用、研究和设计费用、组装费用、工具费、试验、认证及其他费用。这笔投资显然是十分高昂的，但在一个竞争激烈的市场上波音公司必须这样做。波音公司这笔投资成功的关键在于增大飞机销售量并且降低单位开发成本。为了在一个大的基数上有效地分摊开发成本，波音公司面临着标准化生产的巨大压力。其他行业，包括国内航空微处理器、造船、铁路、电脑软件、电信设备、汽车等，也面临相似的压力。

(5) 降低成本的压力。在那些其客户主要依据价格来购买的产业中，强大的动力刺激制造商寻求一条降低成本来维持利润的新路。规模经济和学习曲线效应对工作效率产生了巨大冲击。这些冲击越大，使产出最大化的动力就越高。企业实施全球化战略可以获得全球范围内的最大规模，从而最大限度地降低成本。当然，产业不同，这种压力的程度也不同。例如，在石油行业，价格具有决定性意义，因此制造商尽可能地扩大产量；而在新闻行业，当地的满意度与反应能力都远比生产效率重要得多。

(二) 多国本地化战略的压力与动因

1. 国家方面的因素

(1) 区域一体化趋势。由于经济发展水平的差异以及社会发展过程中涉及的诸多非经济因素的影响，经济全球化在整体上提高贸易自由度的同时，也伴随着明显的区域化特征，如欧盟、北美自由贸易区以及东盟自由贸易区是具有典型意义的区域一体化的代表。区域经济一体化在进一步加强区域内投资贸易活动的自由度外，对区域外的经济体构成了实质上的壁垒。比如在北美自由贸易区，虽然没有明文的协议，但美国很多地区实际上默许了入境的墨西哥工人。墨西哥到美国和加拿大的商品也比中国同类产品有明显的竞争优势。全球范围内，世界贸易组织协议有明确的贸易原产地原则。区域经济一体化趋势在一定程度上影响了经济全球化进程的速度。

(2) 贸易壁垒。区位理论显示，一国的贸易壁垒促使跨国企业通过向国外直接投资而不是进行贸易来参与国际化竞争。这也是各国政府设置贸易壁垒的一个目标。贸易壁垒最直接的表现就是关税壁垒，由于关税的存在，竞争者愿意在东道国生产经营，这样可以通过先进的生产设备服务于东道国国内市场以使适应本地市场的能力最大化。贸易壁垒的另一种表现是非关税壁垒，非关税有多种形式，常用的非关税壁垒有政府对国外商品的数量限制（如配额、许可证等），政府对国内产品的直接补贴（如农业补贴）等都是过去最常见的非关税壁垒；而企业自愿出口限制与技术标准壁垒则成为近年来非关税壁垒的新形式。

企业自愿出口限制往往与企业产品提高价格相联系。20 世纪 80 年代初期，日本汽车制造商同意限制对美国的汽车出口，结果是将生产转移到美国，在 80 年代中期为美国创造了大约 55 000 个就业机会。但是，研究发现，美国和日本汽车制造商提高的价格才是出口限制的主要结果。据统计，日本制造商通过提高价格以限制产量，增加了 22 亿美元的现金收入。由于跟随日本涨价，美国制造商也相应增加了 26 亿美元收入。总之，出口限制对日本制造商的帮助大于对它们的打击。

技术标准壁垒近年来成为限制贸易的重要手段。国际电视业是一个明显的限制全球化的例子。国际电视业仍被三种全球播放标准所统治：一种是北美标准；一种是欧洲标准；一种是日本/亚太标准。高清晰度电视的出现促进了播放标准的统一，但政治压力使这些努力陷于停滞。体现在每个宽泛的地区标准中的是区内标准。例如，在欧洲，技术标准随国家而异，在七种不同的技术设计领域都有差异，欧洲经济一体化对这些标准只产生了一定程度的冲击。

(3) 文化差异。尽管卫星电视和国际传媒使世界变小了，并且使顾客口味日趋相同，但国家文化仍然起着相反的作用。宗教信仰和传统深入人心，经常和国际媒体的信息发生冲突。虽然许多人因为产品来自国外而在最初表现出兴趣，但是因为这种产品将改变其生活方式，他们可能会在一段时间内避免使用这种产品。例如，Kellogg 公司 1994 年在印度建立了一家制造厂，但说服印度人早餐吃冷麦片粥异常艰难。不同的文化在一定程度上形成不同的顾客偏好，全球产品战略很难把握好这种分寸，或需要进行重大调整以适应不同的市场。

(4) 民族主义与本土利益。从前，南斯拉夫共和国、西班牙的巴斯克（Basque）地区到加拿大魁北克省以及已解体的捷克斯洛伐克，民族主义在 90 年代初期重新抬头，新的政治自由化和反抗全球化的力量结合在一起形成了世界范围内的国家自治倾向。民族主义具有象征意义并总是具有强烈的感染力，并代表着普遍的价值观和态度，所以它提供了社会凝聚力的基础，并经常为阻碍国际商品和劳务流动的行为辩护。在那些国家机构与权力系统分崩离析的国家，部族主义得到复兴。来源于共同的语言和历史的部族忠诚，在内战与经济纷争中很快代替了对国家的忠诚，从内在角度看，民族主义和部族主义阻碍了全球化的进程。

即使在那些全球化程度很高的国家，民族主义与本土利益也常常会阻碍全球化进程。例如，2002 年，中国对欧盟国家出口的打火机就受到当地法规（法制化措施）的影响；而美国采取的对包括中国公司在内的钢铁企业的制裁，更多地受到行业内工会组织的政治压力。

2. 跨国企业的特殊因素

（1）组织对变革的抵制。跨国企业实施全球化战略意味着对各国业务经理加强中央控制，在许多情况下他们在工作中一直享有高度自治。进行这种控制意味着为了满足全球需要而对子公司的产品进行重新设计，或者为了有利于整体运作而将子公司的运作方式合理化。对于许多有子公司自治历史的跨国公司，如通用汽车公司、福特、IBM、飞利浦和雀巢公司而言，来自组织内部的抵制成为企业实施全球化战略的主要障碍。沃纳·兰伯特（Warner Lambert）公司在欧洲的药品业务就是一例。1970 年，沃纳·兰伯特公司为了努力提升自己在国际制药业的地位而购买了帕克-戴维斯（Parke-Davis）公司，该公司拥有多年在欧洲经营的经验，在法国、英国、意大利、西班牙、比利时和爱尔兰设立的子公司拥有相当大的自主权。20 世纪 80 年代中期的头几年，沃纳·兰伯特制药公司试图减少在欧洲制药企业的数目，同时使剩下的企业进行专业化生产。子公司的经理害怕失去权力，他们认为母公司高估了全球化的冲击力，几家子公司联合起来说服母公司比原计划更谨慎地前进。尽管后来母公司做出了一些合理化决策，但欧洲的主要子公司还是成功地保住了他们原来大部分的权力，其他公司也有相似的抵抗变革的经历。此外，在欧洲，强大的工会组织反对全欧洲的重组，例如，1994 年法国工会通过起诉阻止 IBM 公司裁员 1 300 人；1994 年 9 月，IBM 公司总裁劳·杰斯特纳（Lou Gerstner）强制欧洲销售系统重组，以把公司总部决策者的权力置于各地区负责人之上，IBM 公司的欧洲主席汉斯·亨克尔（Hans-Olaf Henkel）愤然辞职。

（2）运输困难。生产那些易于损坏或者重量/价值比很高的产品的企业不适宜实施全球化战略。例如，面包与乳业公司比较适合地方经营，因为这类产品保存期短。其他行业，如海鲜食品、鲜花业需要开发专门包装技术和有效的运输方式来克服产品容易损坏的问题，生产这类产品的企业实施全球化战略会增加较多的成本。在那些高重量/价值比的行业，运输成本超过了全球化带来的收益，如沙子、碎石、煤、罐装植物、尿布和油漆等都是此类产品，它们也都不适宜实施全球化战略。

（3）新的生产技术。新的计算机辅助设计及制造技术使得越来越多的行业能够在相对小的产量下达到效率最大化。因为机器的转换时间大大减少，在一家工厂生产多种产品变得可行。例如，20 世纪 80 年代中期的 Nucor 与 Chaparral 钢铁公司通过发展小型车间与微型车间技术，成为飞速发展取得国际成功的范例。短周期制造技术使产品适应各种不同市场的需求，而且成本也比以前更合理。新技术能以前所未有的短时间引入新产品，使速度成为竞争优势的新来源。例如，美国生产雷达探测器的最大公司威斯勒（Whistler）引入了在产品设计和制造组合方面的领先技术，从而使其装配线上的通过率从75%提高到99%。该公司减少了生产延误，节约了总成本，也就不需要再把数以百计的美国工作机会转移到韩国。

（4）准时制造系统。重型机制造商和汽车装配企业已经采用准时制造战略。在许多情况下，要求这些行业的供应商必须按协议定量运送部件，这样才能在装配时间内把部件运送到工厂。采用准时制造系统以后，装配企业要求供应商也分担部分存货成本和其他风险。在许多情况下，这种节约超过了全球零部件制造所带来的对潜在制造效率的影响。向拥有准时制造系统的客户提供产品的企业，实施全球化战略将受到严格的限制。

三、经济全球化进程对跨国企业国际战略的影响

（一）跨国企业两种国际战略与东道国相对应的两种引资政策

跨国企业两种国际战略是跨国企业垄断优势和东道国区位因素相结合不同的组合模式的产物，东道国也有两种引资战略相对应，如图7—3所示。跨国企业全球化战略强调跨国公司的渠道优势、规模经济优势与东道国劳动力优势、其他资源因素以及政府政策[①]相结合；而多国本土化战略则强调将跨国公司的技术优势与东道国的市场优势及贸易壁垒因素相结合。与跨国企业两种国际战略相对应，发展中东道国的引资战略也可分为出口导向型战略和进口替代型战略。

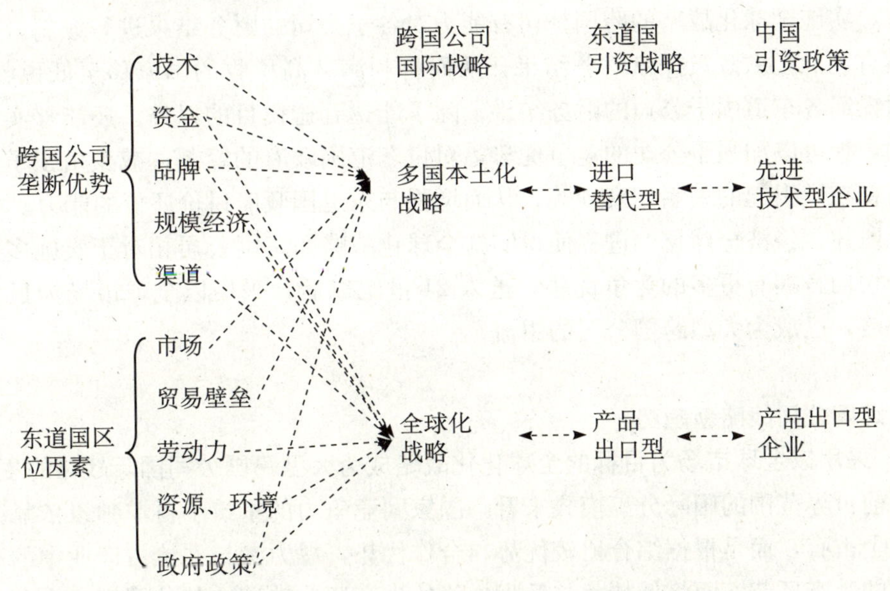

图7—3 跨国公司垄断优势与东道国区位因素不同的组合模式

20世纪80年代中期，中国对外开放的基本国策尚处于起步阶段，政府提出鼓励外商投资企业向“两型企业”——“产品出口型”和“先进技术型”企业发展。这标志着中国的引资政策依据基本国情，同时采用“出口导向”和“进口替代”两种发展模式，以劳动

① 进入21世纪后，政府政策中的一个重要方面是对投资领域的资源环境的容纳程度。

力和市场两大基本要素为基础，同时实现与国际市场接轨、充分就业，以及获取先进技术、促进产业结构优化提升的两大目标。

（二）跨国公司实施全球化战略对东道国政府的影响

经济全球化进程致使东道国政府对投资、对经济和贸易多元化以及对更加复杂的生产加工技术的需求不断增长，使跨国公司拥有更多的相对于政府的讨价还价的余地。特别是那些实施全球化战略的跨国公司，又进一步加强了它们相对于东道国政府的讨价还价能力。因为实施全球化战略的跨国公司有能力决定生产经营活动的地理分布，并且控制这些活动的相互协调。这种能力在两大领域中表现十分显著。

首先，实施全球化战略的跨国公司可以通过对技术、工艺的发展方向和其所在的地理位置对东道国政府施加影响。跨国公司有能力迅速重新组织价值增值活动，通过集中于比较优势的转移模式，在要素成本变动时把经营活动从一国移至另一国。这种流动性，加上跨国公司对技术、工艺、工作机会的所有权以及赚取税利的能力，导致各国政府为了得到新的投资和保留现有的跨国公司经营活动而相互竞争，甚至地方政府也加入了竞争的行列。例如，1993 年在亚利桑那州的菲尼克斯，为了鼓励日本公司 Sumitomo 的下属企业 Sitix 投资 5 亿美元建造一家生产硅片的工厂，市议会投票决定对该地区减税和进行基础设施投资。菲尼克斯地区早已是主要微处理器生产厂家的所在地，如英特尔（Intel）、摩托罗拉（Motorola）和 SGS-托马森（SGS-Thomson），该地区也十分注意保持它作为顶尖技术中心的全球地位。

其次，实施全球化战略的跨国公司有能力对各子公司的财务结果进行倾斜，通过转移价格和最有利的汇款政策操纵财务结果，从而将利润从高税收的国家移至低税收的国家。跨国公司操纵各东道国子公司的财务结果，除了能达到避税目的以外，还能够实现一些非税务目的，如可以加强子公司的竞争优势，对付东道国政府的管制，减少由于子公司的利润过高而在东道引起的一系列麻烦等，从而增强与东道国政府讨价还价的能力。

综上所述，经济全球化的进程使得实施全球化战略的跨国公司相对于实施多国本土化战略的公司而言拥有更多的竞争优势，进入 21 世纪以后，采用以全球市场为目标的复合一体化战略，已成为大型跨国公司的主流。

■ 四、跨国公司战略新趋势

（一）采用以全球市场为目标的全球化化战略成为大型跨国公司国际战略的主流趋势

从当前世界范围的国际分工模式来看，国家间竞争力的重筑不再单独以依靠某些产业的绝对完全占有，而是根据综合比较优势与合作优势，尽力参与并抢占产业中的高技术和高附加值的生产环节，而将低技术与低附加值的生产环节转移给其他国家，由此形成的产业空间转换突破了原产业空间转换的外向转移，变为产业价值链的内向分割转移。

随着经济全球化的进程，实施全球化战略的跨国公司将世界各国的市场连成一片，立足全球发展观，其战略、结构与经营方式都在发生根本性变革。从战略上看，跨国公司把产业价值链放在全球不同区位，以利用专业分工优势与全球协作网络的整合优势实现资源投入与产出的最大化，不单把国家看作市场，更看作全球化目标下的战略伙伴；从业务调整看，跨国公司更注重突出核心主业，并随市场需求的变化不断推出竞争性主业产品，同时运用跨国购并，发展相关业务的多元化，以核心主业带动相关业务拓展，又以多元相关业务辅衬与保障核心业务；从经营重组看，跨国公司又掀起一场“信息时代”革命，充分运用新技术变革成果，大力压缩膨胀性组织结构，贴近客户，以最大的灵活性与适应性参与全球竞争。

（二）放眼全球，着手本土

有趣的是，在跨国公司实施全球化战略过程中，其经营本土化特征有效地推动了全球化战略的发展。有些跨国公司经理甚至创造了“Glocal”这个词，来表示“放眼全球、着手本土”的发展战略。本土化战略中最关键的因素有三个：一是高中级经理本土化；二是研究开发本土化；三是公司风格本土化。

1. 高中级经理本土化

要使一个子公司被东道国民众接受而成为一个当地的公司，其高中级经理的本土化是十分关键的因素。在这方面，美国跨国公司做得最多，欧洲公司其次，日本公司较差（见表7—4）。

表7—4　　美、日、西欧跨国公司海外经理人员本土化程度

海外经理人员本土化百分比（%）	跨国公司国别		
	美国（%），$n=44$	西欧（%），$n=33$	日本（%），$n=19$
100	27.3	9.1	0
75～99	31.8	39.4	0
51～74	15.9	12.1	10.5
1～50	22.7	24.2	10.5
0	2.3	15.2	78.9

注：表中 n 为所调查的跨国公司数目（即样本量）。

资料来源：Anant R. Negandhi，Internatinal Management，1990。

2. 研究开发本土化

直到20世纪80年代初，研究开发活动保留在母国还是跨国公司的一大特征。随着经济全球化发展，上述特征正在改变。联合国贸易与发展会议《2005年世界投资报告》中报告了跨国公司研发国际化过程中呈现出一些新的特征。特别是跨国公司正开始在发达国家之外建立研发设施，其任务已超出适应当地市场的要求。

在一些发展中国家以及东南欧和独联体国家，跨国公司的研发活动日益以全球市场为目标，并与跨国公司的核心创新活动结合为一体。例如，摩托罗拉公司于1993年在中国设立了第一个外资研发试验室以来，至2005年底在中国设立的外资研发机构数目已达到700个左右，而且这一数目还在不断增加；世界最大的跨国公司通用电器公司在印度的研发活动雇用人数为2 400名，涉及领域包括飞机发动机、耐用消费品和医疗器械；阿利斯康、礼来、葛兰索史克、诺华、辉瑞、赛诺菲安万特等制药公司都在印度开展临床研究活动；2002年，东南亚和东亚对全球半导体设计的贡献几乎达到30%，而在20世纪90年代中期几乎是零；意法半导体公司的一些半导体设计是在摩洛哥的拉巴特完成的；通用汽车公司的巴西公司与在美国、欧洲和亚洲的其他子公司竞争设计和制造新型汽车并为总公司开展其他核心活动，等等。

研究与开发本土化的主要动因有：（1）接近市场；（2）接近人力资源，如中国印度等发展中国家和科技人才众多且“物美价廉”；（3）接近技术源，在美国设研究与开发机构多出于此目的；（4）建立24小时连续研究体系，按8小时左右的时差选择地球上的三个地点建研究与开发机构，再用内部电脑网络连接起来就可以进行24小时不间断的“接力”研究活动。

3. 公司风格本土化

20世纪六七十年代大型跨国公司最强调的是世界各地机构的风格统一，而近年来，由于强调合作、联盟、战略外包等，许多大型跨国公司开始容忍甚至鼓励国外子公司风格的本土化。正如《协作型竞争》一书作者所指出的：“在瞬息万变的全球市场中，任何一个企业做到完全自给自足不仅不再可能，而且不再可取……公司总部的经营者们必须能够容忍各种差别，事实上应该鼓励差别：10个不同的市场，10个不同的合作伙伴，10种不同的机构安排，10种不同的隶属制度……。”

在营销风格本土化案例中，肯德基是成功的典范。伴随着广告词“肯德基为中国而改变”，该公司在中国北方推出“榨菜肉丝汤”，在上海推出“海鲜蛋花粥”、“香菇鸡肉粥”等中式早餐。肯德基进入中国已经15年，目标是成为中国消费者最受欢迎的快餐连锁品牌，虽然主打产品还是以鸡肉为主的食品。但肯德基一直致力于研发适合中国人口味的新产品。

可口可乐公司在中国管理风格本土化也是成功的典范。可口可乐最初在北京的销售方式是坚持全球一贯的营销理念，采取直接销售到零售点的做法，批发渠道开发并不积极。但是，在实践中他们发现，北京有着地域的特殊性，北京作为中国的政治文化中心，常常有大型国内、国际活动，交通管制对于可口可乐这种快速消费品的运送来说，是极大的无法逾越的限制。同时，企业要在短期内建立庞大的零售网络需要投入巨额资金，这将会加大企业成本，削弱产品的市场竞争力。北京可口可乐饮料有限公司根据中国国情很快调整了营销方式，开始与批发商合作，优势很快便体现出来。利用批发商的网络资源、交通资源、渠道资源，以最快的速度，把产品送到各零售点，企业降低了成本，扩大了市场销售，批发商也获得了利润，消费者能在任何地方随时喝到可口可乐，这样一个三赢的结果，让各方都受益。除了整体营销战略的本土化外，可口可乐公司的广告宣传也大做本土化文章。比如在春节期间推出的“阿福”和“剪纸”包装，12生肖、申奥金罐、中国之队足球版等，对联的构思更是将本土化做到极致：上联：除夕家家吃饺子；下联：春节户户放鞭炮；横批：可口可乐。

第四节　跨国企业资源寻求战略

跨国企业全球资源寻求战略将沿着三个链条展开：价值链中研究开发、生产制造与市场营销三者的相互协调；供应链中国际生产的资源寻求决策；价值系统（产业链）中与供应者、购买者之间合作方式的选择等。事实上，三个链条之间的界限很难截然分开，只是强调的层面各有侧重而已。

■ 一、价值链中研究开发、生产制造与市场营销各功能的相互协调

图7—4显示了研究开发、生产制造和市场营销之间协调关系的一个基本框架。

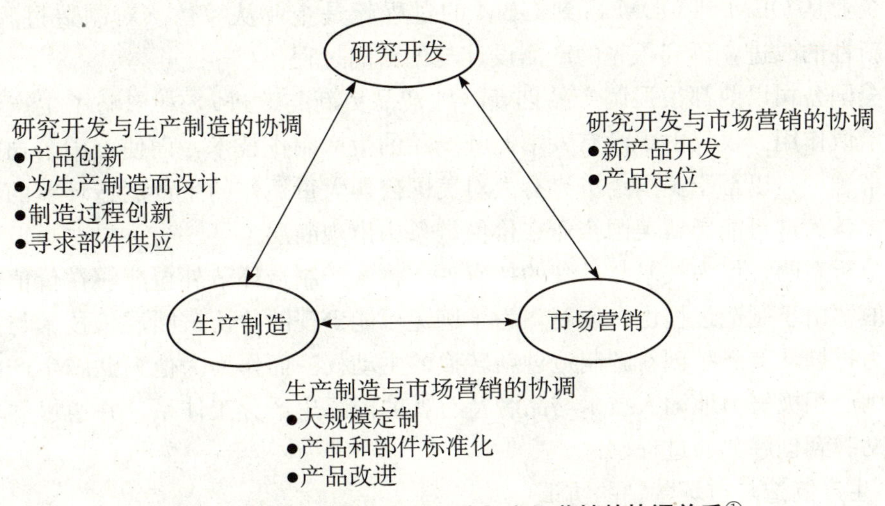

图 7—4 研究开发、生产制造与市场营销的协调关系①

(一) 研究开发与生产制造的协调

技术包括产品技术（体现于产品中的一整套观念）和加工技术（体现在产品制造或把新材料组合起来生成最终产品的必要步骤的一整套观念)。然而，由于受公司竞争的驱动，决策者们都倾向于把注意力集中在和产品相关的技术上。事实上，如果没有充分的生产能力与其相匹配，仅仅凭产品技术是不能为公司提供长期竞争优势的。

历史上模仿与产品创新的关系有力地说明，从模仿（对制造过程的学习）到更有创新性的改进，再到领先的产品设计与创新，这一过程构成了工业发展的自然程序。换言之，产品的创新和制造活动是互相联系的。因此，制造过程的不断改进不仅能使公司保持以产品创新为基础的竞争优势，还能提高它未来进行产品创新的能力。

例如，虽然是英国人发现并开发了青霉素，却是辉瑞（Pfizer）这家美国小公司完善了发酵的过程，成为世界上领先的青霉素制造商。又如，世界第一台喷气式发动机是在英国和德国研制成功的，但又是美国的波音公司和道格拉斯公司完善了它的技术，并最终成为喷气式飞机市场的霸主。

近年来在一些制造企业中遵循的从原始设备生产商（OEM）到原始设计制造商(ODM)，再到原始品牌制造商（OBM）的发展进程也显示了在生产制造过程中的创新活动。

OEM 和 ODM 又称贴牌生产，OEM 是指品牌厂商提供设计图纸，制造企业按单生产；ODM 是品牌厂商看中生产制造企业设计制造的某一产品，或者提出部分修改意见，生产厂家按要求生产，配上品牌厂商的品牌进行生产；OBM 则是指制造企业做自有品牌。

对于品牌企业来说，OEM 方式的好处在于充分利用制造商的生产能力；ODM 的好处不仅如此，还减少了自己研制的时间。而对于制造企业来说，OEM 与 ODM 的好处在于利用品牌企业的品牌优势与销售渠道，扩大生产规模，回避了开拓市场的风险。制造企业做 OBM 往往是继 OEM 和 ODM 之后的必然发展过程，即企业界常说的“从贴牌到创牌”。其最大的优点是拥有自有品牌的弹性，提高自身的竞争优势。

---

① 包铭心等：《国际管理教程与案例》，北京，机械工业出版社，1999。

制造企业从 OEM 到 ODM 再到 OBM 的过程就是企业从模仿（对制造过程的学习）到更有创新性的改进，再到领先的产品设计与创新的过程。

很多美国公司以前都很强调产品创新（即产品更新与改进），却忽略了生产制造环节对产品的增值作用。仅仅由于没有人掌握其产品的生产制作技术，而使美国公司能够出口的产品越来越少，以至于美国经济界有人对美国公司大量运作的生产制造环节的外包趋势深表担忧，认为这可能导致美国企业在价值链条中出现断层。

上述分析表明，作为技术与品牌的持有者，将生产制造环节外包能够在价值链中获得更大的增值。由于制造过程也有创新，为了避免可能出现的价值链断层，技术与品牌的持有者应努力把握从新产品创新到制造创新转换的主动权。而作为为他人贴牌生产的制造企业来说，则应积极努力地纳入技术与品牌持有者的国际生产分工体系，并通过“干中学”，完成“从贴牌到创牌”的过程。

（二）生产制造与市场营销的协调

制造部门与营销部门之间始终存在着冲突。如果把所有产品和部件都标准化，则有利于制造部门通过规模经营实现低成本的生产。但对于营销部门来说，更重视的是满足顾客的广泛需求，这就要求较宽的产品线和频繁的产品改型，从而增加了制造成本。那么，成功的公司是怎样处理这种矛盾的呢？

近年来，产品策略和生产制造之间的战略联系引起了越来越多的关注，而这正是在传统的全球战略发展过程中长期被忽视的。由于激烈的竞争迫使企业更强调公司产品策略和与之相适应的生产制造，许多公司已经认识到，如果没有能将产品创新与制造过程有效联系起来的产品策略，仅仅靠产品创新是不能保持它们的长期竞争地位的。

在电脑和互联网等信息技术的催生下，大规模定制（Mass Customization）作为一种新的发展战略出现了，这种战略可以使制造方法更为合理，在不牺牲营销灵活性的前提下降低成本。[①] 大规模定制是指对定制的产品和服务进行个别的大规模生产。包括从有效地参与特定需求市场的竞争，到实际为每一个顾客提供独一无二定制产品的整个范围。表7—5 反映了传统的大规模生产与大规模定制的不同。

表 7—5 大规模生产与大规模定制的对比

传统大规模生产模式	新的大规模定制模式
低成本、稳定的质量、标准产品	买得起、高质量、定制产品
产品开发及生命周期长	产品开发及生命周期短
以生产效率为主	以整个过程效益为主
管理费用高	管理费用低
库存大，按计划生产	无库存，按订单生产
高成本多样化	低成本多样化
缺乏对工人技能的投入	对工人技能的高利用和高投入
与供应商之间关系差	与供应商之间的相互依存
忽视了很多客户的需求	对变化的客户需求快速反应

1. 大规模定制新战略的要点

（1）以个性化客户为中心。在大规模生产中，客户处于价值链的最末端，生产出来什

① 康荣平：《大型跨国公司战略新趋势》，北京，经济科学出版社，2001。

么就卖什么。而在大规模定制生产中，客户位于价值链的最前端，围绕客户的需求来生产产品，其实质是生产者和客户共同定义和生产产品。1997 年诞生的 CRM（Customer Relationship Management）就是强化此方向的战略手段。

（2）以灵活性和快速反应实现产品或服务的定制化。

（3）电脑、网络、电子商务等信息技术是大规模定制的技术基础，使制造商与客户和供应商形成一种新的关系。

（4）注重整个过程的效率，而非局限于生产效率。正如德鲁克所指出的，想要在竞争日益激烈的全球市场出人头地，需要了解整个经济链的成本结构，进而与同一经济链上的其他成员共同合作管理成本，把效率发挥至极致。

2. 从战略实施的管理角度看，大规模定制方式的四个创新点

（1）原料和部件的及时发送和生产，消除了过程间断，降低了库存成本；

（2）减少了准备和转换次数，可直接降低运行规模和变化成本；

（3）压缩价值链中所有过程的循环周期，可避免因增加灵活性和反应能力造成的浪费，从而降低成本；

（4）按订单而不是按预测生产，订单可以提供个性化定制所需要的信息，这样可以降低库存成本，消除生产不足或生产过剩。

3. 从技术营销角度看，大规模定制需通过的四种途径

（1）核心部件标准化。成功的全球产品策略要求开发的产品具有通用性，或者只需要一点不重要的改变就能适应不同地区的需求和使用条件。例如，日本精工钟表制造商提供品种繁多的设计和式样，但基本的机芯却只有少数的几种。

（2）系列产品设计。为了满足世界各地因不同文化背景而对产品使用方式的不同要求，公司必须营销品种繁多的产品，公司可以采纳"系列产品设计"的概念，用相同的基本设计，设计出不同商标的商品。例如，丰田汽车公司制造出的凌志车的许多特性受到顾客的欢迎，公司将它稍作改动（大多数只是减少了尺寸）之后，生产出凌志到丰田阿瓦龙（Toyota Avalon）、佳美（Camrys）和卡罗拉（Corollars）等一系列型号的小汽车。

（3）全性能通用产品。如前所述大规模定制的技术途径可来自核心部件的标准化和系列产品设计，而产品和部件标准化的某一演变，是试图开发出在世界上任何地方都能适用的全性能产品，即公司必须确定顾客所期望的产品应具有的一般特征。例如，日本佳能公司在开发 AE—1 以及更新型号的照相机时，在进行了深入的世界范围的市场分析后，确定高质量的画面、易于操作的自动功能、先进的技术、职业水准的外观以及合理的价格等是顾客所期望的产品应具有的一般特征。为了开发出这样的照样机，公司在设计和制造上实现了若干突破，如把电子集成电路电脑用于照相机的运作控制，进行模式化生产并使部件生产标准化。

（4）灵活定位通用产品。与全性能通用产品思路有所不同，可以考虑在各个不同细分市场中，开发出通用型产品。这样，一件通用的产品可能在不同的市场有不同的定位，因而，市场促销可以发挥重要的作用。这一策略要求对世界各地类似的细分市场取得预先的认知，除了考虑国家分组和不同国家的不同细分市场之外，把同样的产品定位于不同国家的不同细分市场是保持产品标准化的另一个做法。例如，日本本田公司销往世界各地的雅阁车几乎都是一样的，但是在不同的国家中的市场定位不同。雅阁车在日本的推销方向是

家庭轿车，在德国却是一种相对便宜的运动型车，而在美国则又是可靠的上班用交通车。不过近年来，本田公司已开始开发具有地区差异的雅阁车以满足美国、欧洲和日本市场中的不同需要。但是不管怎样，对于包括底盘和传动装置在内的至少50%的部件，本田公司一直坚持“核心部件标准化”的策略，使各种型号的雅阁车能共用这些标准部件。

（三）市场营销与研究开发的协调

研究开发和生产制造活动从技术角度来看都不属于营销经理的职责。然而，营销经理对于顾客需求的了解对产品开发是非常重要的。如果不了解顾客的需求，产品设计人员和工程师就可能按自己的技术特长来开发和生产产品，而不考虑顾客的需要。但是，最终决定是否购买产品的是顾客，而不是产品设计者或工程师。

传统的产品开发方式分为从上到下与从下到上两种：从上到下方式是指研究开发部门把新产品向下推进到制造部门，再到营销部门进行销售；从下到上方式是指营销部门把新产品的思路向上推进，要求研究开发部门进行开发。这两种方式都需要很长的时间，而在一个全球化竞争的时代，要面对世界范围的竞争对手，缩短产品开发周期是极其重要的。因而，研究开发与市场营销两个职能能否密切合作与协调，就成为增强企业竞争力的关键。

日本公司在市场营销和研究开发的协调管理方面比较成功。它们开发新产品更多地采用“渐近”的思路，而不是全新的产品。亦即不断地根据市场需求与顾客反馈的信息改进现有产品，去适应飞速变化的市场竞争要求。例如，飞利浦（Philips）公司于1972年首次推出实用的VCR，比日本的竞争者早三年进入市场。然而，它用了七年的时间才用新的V2000取代第一代VCR，而后来居上的日本制造商在五年的时间里已经开发改进了至少三代VCR产品。

日本企业这种渐进改进方式不仅有利于持续的产品改进和新产品开发，还能使产品更快地得到顾客的青睐。顾客似乎更容易接受改进的产品，而不是有很大区别的新产品，因为前者与现有产品的使用方式和人们的生活习惯更加一致。

当然，也必须看到渐进方式可能带来的危机。如果企业对全新产品没有任何考虑与投资，在技术变革时代的风险也是不言而喻的。电子行业中模拟系统技术最终为数字系统技术所取代的事实就是一个最好的例证。因此，渐进的、贴近市场的技术改进方式决不意味着放弃对全新产品的投入与开发，只是要注意替代时间的选择问题而已。

■ 二、资源寻求战略的供应链管理

跨国企业供应链管理与国内公司的根本不同之处在于，跨国企业是在比国内公司生产的地理范围大得多的多国空间进行的，因而其生产规模往往比国内公司大得多，其所接触的前向和后向连锁厂商也比国内公司繁多。因此，跨国企业供应链管理，不仅仅表现为本国的企业内部生产活动，而且表现为该公司在国际上进行主件、零部件等各种投入物的制造、运输、采购、储存和装配成品等物流活动。

从不同角度研究跨国企业国际生产资源寻求活动的供应链管理方式，有内部寻求和外部寻求之分与中心寻求和分散寻求之分。

（一）内部资源寻求和外部资源寻求

所谓内部资源寻求，即跨国企业通过公司股权的占有来控制子公司内部的生产与销售，在跨国企业系统内部完成原材料的获取和运输，产品的制造或服务的提供，以及产品配送和售后服务。

内部资源寻求还可细分为两种形式：一是公司通过与国内外独立厂商合资，共同参与股权，经营一家子公司，进行有关投入物的生产或产品配送与售后服务；二是公司通过设在国内外的完全股权控制的子公司完成这些职能。外部资源寻求则是公司通过国内外的外部交易市场，为公司的另一些企业取得有关投入物的供应或产品配送与售后服务。

外部资源寻求也可细分为两种形式：一是通过国内外的某一商品买卖市场，采购本公司所需的生产投入物或取得产品配送与售后服务；二是公司通过跟国内外独立厂商签订合同，或以其他非股权安排（战略联盟）方式进行有关投入物的国际生产或产品配送与售后服务。

显然，在上述四种资源寻求形式中，公司的控制程度依独资持股生产、合营企业的生产、非股权安排（战略联盟）的转包形式生产、采购的次序降低。

跨国企业在内部资源寻求和外部资源寻求两者之间选择何种形式，取决于外部交易成本和内部交易成本的比较。这种比较主要体现在以下几个方面。

1. 公司规模与公司生产的投入物所需的数量要求

当跨国企业所需投入的数量要求超过上游产品生产量的最低有效规模时，公司选择内部资源寻求方式是适宜的，因为此时内部化了的上游企业可以实现经济规模，可降低公司整体的产品成本。反之，则应选择外部资源寻求方式。公司生产投入所需数量一般与公司规模相关。在电子工业部门，规模很大的公司，如 IBM 公司与 ITT 公司，偏重于采用内部资源寻求方式，而规模较小的电子工业公司，则依靠外部市场筹供所需投入物。同样，在美国汽车工业部门，福特公司和通用汽车公司偏重内部资源寻求，而规模比它们小的克莱斯勒公司和美国汽车公司相对偏重于依靠外部厂商的投入物供给。

2. 主要投入物市场供应者与需求者的集中程度

先考虑供应者的集中程度。如果投入物供应者是一家在某种程度上垄断性的卖者，有不小的控制投入物出售行情的能力，那么，作为需求者的公司就倾向于实行内部资源寻求的策略性选择。反之，如果一种投入品市场是一个有众多供应厂商的竞争性市场，则作为需求者的大公司一般不会倾向于内部资源寻求。这其中的原因，只要我们回顾一下巴克利和卡森的内部化理论就能十分明了，纵向一体化过程往往是在市场不完全的条件下，跨国企业以更为低廉的内部交易成本取代较高昂的外部交易成本的结果。实际情况也表明，食品加工业的公司较少将其供应源内部化，这是因为食品加工业所需的食品原料市场一般都有较多的竞争者。

再看需求者的集中程度。需求者集中程度越高，则作为需求者的公司越偏重于采用控制程度较低的外部资源寻求形式。这是因为在这种条件下，该公司可以相当安全、低成本地依靠公司外部的市场。大公司作为用户的买者市场势力足以保证使投入物的供应厂商自觉地将目光盯在大公司身上，并只向该大公司供应投入物。这样，作为需求者的大公司不仅能够可靠地获取投入物，而且还有向卖者讨价还价的资本，从而带来生产成本的节约。

3. 对投入物的依赖程度与最终产品的资本密集程度

在一些工业部门中，如在石油提炼、炼钢、有色金属工业、化工、计算机和通讯设备生产等工业部门中，大公司对其最终产品的主要投入物的依赖程度很高，且无法用其他类似的替代品来置换有关投入物，那么当外部资源寻求渠道受到国际市场波动的严重影响时，其外部交易成本就会很大。为避免外部市场筹供渠道的脆弱性，上述工业部门往往倾向于开发栓系性供应源（Captive Sources of Supply），即采用独资持股生产、合营企业等内部资源寻求方式。在外国直接投资受到东道国限制的某些行业，跨国公司将设法在其他国家寻求栓系性供应源，或者，降低栓系性的牢靠程度，与投入物生产厂商签订长期的购货—供货合同，并在技术、财政以及经营管理上同投入物生产厂商建立密切联系，支持这些厂商增强生产能力，以提高投入物供应的可靠性。这种长期购销合同方式在采掘业、纺织业的公司中间较为流行，这两个行业都有其共同的背景：东道国尤其是发展中东道国的政府对这两部门的外国直接投资往往实行较多的限制。

从投入物供应的可靠程度来看，对于那些制造资本密集型产品的公司，连续生产格外重要，因为若投入品不能源源不断地输入担任最终产品生产的中心工厂，中心工厂的生产能力就不能充分利用，这将导致大量资金还本付息的沉重负担，从而增加了产品成本。石油提炼和化学工业是资本密集、连续生产的工业部门，这些部门的大公司承受着保证投入物供给不断流的压力，只要长期购销合同仍不能确保投入物的供应，这些公司就将内部资源寻求形式提到议事日程上去。

4. 所需投入物的多少、投入物生产的业务要求高低和有关投资及专门知识要求高低

当跨国企业所需投入物种类繁多，或投入物的生产所需的业务活动、投资和专门知识、技能相当复杂，并非一家国际大公司能够以现有公司经营资源投入就足敷其需。那么，内部化的成本可能就会高于外部交易成本，在这种条件下，跨国公司一般不会采用公司内部生产有关投入品的策略。例如，汽车工业虽然属于已经成熟的工业部门，但装配一部汽车所需零部件达上万种，一个讲究经济效益的汽车制造公司，往往尽量向外部市场采购其所需的零部件甚至主要部件。再加上前述的第二种因素，汽车零部件需求者集中，而供应者分散，所以国际性汽车制造公司在进行国际生产时高度地依靠外部供应，而且，几乎看不到这些公司容许公司外任何单个零部件供应厂商占这些公司某类或某种投入物的50%以上。

5. 技术改变速率

如果公司所在的工业部门的技术改变速率高，研究与开发的结果可能要求投入物的规格、品种和性质突然改变，或可能使远期筹供投入物的性质、种类、规格、数量等方面特征不确定，这将使企业内部资源的寻求成本大大提高，则跨国企业对所需投入物生产实行内部化的冲动就可能减轻。当然，公司实行外部资源寻求，还必须以生产所在国存在或潜在的存在可供选择的投入物生产厂商为前提。但是，技术改变速率这一因素的作用也可能被另一些因素所抵消。如在最终产品市场营销竞争加剧时，前述第一种和第二种因素的作用可能大于技术改变率的作用。例如，在1979年和1980年，许多半导体工业零部件生产厂商被它们的客户——即那些旨在保证栓系性供应的大型跨国公司兼并了。

上面所列几种因素，只是在多数场合起作用的因素，它们的综合作用影响着跨国企业的内部或外部资源寻求的选择。在某些场合可能有例外。尽管如此，上述种种因素与跨国企业内外部资源寻求形式之间的联系仍可为探讨跨国企业国际生产资源寻求成本分析提供一个理论框架。

（二）中心资源寻求和分散资源寻求

大多数国际性工业公司是在多种行业中进行国际生产，即所谓生产经营的多样化。以

下介绍的中心资源寻求和分散资源寻求是将问题简化，简化成仅仅一家公司在某一行业的核心产品生产过程中的资源寻求活动。尽管如此，这一简化仍可描述出国际性生产大公司物流策略的基本特点。

所谓中心资源寻求，是指公司成品的主要投入物，如原材料、半成品等的筹供基本上围绕着该公司的某一中心工厂而展开。也就是说，公司选定一地一厂为成品生产（或加工、装配）的中心工厂，将半成品或其他零部件等投入物中的关键部分放在中心工厂内进行，生产技术研究与开发单位一般也在中心工厂或其附近设立；而大部分其他所需的半成品、原材料的生产、加工则放在公司国际生产网络中的各国、各地工厂进行，然后将增加了附加价值的半成品、零部件运到该公司的中心工厂；这些全部投入物经过再次加工（或装配）成为成品，从中心工厂输往国内外各个市场出售。例如，福特汽车公司在底特律装配的“斑马”车，其引擎来自德国的子公司，传动系统来自英国的子公司，绝大多数电气系统来自加拿大的子公司。

分散资源寻求，则是指一家公司的成品的主要投入物的筹供结果并不集中在一个中心工厂，相反，成品投入物的生产分别围绕着若干相距较远的中心工厂进行，即投入物在生产出来以后送往各有关中心工厂。生产过程中以分散型基本流向为主的国际性大公司，往往将其成品划分为若干个分市场，而在各主要分市场所在国（或所在国附近）设立中心工厂。分市场的中心工厂各自分别生产关键的半成品或其他关键的投入部件，而其他大部分所需半成品、零部件等投入物生产则安排在若干家离有关中心工厂较近的生产性子公司中，这些投入物被生产出来后，输送给附近的一个中心工厂。最后，公司所经营的各中心工厂将半成品和零部件加工（或装配）为可直接销售的成品；各中心工厂的成品分别在各自的分市场销售。

从成本角度分析上述两种资源寻求方式的利与弊，可做出如下比较（见表7—6）。

表7—6　两种资源寻求方式的比较

中心资源寻求方式	分散资源寻求方式
1. 在工厂层次上的规模经济	1. 不能充分利用大工厂的规模经济，单位工厂成本高
2. 易于实行自动化与集中式质量控制，质量成本低	2. 产品质量一致性较差，质量成本高
3. 关税壁垒	3. 受外贸、外汇管制的影响较少
4. 运输费用高	4. 运输费用低
5. 成品、半成品、部件、零件等库存水平高	5. 多元筹供的灵活性
6. 劳工罢工所致代价大	6. 劳工罢工所致代价小
7. 易受汇率变化影响，使生产成本指数与货币价值之间的均衡关系受到破坏	7. 对当地需求做出灵活反应，外部交易成本低；受汇率变化影响较少

跨国企业在选择中心资源寻求还是分散资源寻求时，应考虑下列主要因素。

1. 产品生产状况

首先，如果产品的价值与数量之间的比率高（如高度资本密集型的产品），则应选择中心资源寻求方式，而劳动密集型产品，则可采用分散资源寻求方式；其次，考虑产品成本曲线随生产量的增大而下降的速度，如果这一速度大，则应选择中心资源寻求方式，反之，则可采用分散资源寻求方式；最后，还要看产品生产的过程是否有较强的连续性要求，如果是，则应采用中心资源寻求方式。

2. 国际金融环境状况

在国际金融环境比较稳定的情况下，采用中心资源寻求方式风险成本不会很大，但是当国际金融环境不稳定时，则要采用分散资源寻求方式。例如，1973 年以后数年间，瑞士曾是布洛瓦（Bulova）公司钟表机件零部件筹供源的中心，到 70 年代末，瑞士法郎汇率变动不仅影响物流进出瑞士的外汇盈亏，而且使布洛瓦公司在定价、计划、财务等方面产生问题。与此同时，那些不采取中心资源寻求策略的制表公司却没有面临这些额外的不稳定因素，因为它们的成本与收益是较多地以同一货币计算的。

3. 相关的国家管制状况

如果市场所在国进口关税税率高，进口限制与外汇管制严格，东道国政府国产化要求强硬，跨国公司只有采用分散资源寻求方式。如若不是这样，则可考虑采用中心资源寻求方式。例如，1978 年，巴罗（Burroughs）公司和国际计算机公司曾做出在印度装配和生产电子计算机的决定，就是这些公司不得不适应东道国的当地人股权拥有的政策和当地生产、采购的规定。

由于中心资源寻求和分散资源寻求各有利弊，而且一种方式所致的利之所存，正好是另一种方式所致的弊之所在。因此，许多进行国际生产经营的大公司实际上往往采用这二者的折中做法——整合资源寻求（Integrated Sourcing）的方式进行生产。整合资源寻求方式下的国际生产，是若干个相邻或相近的几个市场所在国之间对公司某一核心产品的生产共同协作，各国的工厂各自生产若干种半成品或零部件等投入物，然后进行一定比例的交换，使各市场所在国的一个相对较小的中心工厂能对这些投入物进行最后一环的生产或加工装配，产出一项可在市场出售的制成品。

整合筹供下的国际生产的一体化程度比典型的分散筹供或中心筹供方式下的国际生产一体化程度高，跨国企业采用整合筹供方式生产，其推动力来自跨国企业之间长期存在的国际寡头竞争的压力。整合筹供方式下的国际生产可以使跨国公司得到如下好处：首先，可以借助于较大型工厂生产的规模经济而降低生产成本；其次，可以在付出较低的生产成本和代价的情况下，配合制成品销售额的增加和公司规模的扩大；最后，这种方式在相当程度上避免了中心资源寻求方式所致的生产经营不能灵活调整的弊病。但是，整合资源寻求也在一定程度上具有中心资源寻求方式那样的集中生产（加工或装配）制成品的不足，同时，也还兼有分散资源寻求方式所碰到的困难。

■ 三、价值系统与战略联盟

（一）在价值系统链的分工与定位

技术进步的加快和市场范围的扩大促使社会分工不断深化，许多产品或服务的价值增值过程被分解为更长更细的链条。单个企业只能占据整个产品或服务价值链中的某一部分环节。为了求得整个价值活动的最大增值，促使位于价值系统不同环节的企业相互合作。

许多跨国公司开始认识到价值活动完全不必事事亲为，而应该和价值系统中的相关企业建立联盟伙伴关系作为主要的经营战略。美国、英国的一些大公司都在改变传统生产模式，将那些自己不占绝对优势、而上游与下游企业占有优势的环节，尽可能以联盟的方式进行合作。

例如，美国麦道飞机公司 1993 年生产的 100 架喷气式客机，有 18 种重要的零件是由供应商负责设计制造的，仅此一项改革就使这种飞机的生产成本降低了2亿美元。

又如，生产高级图像处理计算机的Silicon Graphics（硅谷图像）也同样没有任何制造能力，都是通过战略联盟完成价值链生产中的某些环节。

再如，欧洲“空中客车”飞机是整体化的产品，然而其部件却由分散在英、法、德、西班牙四国的众多飞机制造公司生产，从某种意义上讲，“空中客车”是欧洲航空制造企业战略联盟的产物。

（二）价值系统链的整合

伴随着战略联盟的迅猛发展，产品或服务的价值增值过程被分解为更长更细的链条，企业间的竞争也转换为价值系统链之间的竞争。价值系统链之间的竞争是由上下游企业联合组成完整的价值系统而展开的竞争，它是一种联合竞争的形式。美国著名的市场营销专家科特勒在其《营销管理》一书中所举的例子，能够很清楚地展示发生在企业竞争过程中的这种变革。

Levi Strauss是一家知名的牛仔裤生产商，Sears则是其主要的经销商。每天晚上借助于电子数据交换手段，Levi从Sears及其他经销商那里获得有关不同尺寸和式样的牛仔裤销售的信息，然后，Levi Strauss则向其牛仔布料供应商Mil-liken发出要求次日交货的电子订单，Mil-liken公司又向布纤维供应商Du Pont发出订购更多纤维的订单。

在这里，竞争的成败不仅取决于整个链条中单个企业生产经营管理水平，而是取决于整个链条中所有企业生产经营的质量，取决于链条中各个企业之间信息网络构建及其运用的效率。哪个企业更善于发展自己与上下游企业的合作关系，哪个企业就能赢得整个价值系统链上的竞争优势。而这种合作关系只有通过企业之间建立战略联盟才能有效形成。

例如，在个人电脑行业，IBM和微软通常被认为是一个价值系统链，IBM、微软与惠普公司成功地击败各自的竞争对手，其中最重要的一条策略就是通过各种形式的联盟，吸引了众多的合作伙伴和追随者，把企业发展成为一个强大的价值链群。

◀本章小结▶

• 企业跨国经营的动机可以从国际生产要素的最优组合、寡占市场反应以及二者结合的角度进行解释。传统的对外投资理论，用于解释发达国家向发展中国家的垂直投资，或发达国家之间的水平投资行为已日臻完善。近年来国际经济学界对发展中国家对外投资行为理论的研究也有了长足的进展。

• 企业进入国外市场的模式一般有出口、许可证交易、证券投资、对外直接投资、非股权安排、BOT等几种主要模式。每一种进入模式都有各自的利与弊，应用条件也不尽相同。跨国公司进入外国市场方式的动态表现构成了其在国外市场的职能演进过程。

• 多国本土化战略与全球化战略是跨国公司国际战略的两个方向，这两种战略之间还有一些过渡的形式。在经济全球化进程中，实施全球化战略的跨国公司相对于实施多国本土化战略的公司而言拥有更多的竞争优势。进入21世纪以后，采用以全球市场为目标的复合一体化战略，已成为大型跨国公司的主流。有趣的是，本土化实质上已成为跨国公司实施全球化战略的重要手段。

• 跨国公司全球资源寻求战略沿着三个链条展开：价值链中研究开发、生产制造与市场营销三者的相互协调；供应链中国际生产的资源寻求决策；价值系统（产业链）中与供应者、购买者之间合作方式的选择等。

★ 关键概念

间接出口 指企业通过中间商或其他国内代理机构来经营商品出口业务。

直接出口 指把企业生产的产品直接卖给国外的客户或最终用户，而不是通过国内的中间机构转卖给国外顾客。

许可证贸易 指技术许可方将其交易标的的使用权通过许可证协议或合同转让给技术接受方的一种贸易方式，是技术贸易最基本、最主要的形式。

对外直接投资 企业将管理、技术、营销、资金等资源以自己控制企业的形式转移到目标国家（地区），以便能够在目标市场更充分地发挥竞争优势。

全股子公司 即由母公司拥有子公司全部股权和经营权，这意味着企业在国外市场上单独控制着一个企业的生产和营销。

合资经营 又称为股权式经营，是指协议共同投资的各方各按一定比例的股份出资，共同组成一家具有法人地位，在经济上独立核算，在业务上独立经营的企业。

对外证券投资 指个人或机构取得外国证券，但并不控制该企业或参与管理。

非股权安排 进入企业在东道国的企业中没有股份投资，而是通过签订一系列合同为东道国提供各种服务，与东道国的企业建立起密切联系，从中获得各种利益。

BOT 方式 是“Build-Operate-Transfer”的英文缩写，即“建设—运作—转让”的境外投资方式。

全球化战略 指跨国企业向全世界的市场推销标准化的产品和服务，并在较有利的国家集中地进行生产经营活动，由此形成规模经济和经验曲线效益，以获得高额利润。

多国本土化战略 是根据不同国家的不同市场，提供更能满足当地市场需要的产品和服务。实施多国本土化战略的公司首先在其自己的国内市场开发产品，然后把产品提供给国外的子公司进行销售或改造。

OEM Original Equipment Manufacturer，原始设备生产商，指品牌厂商提供设计图纸，制造企业按单生产。

ODM Original Design Manufacturer，原始设计制造商，指品牌厂商看中生产制造企业设计制造的某一产品，或者提出部分修改意见，生产厂家按要求生产，配上品牌厂商的品牌进行生产。

OBM Original Brand Manufacture，原始品牌制造商，指制造企业做自有品牌。

大规模定制 指对定制的产品和服务进行个别的大规模生产。

案例分析

案例 7—1 索尼公司进入美国市场方式的选择及其职能演进[①]

1972 年以前，索尼公司的管理者一直坚持认为所有的生产都应该在日本本土进行，

① 包铭心等：《国际管理教程与案例》，北京，机械工业出版社，1999。

进入美国市场的方式主要以销售和市场营销为主。直到索尼公司被控告在美国进行倾销，才导致索尼公司开始考虑在美国进行直接投资。在内部意见和外部压力的共同影响下，公司决定开始对美国进行初级职能水平（只执行产品的最后组装）的直接投资。那些到美国工作的索尼公司电视部的日本驻外人员将索尼电视方面的加工流程技术和生产技术带到了美国的圣迭戈，建立了一条日本装配线。经过新的下属公司的努力，逐步在美国本土租赁厂房，雇用员工，就地采购零件设备，并从日本总公司获取财务、技术和管理资源。圣迭戈工厂开始运作起来，将母公司和美国当地的资源结合在一起，把各种零件组装成电视整机。日本的管理者们严密地监督着工厂的运作，当索尼公司对在美国组装的成品质量表示满意后，开始让下属公司执行更多的职能。不久以后，考虑到在越洋运输的过程中玻璃管的损坏及运输费用，公司将显像管的生产也转移到美国。随着时间的推移，下属公司能够执行更多的职能，包括从本地购买组装零件和设计一些附加产品。最后，下属公司在诞生大约 20 年之后，确立了在北美电视业务领域中的战略领导地位。

分析与思考

企业国际化经营进入国外市场的模式一般有出口、许可证交易、证券投资、对外直接投资等几种主要模式。这些方式的控制程度从低到高、风险从小到大。每一种进入模式都有各自的利与弊。

跨国企业进入外国市场方式的动态表现构成了其在国外市场的职能演进过程。索尼公司在电视机行业进入美国市场方式的选择及其职能演进过程具有典型意义。

1972 年以前，索尼公司的所有生产都在日本本土进行，进入美国市场的方式主要以销售和市场营销为主。

直到索尼公司被控告在美国进行倾销，才开始对美国进行初级职能水平（只执行产品的最后组装）的直接投资。

经过新的下属公司的努力，逐步在美国本土租赁厂房，雇用员工，就地采购零件设备，并从日本总公司获取财务、技术和管理资源。圣迭戈工厂开始运作起来，将母公司和美国当地的资源结合在一起，把各种零件组装成电视整机。当索尼公司对在美国组装的成品质量表示满意后，开始让下属公司执行更多的职能。

考虑到在越洋运输的过程中玻璃管的损坏及运输费用，公司将显像管的生产也转移到美国。随着时间的推移，下属公司能够执行更多的职能，包括从本地购买组装零件和设计一些附加产品。

最后，下属公司在诞生大约 20 年之后，确立了在北美电视业务领域中的战略领导地位。

案例 7—2　索尼与百代国际市场开发战略的比较[①]

20 世纪 60 年代，索尼公司在日本开发了固体晶体管彩色电视机，在向日本和世界其他地区销售之前，首先将它投入美国市场。这种先在美国大规模销售，然后在短期内覆盖

---

① 包铬心等：《国际管理教程与案例》，北京，机械工业出版社，1999。

全世界的做法，使索尼不仅获得了先动优势，还享受到规模经济的利益。

相反，英国百代公司早在1972年就开发出了CAT（Computerized Axial Tomograph）扫描仪，并开始推向市场。CAT技术的发明者高德福雷·豪茨菲尔德（Godfrey Hounds-field）和艾伦·库马克（Allen Cormack）还为此获得了诺贝尔奖。然而，百代没有抓住这个机会。尽管对于符合现代工艺规范的医疗器械来说，美国是最大的市场，对CAT扫描仪有着极大的需求，但百代没有及时地向美国出口数量充足的产品。相反，直到20世纪70年代中期，它才开始缓慢地向美国出口，而此时已为时过晚了。而且由于技术问题，直到几年后，百代才在美国设立了生产车间。此时，百代公司已经要面对来自世界各大电子公司的严峻挑战了。这些大公司包括飞利浦、西门子、通用电气和东芝公司等。通用电气公司在很短的时间内就使它自己的CAT产品垄断了美国市场，并顺势扩展到世界其他地方，其实，它的CAT扫描仪在技术上不如百代公司。

分析与思考

(1) 1966年，美国哈佛大学教授维农提出“产品寿命周期理论”。产品寿命周期理论将产品市场运动的普遍现象——产品创新、成熟与标准化三个阶段的变更，用于解释美国企业战后对外直接投资的动机、时机和区位选择。在产品的创新阶段，企业有在国内选择生产地点的固有倾向。在产品的成熟阶段，发明国必须对外投资（投资地区一般是那些收入水平和技术水平与母国相似的地区），并设立子公司，就地生产，以便维持和扩大出口市场，保障自己的利益。在产品的标准化阶段，产品和技术都已完全标准化，可将生产或装配业务转移到劳动力成本低的发展中国家，国外生产的仿制品可能导致原来的发明创造国或国外子公司进口该产品。

(2) 经济全球化进程中，世界技术的迅速普及，维农的产品寿命周期理论在以下三个方面存在局限性：

第一，不断加快的新产品引进步伐和创新领先时间的缩短，使公司从陈旧的多中心营销方式向全球市场观念转变；

第二，在产品寿命周期中对资源进行有预见性的开发，使得精明的公司在竞争中获胜；

第三，在全球范围对不同地点和公司的资源进行更为积极的管理，使公司在竞争中占有先动优势。

上述两个案例表明：在当今世界，经济全球化与技术信息化的发展如此迅速，跨国企业如果仍然按照产品寿命周期理论所描述的步骤，采用逐国各个突破的方式，在产品寿命周期的不同阶段选择相应的最佳生产地点，打开不同国家的市场，那么其他的全球竞争者就很可能在较短的时间内以类似产品迅速占领世界市场，从而取代前者最初的竞争优势。因此，对于许多跨国公司而言，具备从其内部和全球范围同时获取重要资源的能力，在全球范围内更为有效地协调管理研究开发、生产制造和市场营销，发展一个完善的资源寻求战略已变得极其迫切。

第八章

企业战略的实施

本章要点提示

- 企业战略与组织结构
- 企业战略与企业文化
- 权力与利益相关者

本章内容引言

企业战略的实践表明，战略制定固然重要，战略实施同样重要。在战略实施过程中，企业管理各种职能都要发挥作用。本章重点从企业组织结构、企业文化以及权力与利益相关者三个角度阐述企业战略的实施过程。

第一节　企业战略与组织结构

企业战略发生变化，需要有一定的组织保证。因此，组织结构的调整是战略实施的重要环节。

一、结构跟随战略

在探索战略与结构的关系方面，艾尔弗雷德·钱德勒（A. D. Chandler）在其经典著

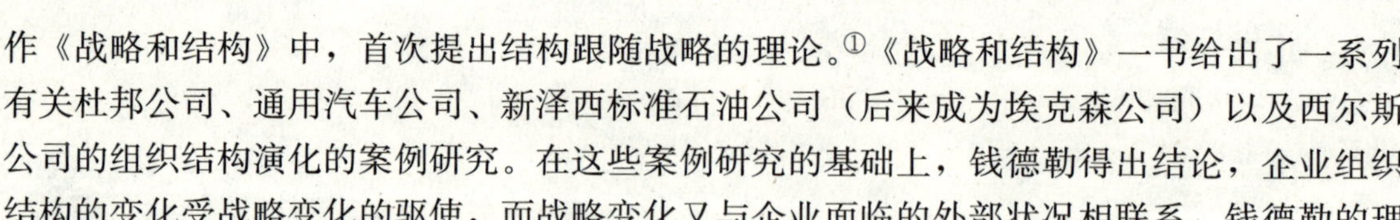

作《战略和结构》中，首次提出结构跟随战略的理论。[1]《战略和结构》一书给出了一系列有关杜邦公司、通用汽车公司、新泽西标准石油公司（后来成为埃克森公司）以及西尔斯公司的组织结构演化的案例研究。在这些案例研究的基础上，钱德勒得出结论，企业组织结构的变化受战略变化的驱使，而战略变化又与企业面临的外部状况相联系。钱德勒的理论可以从以下两个方面展开。[2]

（一）战略的前导性与结构的滞后性

战略与结构的关系基本上是受产业经济发展制约的。在不同的发展阶段中，企业应有不同的战略，企业的组织结构也相应做出反应。企业最先对经济发展做出反应的是战略，而不是组织结构，即在反应的过程中存在着战略的前导性和结构的滞后性现象。

1. 战略前导性

战略前导性是指企业战略的变化快于组织结构的变化。这是因为，企业一旦意识到外部环境和内部条件的变化提供了新的机会和需求时，首先会在战略上做出反应，以此谋求经济效益的增长。例如，经济的繁荣与萧条、技术革新的发展都会刺激企业发展或减少现有企业的产品或服务。而当企业自我积累了大量的资源以后，企业也会据此提出新的发展战略。当然，一个新的战略需要有一个新的组织结构，至少在一定程度上调整原来的组织结构。如果组织结构不做出相应的变化，新战略也不会使企业获得更大的效益。

2. 结构滞后性

结构滞后性是指企业组织结构的变化常常慢于战略的变化速度。特别是经济快速发展时期更是如此。结果，组织内部机构的职责在变革的过程中常常含糊不清。造成这种现象的原因有两种：一是新旧结构交替有一定的时间过程。新的战略制定出来以后，原有的结构还有一定的惯性，原有的管理人员仍习惯运用旧的职权和沟通渠道去管理新旧两种经营活动。二是管理人员的抵制。当管理人员感受到组织结构的变化会威胁他们个人的地位、权利，特别是心理上的安全感时，往往会运用行政管理的方式去抵制需要做出的变革。

从战略的前导性与结构的滞后性可以看到，经济发展时，企业不可错过时机，要制定出与发展相适应的经营战略与发展战略。一旦战略制定出来以后，要正确认识组织结构有一定反应滞后性的特性，不可操之过急。但是，结构反应滞后、时间过长，将会影响战略实施的效果，企业应努力缩短结构反应滞后的时间，使结构配合战略的实施。

（二）企业发展阶段与结构

钱德勒有关结构跟随战略的理论是从对企业发展阶段与结构的关系的研究入手的。

（1）与单一经营发展阶段相适应的是层级结构（见图 8—1）。

（2）与市场和产品多样化阶段相适应的是多部门结构（见图 8—2 和图 8—3）。

（3）与以项目为中心的经营活动相适应的是矩阵结构（见图 8—4）。

（4）与战略联盟发展相适应的是网络结构（见图 8—5）。

（5）与企业更新业务流程要求相适应的是企业内部市场（见图 8—6）。

---

① Chandler，A. D.，Strategy and Structure，Cambridge，MA：MIT Press，1962.

② 徐二明：《企业战略管理》，北京，中国经济出版社，1998。

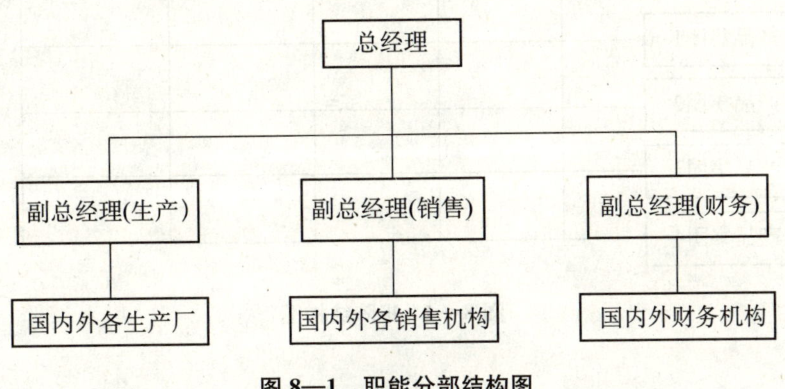

图 8—1 职能分部结构图

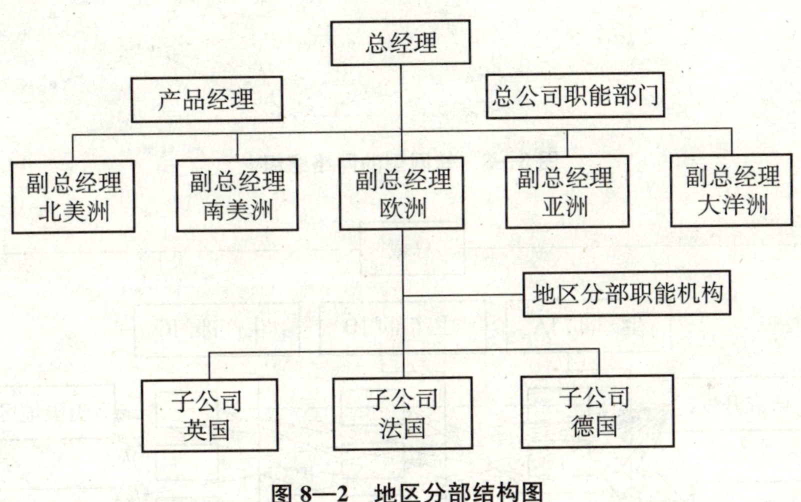

图 8—2 地区分部结构图

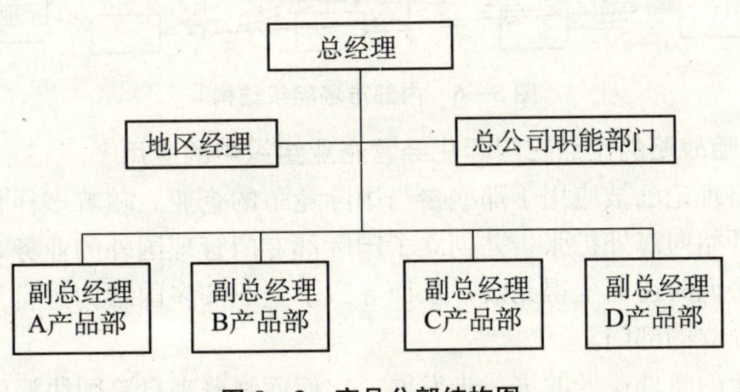

图 8—3 产品分部结构图

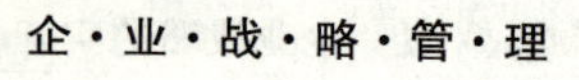

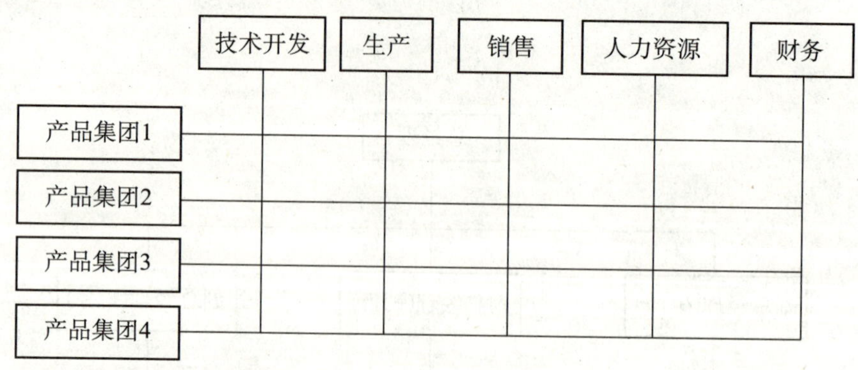

图 8—4 矩阵结构图

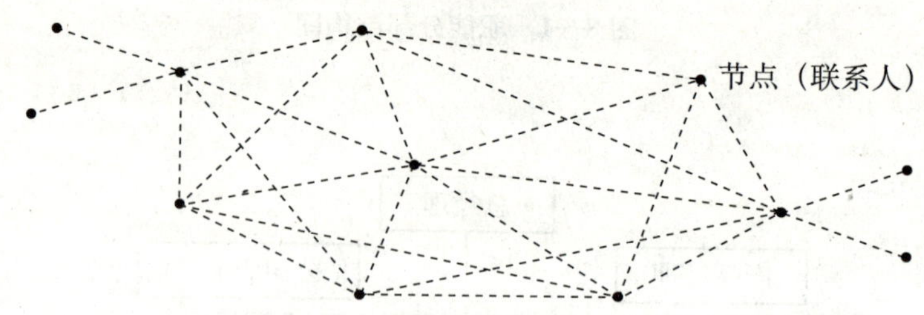

图 8—5 蛛网型的网络组织①

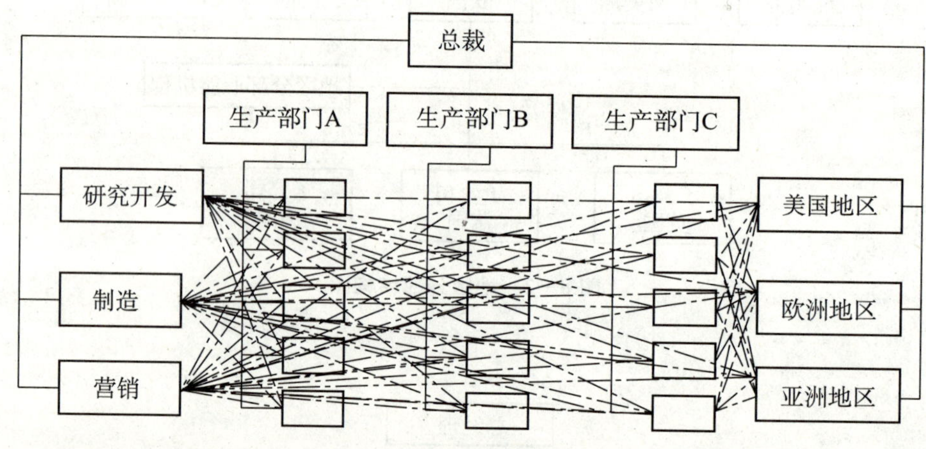

图 8—6 内部市场组织结构②

（三）结构跟随战略的论点在国际化经营企业组织中的应用③

结构跟随战略理论已被应用于那些参与国际竞争的企业。随着多样化经营的企业变得越来越大，它们开始向海外扩张，并创立了国际部专门管理国外的业务，但这种结构在对国外的业务进行协调时逐渐变得无效，从而导致了企业按多国结构进行重组，即针对不同的国家设立各自独立的部门。

随着多国企业的海外业务的进一步发展，它们面临着来自跨国协调的进一步压力和在国家内部进行专业化分工的问题。这就导致了把全世界都看做是企业利益市场的全球战略

① ［美］戴维·贝赞可等著，武亚军等译：《公司战略经济学》，北京，北京大学出版社，1999。

②③ ［美］伊莱扎·G·柯林斯等编著，张宇宏等译：《工商管理新论》，上海，上海译文出版社，1997。

的产生。那些选择全球战略的企业，为了促进在全球的生产和分销活动中实现规模经济而进行了重组。

近年来，多国企业发现，它们需要在对当地情况做出快速反应和为获得全球范围内的规模经济而要求的集中之间进行平衡。这就导致了跨国战略的产生，它正逐步与更加灵活的组织形式相联系，这种结构把矩阵结构和网络结构结合到了一起。

二、对结构跟随战略的不同看法

尽管钱德勒有关结构跟随战略的理论已得到实证研究的广泛支持，但是对结构与战略的关系仍有一些不同看法。

(一) 结构影响战略

托马斯·哈蒙德（T. H. Hammond）认为，结构会影响战略。[①] 这是因为在一个大公司中，重要的知识和决策能力分散在整个公司之中，而并非集中于高层管理人员。这样，一个企业的结构就将会决定低层的决策者们以怎样的方式和按什么样的顺序，把他们的信息汇集在一起为公司决策服务。正因为结构为企业设定了议程，它就决定了在进行决策时，应该考虑哪些可供选择的方案，需要对哪些进行比较，以及按什么顺序进行比较。

哈蒙德还认为，组织结构决定着决策时会考虑哪些选择，以及对这些选择进行评估的标准。由于经理们所考虑的选择，必须部分地基于企业当前的活动以及与当前的产品市场状况有关的信息，而对多数企业来讲，这些信息均按照企业结构来源于一些较低层的个体员工。因此，不同的结构将会传递给管理人员以不同的可供选择的方案集合。例如，如果一个企业还未按照不同的产品，组织成一些独立的、可以买卖的分部，那么在这样的企业中，将很难发展出一种重视购并的战略。

结构同时还会通过制定一些解决争端的规则，来对战略的实施产生影响。这些规定可以与企业战略的要求相一致，也可能不一致。企业的结构同时还会影响到那些到达高层管理人员的有关战略实施的信息。如果企业的结构为了避免某些类型或数量的冲突上报，从而有所偏重，那么高层经理们接收到的信息也将随之发生偏倚。

(二) 结构作为一种累积效果和启发艺术

尼尔森和温特（Nelson R. R. and S. G. Winter）提出了两种关于战略与结构之间关系的论点，它们都与钱德勒的论点不同[②]：第一种论点认为，战略和结构都是从企业与环境的互动中不断演化而来的，并非高层经理们所制定和实施的某种复杂的重组决策。企业同环境之间的联系，以及通称为企业“结构”的当中个体之间的联系方式，都是企业对环境的刺激在进行长期的适应后，最终产生的累积效果。大规模的战略转变对企业来说是很少见的，企业当前的有关战略与结构的决策，将在很大程度上受制于过去的决策。另一种论点认为，战略和结构是一种高层次的启发艺术，或者说是一些决策的原则，它们节约了决策者们处理一些非常规问题所花费的时间。如果说，战略是为了解决企业的生存问题和盈利问题所遵循的一系列原则，那么，结构就是用来对企业内部的不同角色进行协调，从

---

① Hammond T. H., “Structure, Strategy, and the Agenda of the Firm”, in Rumelt, R., D. E. Schendel, and D. J. Teece (eds), Fundamental Issues in Strategy, Boston: Harvard Business School Press, 1994, pp. 97～154.

② Nelson R. R. and S. G. Winter, An Evolutionary Theory of Economic Change, Cambridge, MA: Belknap, 1982.

而使其行为与企业的活动相一致的一系列原则。

第二节　企业战略与企业文化

一、企业文化的概念

什么是企业文化？企业界和学术界对于这一概念有多种定义。以下两种定义较为简单明了：一是赫尔雷格尔（Hellreigel）等人在1992年提出的，企业文化是企业成员共有的哲学、意识形态、价值观、信仰、假定、期望态度和道德规范。[①] 另一个定义则是基于文化的经济学含义，考虑到企业所遵循的价值观、信念和准则这些构成文化基础的东西都很难被观察和测量，因而采用一个更易操作的观点，即企业文化代表了企业内部的行为指针，它们不能由契约明确下来，但却制约和规范着企业的管理者和员工。[②]

但是，必须看到，尽管存在着企业文化，然而要将它从其他文化中区别出来可能很困难。因为在特定环境下所呈现出来的企业文化实际上可能是国家文化、地方文化、企业文化、子公司文化和团体文化相互交织的结果。此外，在一个大企业中要识别出一种能涵盖所有成员的单一文化是困难的，而且不同的部门可能有不同的文化。在这里，我们研究企业文化，所关心的只是那些能潜在影响企业经济绩效的方面，特别是主要存在于企业决策制定者中的文化（或亚文化）。

二、文化的类型

尽管在文化的定义和范围上存在很大的分歧，也没有两个企业的文化是完全相同的。但是，查尔斯·汉迪（Charles Handy）在1976年提出的关于企业文化的分类至今仍具有相当重要的参考价值。[③] 他将文化类型从理论上分为四类：权力（Power）导向型、角色（Role）导向型、任务（Task）导向型和人员（People）导向型。

（一）权力导向型

这类企业中的掌权人试图对下属保持绝对控制，企业组织结构往往是传统框架。企业的决策可以很快地做出，但其质量在很大程度上取决于经理人员的能力。企业的变革主要由企业中心权力来源决定。这类文化是小业主企业的典型模式，它要求相信个人，但在企业运行中明显忽视人的价值和一般福利。这类企业经常被看成是专横和滥用权力的，因此它可能因中层人员的低士气和高流失率而蒙受损失。权力导向型文化通常存在于家族式企业和刚开创企业。

（二）角色导向型

角色导向型企业尽可能追求理性和秩序。与权力文化的独裁截然不同的是，角色文化十分重视合法性、忠诚和责任。这类文化一般是围绕着限定的工作规章和程序建立起来的，理性和逻辑是这一文化的中心，分歧由规章和制度来解决，稳定和体面几乎被看成与

---

①③ ［英］托马斯·加拉文、杰拉德·菲茨杰拉尔德、迈克·莫利著，马春光等译：《企业分析》，上海，上海三联书店，1997。

② ［美］戴维·贝赞可等著，武亚军等译：《公司战略经济学》，北京，北京大学出版社，1999。

能力同等重要。但是，这类企业的权力仍在上层，这类结构十分强调等级和地位，权利和特权是限定的，大家必须遵守。这种企业被称作官僚机构，此类文化最常见于国有企业和公务员机构。

角色导向型文化具有稳定性、持续性的优点，企业的变革往往是循序渐进的，而不是突变。在稳定环境中，这类文化可能导致高效率，但是，这类企业不太适合动荡的环境。

（三）任务导向型

在任务导向型文化中管理者关心的是不断地和成功地解决问题，对不同职能和活动的评估完全是依据它们对企业目标做出的贡献。这类企业采用的组织结构往往是矩阵式的，为了对付某一特定问题，企业可以从其他部门暂时抽调人力和其他资源，而一旦问题解决，人员将转向其他任务。所以，无连续性是这类企业的一个特征。

实现目标是任务导向型企业的主导思想，不允许有任何事情阻挡目标的实现。企业强调的是速度和灵活性，专长是个人权力和职权的主要来源，并且决定一个人在给定情景中的相对权力。这类文化常见于新兴产业中的企业，特别是一些高科技企业。

这类文化具有很强的适应性，个人能高度控制自己分内的工作，在十分动荡或经常变化的环境中会很成功。但是，这种文化也会给企业带来很高的成本。由于这种文化依赖于不断的试验和学习，所以建立并长期保持这种文化是十分昂贵的。

（四）人员导向性

这类文化完全不同于上述三种。这种情况下的企业存在的目的主要是为其成员的需要服务，企业是其员工的下属，企业的生存也依赖于员工。这类企业为其专业人员提供他们自己不能为自己提供的服务，职权往往是多余的。员工通过示范和助人精神来互相影响，而不是采用正式的职权。决策中的意见一致是企业所需要的，角色分配的依据是个人的爱好及学习和成长的需要。这一文化常见于俱乐部、协会、专业团体和小型咨询公司。

这类文化中的人员不易管理，企业能给他们施加的影响很小，因而很多企业不能持有这种文化而存在，因为它们往往有超越员工集体目标的企业目标。

虽然汉迪关于企业文化的分类可能不能囊括所有的文化类型，而且一个企业内部可能还存在着不同的亚文化群，但是，这四种分类较好地总结了大多数企业的文化状况，可以作为研究企业文化与战略关系重要的分析基础。

三、文化与绩效

总经理们对文化与战略关系的研究最注重的是组织文化是否会影响组织的绩效。但是，要表明两者的直接关系并非易事。文化可能与高绩效相联系，但它又不一定是高绩效的必然原因。下面，我们从三个方面讨论文化与绩效的关系：文化为企业创造价值的途径；文化、惯性和不良绩效；企业文化成为维持竞争优势源泉的条件。[①]

---

① ［美］戴维·贝赞可等著，武亚军等译：《公司战略经济学》，北京，北京大学出版社，1999。

(一) 企业文化为企业创造价值的途径

1. 文化简化了信息处理

企业文化中的价值观、行为准则和相应的符号，可以使员工的活动集中于特定的有范围的安排之中。这使他们没有必要就自己在企业中的工作任务是什么进行讨价还价，因而可以减少决策制定的成本并促进工作的专门化，也使得一起工作的员工分享对他们工作的一系列预期，因而减少了不确定性。同时，共同的文化使得在一起工作的员工始终存在共同关注的焦点。例如，对于本企业的产品与其他企业的区别，本企业在广告和新产品开发上的风险水平，本企业员工、顾客和利益相关者之间相互作用的方式（包括适当的语言、交换规则及其他）等，从而提高企业的技术效率。

文化简化了信息处理而提高了企业技术效率的一个例子是美国克雷研究公司的案例。1976 年创立的克雷公司因其在大型计算机发展上的创新而为人所知，企业文化是它名声中很重要的部分。1978 年之后，克雷以非凡的速度增长，其员工数从 1978—1983 年间增长了 5 倍，总收入增加了 10 倍。如果没有一个适应的文化，要消化这种增长和维持繁荣是不可能的。仅就劳工的协调成本就可能超出克雷管理人员适应变化的能力。克雷公司的组织结构依旧十分简单，决策的制定依旧分散在各个小工作团体中。如果对管理人员和员工来说不存在一个焦点的话，在这样一种结构制度下管理这样一个企业，其复杂性将使克雷的经理们面对难以避免的混乱。

2. 文化补充了正式控制

文化作为集体价值观和行为准则的集合体，在组织中能发挥一种控制功能。文化对员工行动的控制是基于他们对企业的依附，而不是激励和监督。那些在价值观上依附企业文化的员工将会调整他们个人的目标和行为，使之符合企业的目标和行为。如果文化在企业中具有这种功能，那么，员工主动的自我控制、员工间的非正式监督和不涉及具体细节的组织准则结合在一起，员工会比在正式制度下更愿意服从，从而，控制员工行为将比只有正式控制制度更有效。

威廉姆·奥奇（W. G. Ouchi）引入了一个“团体控制”的概念来阐述文化对于官僚控制或市场控制模式的替代作用。[①] 官僚控制的特点是组织的角色和任务具有很高的专业化水平、短期雇佣、个人责任和个人决策；团体控制则是通过组织准则和价值系统的控制，其特征是组织中角色和任务的专业化降低至很低的水平、长期雇佣、个人自我激励与负责和集体决策。这两者又都区别于市场控制，它是建立在市场价格基础上的控制。

奥奇的分析是建立在对日本企业不同于西方企业的管理模式的分析基础之上的，詹姆斯·林肯和阿恩·卡莱伯格（J. R. Lincoln and A. L. Kalleberg）对奥奇的理论作了补充。他们认为，对日本企业的团体控制的一种更好的解释是，通过工作保障、员工参与决策、福利设施和必要的补偿，日本企业的管理人员能促进员工满意和忠诚。而不仅仅依靠日本企

① Ouchi, W. G, “Markets, bureaucracies, and Clans,” Administrative Science Quarterly, 25, 1980, pp. 129～140; Ouchi, W. G. and J. B. Johnson, “Types of Organizational Control and Their Relationship to Emotional Well Being,” Administrative Science Quarterly, 23, 1978, pp. 293～317; Ouchi, W. G. Theory Z, Reading, MA: Addison-Wesley, 1981.

业价值观的力量。当然，文化可以影响组织活动、管理活动，也会影响企业的主导价值观。[①]

大多数企业运用市场控制、官僚控制、团体控制三种控制技术的组合。例如，美国第一班克银行具有很强的文化和一个涉及很广的控制系统，同时也没有忽视市场需求。事实上，企业采用利润中心制度，也可以由很强的文化规范来管理；在竞争激烈的市场，很难想象一个团体组织没有正式的组织与控制，却能满足所参与竞争的产品市场的需求。

3. 文化促进合作并减少讨价还价成本

在企业内部，由于各利益相关者讨价还价的权力之争，也会导致市场竞争中可能出现的个体理性与集体理性的矛盾。企业文化通过"相互强化"的道德规范，会减轻企业内权力运动的危害效应，这就使得在市场上利己主义的个人之间不可能出现的多方受益的合作行为，在企业内部可能出现。

（二）文化、惯性和不良绩效

但是，也必须看到，文化也可能损害企业的绩效。文化和绩效之间存在明显消极联系的例子几乎与存在积极联系的例子一样普遍。事实上，有时同一个企业可以提供相反的例子。例如，直到 1986 年，美国 IBM 公司还被认为是强有力的值得模仿的企业，它的管理的深入性和公司文化得到了广泛称赞。然而，十年后，IBM 又因其惯性的文化而受到责难。IBM 公司并不是由于能力变化而失掉产业领导地位的，未能保持其优势的原因在于其惯性文化的影响，使该公司没有预期到产品变化的方向，并让竞争对手（特别是微软公司）在市场份额和网络外部性的基础上夺取了市场优势地位。

文化与绩效相联系，是因为企业战略成功的一个重要前提是战略与环境相匹配。当战略符合其环境的要求时，文化则支持企业的定位并使之更有效率；而当企业所面对的环境产生了变化，并显著地要求企业对此适应以求得生存时，文化对绩效的负面影响就变得重要起来。尤其是在一个不利的商业环境中，文化的不可管理性将使之成为一种惯性或阻碍变化的来源。管理人员企图阻碍变化而不是解决环境问题，这种不合时宜的决策也将变得十分明显。这种惯性的产生来自多方面的原因：在企业中任职很长的行政人员，可以在企业繁荣时期熟悉他们的工作，却可能对处理变化毫无经验，他们所选择的规划和所运行的工作程序对突然的变化来说可能是保守的；企业中的权力基础可能使企业中受威胁的团体去阻碍变化等。

（三）企业文化成为维持竞争优势源泉的条件

杰伊·巴尼给出了企业文化可以成为维持竞争优势的一个源泉的条件[②]：首先，文化必须为企业创造价值，前面我们已经详细阐述了文化为企业创造价值的三种途径。其次，作为维持竞争优势的一个源泉，公司文化必须是企业所特有的。如果一个企业的文化和市场上大多数的企业是相同的，它往往反映的是国家或地区文化或一系列行业规范的影响，那么它就不可能拥有相对竞争优势。最后，企业文化必须是很难被模仿的。如果成功的企业文化体现了企业的历史积累，这种复杂性就会让其他企业很难仿效，也使得其他企业的

---

① Lincoln，J. R. and A. L. Kalleberg，Control，and Commitment，Cambridge，UK：Cambridge University Press，1990，chap. 1.

② Barney，J. b.，"Organizational Culture：Can 1t Be a Source of Sustained Competitive Advantage"，Academy of Management Review，11，1986，pp. 656～665；for the general criteria，see Porter，M.，Competitive Strategy，New York：Free Press，1980.

管理者很难从本质上修改他们企业的文化以显著提高绩效。相反，如果企业文化很容易被模仿，那么，一旦该企业成功，其他企业都将模仿它，这就会使文化带给企业的优势很快消失。

四、战略稳定性与文化适应性

考察战略与文化的关系，除了文化与绩效的关系外，还有一个重要的内容是分析企业战略的稳定性与文化适应性。战略的稳定性反映了企业在实施一个新的战略时，企业的结构、技能、共同价值、生产作业程序等各种组织要素所发生的变化程度；文化适应性反映了企业所发生的变化与企业目前的文化相一致的程度。

处理二者关系可以用下面的矩阵表示（见图 8—7）。

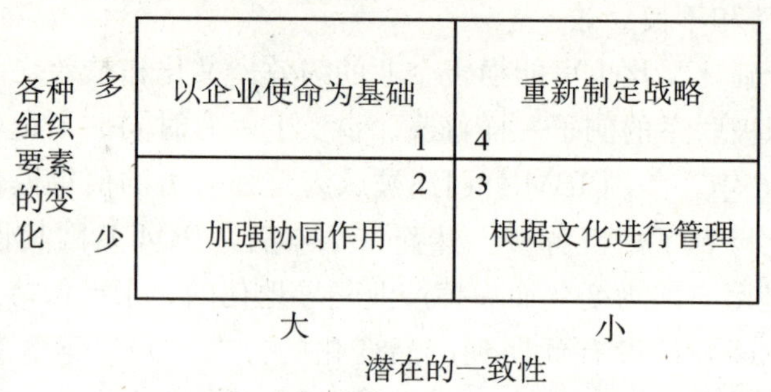

图 8—7　战略稳定性与文化适应性①

在矩阵中，纵轴表示企业战略的稳定性状况，横轴表示文化的适应性状况。

（一）以企业使命为基础

在第一象限，企业实施一个新的战略时，重要的组织要素会发生很大变化。这些变化大多与企业目前的文化有潜在的一致性。这种企业多是那些以往效益好的企业，可以根据自己的实力，寻找可以利用的重大机会，或者试图改变自己的主要产品和市场，以适应新的要求。这种企业由于有企业固有文化的大力支持，实行新战略没有大的困难，一般处于非常有前途的地位。在这种情况下，企业处理战略与文化关系的重点是：

一是企业在进行重大变革时，必须考虑与企业基本使命的关系。在企业中，企业使命是企业文化的正式基础。高层管理人员在管理的过程中，一定要注意变革与使命内在的不可分割的联系。例如，中国加入 WTO，将使许多企业可能面临重大的战略变革，而这些变革将会受到国家或地区文化的支持。那么，在对外开放的同时，进一步对内开放，消除省际的贸易壁垒，充分发展民营经济，就成为我国加入 WTO 提高国民竞争力这一基本目标实现的重要条件。

二要发挥企业现有人员在战略变革中的作用。现有人员之间具有共同的价值观念和行为准则，可以保持企业在文化一致的条件下实施变革。

三是在调整企业的奖励系统时，必须注意与企业组织目前的奖励行为保持一致。

四要考虑进行与企业组织目前的文化相适应的变革，不要破坏企业已有的行为准则。

---

① 刘冀生：《企业经营战略》，北京，清华大学出版社，1995；徐二明：《企业战略管理》，北京，中国经济出版社，1998。

（二）加强协调作用

在第二象限，企业实施一个新的战略时，组织要素发生的变化不大，又多与企业目前的文化相一致。这类情况往往发生在企业采用稳定战略（或维持不变战略）时。处在这种地位的企业应考虑两个主要问题：一是利用目前的有利条件，巩固和加强企业文化；二是利用文化相对稳定的这一时机，根据企业文化的需求，解决企业生产经营中的问题。

（三）根据文化的要求进行管理

在第三象限，企业实施一个新战略，主要的组织要素变化不大，但多与企业组织目前的文化不大一致。例如，当企业准备推行某种新的激励方式，虽然这种方式与过去的激励方式相比，并没有根本性的变化，但是，某些利益相关者基于对自身利益的考虑，可能会反对实施新的方法。此时，企业需要研究这些变化能否给企业带来成功的机会。在这种情况下，企业可以根据经营的需要，在不影响企业总体文化一致的前提下，对某种经营业务实行不同的文化管理。同时，企业要对像企业结构这样与企业文化密切相关的因素进行变革时，也需要根据文化进行管理。

（四）重新制定战略

在第四象限，企业在处理战略与文化的关系时，遇到了极大的挑战。企业在实施一个新战略时，组织的要素会发生重大变化，又多与企业现有的文化很不一致，或受到现有文化的抵制。对于企业来讲，这是个两难问题。

在这种情况下，企业首先要考察是否有必要推行这个新战略。如果没有必要，则需要考虑重新制订战略。反之，在企业外部环境发生重大变化，企业考虑到自身长远利益，必须实施不能迎合企业现有的文化的重大变革，企业则必须进行文化管理，使企业文化也做出相应重大的变化。为了处理这种重大的变革，企业需要从四个方面采取管理行动：一是企业的高层管理人员要痛下决心进行变革，并向全体员工讲明变革的意义；二是为了形成新的文化，企业要招聘或从内部提拔一批与新文化相符的人员；三是改变奖励结构，将奖励的重点放在具有新文化意识的事业部或个人的身上，促进企业文化的转变；四是设法让管理人员和员工明确新文化所需要的行为，形成一定的规范，保证新战略的顺利实施。我国远洋运输产业的支柱企业中国远洋运输总公司曾于1997年做了一次重大的战略变革，将原来的按地区进行划分的子公司改为按产品进行划分。这一重大变革的初衷是考虑远洋运输专业化经营的需要，但是该公司的高层领导在处理战略重大变革和战略适应性时，上述两方面做得都不到位。首先，对改革的不稳定性与企业文化的不适应性估计不足，因而，采用简单的“一刀切”的做法；其次，在实施战略过程中又缺乏必要的文化管理，以至于留下很多后遗症。

第三节　权力与利益相关者

美国管理学家卡斯特和罗森茨韦克在其代表作《组织与管理：系统与权变的方法》①

---

① Kast，F. E and Rosenzweig，J. E.，“Organization and Management：A Systems and Contingency Approach”，3rd ed，1979.

一书中指出："目标的制定过程基本上是一个政治过程，各不同利益集团之间讨价还价的结果形成了目标。"事实上，公司的使命、战略展望与目标也是公司主要的利益相关者的利益与权力均衡的结果。因此，权力与利益相关者分析是公司战略分析的重要组成部分，公司战略的制定与实施与其各利益相关者利益与权力的均衡密不可分。

有关利益相关者的定义很多，本书采用如下定义：利益相关者是对企业产生影响的、或者受企业行为影响的任何团体和个人。[①] 利益相关者理论认为企业各类利益相关者的利益期望、利益冲突、利益均衡以及相对权力是问题的关键。

一、企业主要的利益相关者

企业主要利益相关者可分为内部利益相关者及外部利益相关者。

(一) 内部利益相关者及其利益期望

1. 向企业投资的利益相关者，包括股东与机构投资者

投资者向企业提供资本，资本不仅是机器设备、厂房建筑、原料动力以及土地资源的一般形式，而且是获得其他生产要素，如一般劳动力、信息技术及管理人才的必要前提，有些投资者直接经营企业，在现代企业制度中，投资者一般不直接经营企业，而是将企业委托经理人员经营。不论投资者是否直接经营企业，他们都要直接参与企业的利益分配。投资者对企业主要的利益期望就是资本收益——股息、红利。

由于股息、红利是以企业利润为基础，按股权进行分配，所以投资者对企业的主要期望就是利润最大化。如果对一个企业的投资者不止一方，那么，争得多数股权也是各方股东的利益所在。

2. 经理阶层

一般指对企业经营负责的高中层管理人员。他们向企业提供管理知识和技能，整合各种生产力要素。由于现代企业制度中所有权与经营权的相对分离，经理人员可以利用信息不对称控制企业。企业使预期利润最大化是大多数经济理论的一个假定。然而，普遍的感觉是，在现实中企业经理有其他目标，如使企业的规模、成长以及管理职位津贴最大化。企业的增长能够给经理人员带来金钱和非金钱方面的好处，例如，增长能够给经理和员工以职业发展的机会，尽管这种增长未必会带来符合股东利益的企业利润的增长。企业增长主要表现在销售额的增长，所以，经理对企业的主要利益期望是销售额最大化。

3. 企业员工

企业员工是一个包括企业操作层劳动者、专业技术人员、基层管理人员及职员在内的具有相当厚度的阶层。他们向企业提供各种基本要素，是企业的基本力量。企业员工对企业的利益期望是多方面的，但从影响企业目标选择角度看，企业员工主要追求个人收入和职业稳定的极大化。

(二) 外部利益相关者及其利益期望

1. 政府

政府向企业提供许多公共设施及服务，如道路、通讯、教育、安全等，制定各种政策

---

① [英] 托马斯·加拉文、杰拉德·菲茨杰拉尔德、迈克·莫利著，马春光等译：《企业分析》，上海，上海三联书店，1997。

法规，协调国内外各种关系，这些因素都是企业生产经营必不可少的环境条件。政府对企业的期望也是多方面的，如政府力图使企业在提供就业、支付税款、履行法律责任、促进经济增长、确保国际支付平衡等多个方面做出贡献。其中最直接的利益期望是企业的税收。

2. 购买者和供应者

购买者包括消费者和推销商，他们是企业产品（或服务）的直接承受者，是企业产品实现价值的基本条件。供应者为企业提供必需的生产要素，与企业、购买者一道构成产业价值链中的一个组成部分。如第二章所述，购买者与供应者对企业的期望是在他们各自的阶段增加更多的价值。

3. 贷款人

贷款人与投资者一道，向企业提供资金，但与投资者不同的是，企业以偿付贷款本金和利息的方式给予贷款人回报。因此，贷款人期望企业有理想的现金流量管理状况以及较高的偿付贷款和利息的能力。

4. 社会公众

企业是社会经济生活的一部分，它的行为会给社会公众各种影响。社会公众期望企业能够承担一系列的社会责任，包括保护自然环境、赞助和支持社会公益事业等。值得一提的是，对于股票上市公司来说，社会公众中还有相当一批企业的股民，这是企业内部利益相关者与外部利益相关者的交集部分。这些股民对企业的期望除了利润最大化以外，还要求企业对广大股民负责，遵循正确的会计制度，提供公司财务绩效的适当信息，制止包括内幕交易、非法操纵股票和隐瞒财务数据等在内的不道德行为。

■ 二、企业利益相关者的利益矛盾与均衡

企业的发展是企业各种利益实现的根本条件，是企业利益相关者的共同利益所在。但是，由于利益相关者的利益期望不同，他们对企业发展的方向和路径也就有不同的要求，因而会产生利益的矛盾和冲突。这些矛盾和均衡冲突主要表现在以下几方面。

(一) 投资者与经理人员的矛盾与均衡

关于投资者与经理人员利益的矛盾与冲突，经济学家们已有不少论述。以下的三个模型具有一定的代表性。

1. 鲍莫尔（W. J. Baumol）“销售最大化”模型①

鲍莫尔用“销售最大化”模型表达了他对经理人员强调销售额的重要性的理解。作为企业的实际代表，经理总是期望企业获得最大化销售收益，但企业赚得的利润并不一定能满足股东对红利的需求，也不一定能达到资本市场的需求（如果企业要筹集补充资金的话）。而且，利润最大化的产出点往往要求企业的经营活动低于其全部生产能力。事实上，企业往往不会去追求这两种产出量中的任何一种，平衡各方利益后，企业可能在这两种产出量中选择一个中间点，这个产出量反映了代表经理人员利益的销售额最大化与代表股东利益的利润最大化的均衡结果。

---

① Baumol，W. J.，Business Behaviour，Value and Growth，New York：Harcourt，Brace，Jovanovich，1967.

2. 马里斯（R. L. Marris）的增长模型[①]

马里斯的增长模型是一种“平衡状态”模型，即企业对它所追求的（以后永远追求的）不变的增长率做一次性的选择。企业经理人员的主要目标是公司规模的增长，但这将受到那些分享某些共同利益的股东们利益的制约。当然，较高的股票市场价格对经理和股东双方都有利，它有助于新资本证券发行和资产估价，有助于避免被廉价兼并等。事实上，由于市场评价、兼并的风险和其他共同利益，经理与股东利益均衡的结果可能会使企业的增长率确定在双方都可能接受的一个区域内。

3. 威廉森（O. E. Williamson）的管理权限理论[②]和彭罗斯（E. T. Penrose）的最佳投资战略理论[③]

威廉森在他的管理权限理论中也很强调经理人员的管理动机。他的基本论点是：在从事经营活动的过程中，经理们必须能有一种非同寻常的理性，必须能把他们的个人利益和作为经理所作的决定区别开来。威廉森强调，经理们将按他们各自最佳利益来使企业运转，力求最大化自己的效用函数，从而使他们的权力和声望最大化。这主要体现在三个重要变量上：雇员开支（雇用人员的数量和质量）、酬金开支（支出账目、高质量办公服务等）和可支配的投资开支（超越严格的经济动机且反映了管理者权力和偏好的投资）。

彭罗斯则从动态角度强调经理的最佳投资战略在决定企业的总体增长中所起的作用。经理将努力在任何计划项目中选择最有利可图的投资，以便从现有的收益中为未来投资提供资金。时期 t 实行这种方法，将保证时期 $t+1$ 的新投资（假定实行限制股息政策），这又为时期 $t+2$ 和以后的扩张提供了资金。这个模型中的增长是通过有控制权的经理们的利润留置政策来保证的。在另一种情况下，经理的作用也具有决定性意义。即增长的过程不仅受资金的约束，也受经理班子资源的约束。这个管理小组的内聚力、技能和经验在计划和资助一个最佳方案中具有决定性的作用。

威廉森和彭罗斯的模型事实上都反映了企业的经理人员运用自身相对股东的信息优势来实现其对企业的利益追求。特别是那些在市场上具有垄断力量的大公司，足以使经理们抵制来自广泛的股东集团要求利润最大化的压力。

（二）企业员工与企业（股东或经理）之间的利益矛盾与均衡

列昂惕夫（W. Leontief）模型描述了企业员工与企业之间的利益的矛盾与均衡。[④] 在这个模型中，企业员工的代表——企业工会决定工资，企业决定就业水平。企业员工追求工资收入最大化和工作稳定（反映在企业就业水平上）；而企业追求利润最大化，就要选择最佳就业水平，在工资水平的约束下以实现企业利润最大化。那么，企业员工与企业讨价还价的博弈结果将在一条直线上实现均衡，而最终均衡点更偏于哪一方，要取决于双方讨价还价的实力大小。

（三）企业利益与社会效益的矛盾与均衡

这里，我们用“社会效益”代表所有企业外部利益相关者的共同利益。企业外部利

---

① Marris, R. L., Economic Theory of Managerial Capitalism, London: Macmillan, 1964.

② Williamson, O. E., The Economics of Discretionary Behavior: Managerial Objectives in a Theory of the Firm, Englewood Cliffs, NJ: Prentice Hall, 1964.

③ Penrose, E. T., The Theory of the Growth of the Firm, Oxford: Blackwell, 1959.

④ 张维迎：《博弈论与信息经济学》，上海，三联书店、上海人民出版社，1996。

益者对企业的共同期望是，企业应承担一系列的社会责任。这些社会责任包括三个方面：

（1）保证企业利益相关者的基本利益要求。例如，履行缴纳国家税金的义务；保证按时按量偿还贷款人的债务；保护广大股民的基本权益；正确处理与供应者、购买者的利益分配等。

（2）保护自然环境。例如，处理好与企业生产有关的污水、有毒废料和一般废料；制定安全政策，减少可能引起的灾难性环境问题的事故；珍惜稀缺资源等。

（3）赞助和支持社会公益事业。例如，赞助慈善事业和非营利基金会或协会；积极支持公共卫生和教育事业；反对世界上存在的政治不平等，如种族隔离和独裁政治等；支援落后地区和国家；等等。

但是，企业的社会效益与企业利润最大化原则往往不一致。例如，企业要照章纳税，必然会降低企业的盈利水平；企业要保护环境，就需要加大在环保方面的投入，而这些投入与企业的直接效益是背道而驰的；企业要赞助公益事业，无异于从企业收益中拿出一块奉献给社会。

企业如何对待社会效益，被称为“商业伦理”问题。商业伦理的实质是一个企业或组织在社会中应发挥什么作用和负什么责任的问题。这不仅涉及企业外部利益相关者的利益或期望能否得到满足，也涉及企业的长远目标能否实现和一个社会的均衡发展问题。

企业的社会效益目标与企业自身经济目标很难两全其美。米尔顿·弗里德曼（Milton Friedman）认为，企业的任务就是经营企业，企业的唯一目标就是追求利润最大化。[①] 这种伦理观念认为，关心社会问题不是企业的责任，企业关心社会问题会使其对社会做贡献的最主要方式（如上缴税金和利润）受到破坏。因此，政府的主要责任是通过立法来阐明社会对企业追求效益所应施加的约束和限制。应该说，这种伦理观念有一定道理。在计划经济体制下，国有大中型企业就是因为过多地承担了政府和社会应承担的责任，从而使包袱越来越重，削弱了竞争能力。世界各国以满足社会需要而不以盈利为目标的公共服务部门，虽然一般都有一个听起来很神圣的服务宗旨，但实际上，由于组织内部缺乏以利润最大化为目标的激励机制，滋生了官僚习气与懒惰作风，从而大大降低了组织的效率，也降低了组织对社会作贡献的能力。

但是，强调企业自身经济利益决不意味着企业在追求利润最大化时，可以不负相应的社会责任。例如，一个医疗单位首先应该救死扶伤，其次才是追求经济目标，否则会受到社会公众的谴责；林业生产企业如果只图眼前经济效益，一味大规模砍伐树木，将导致严重的环境问题，最终也将失去自身的经济利益。所以，在社会效益与企业效益之间，企业实际上也总是处于一个讨价还价的均衡点。

以上讨论的是企业利益相关者利益矛盾与均衡的几个主要方面。如果将利益相关者再进行细分，企业利益相关者的矛盾与均衡问题还涉及许多方面。例如，投资者之间的股权之争；各级经理人员集权与分权的关系；企业员工中专业技术人员与企业的矛盾；政府税收与企业利润最大化的矛盾。在跨国经营的企业中，企业利益相关者的利益矛盾还体现在

---

① 金占明：《战略管理》，北京，清华大学出版社，1999。

跨国公司进入东道国市场的利益追求与东道国政府吸引外资目标的差异上。

西尔特（R. M. Cyert）和马奇（J. G. March）的论述[①]可作为对以上各利益相关者利益博弈的总结。他们认为，企业在组织上由各种利益集团结合在一起，共同经营，由于成员们承认共存的需要，并有使他们的目标更为接近的欲望（相对于不组成该企业时的情况），从而使企业幸存下来。企业最后确定的各种目标是一种妥协，最终的有效性几乎总是低于最大值的，这就是所谓的"组织呆滞"。由于承认这种低效率，呆滞导致的额外"支付"由各成员分摊，这个集团才能团结一致。这些支付或许是现金、实物，或是能对政策发生影响的权利。有关谈判进程是在不断的审议之中进行的，因此企业在经营过程中，目标会有变化。

1998 年由美国康奈尔大学的约翰逊商学院针对美国 250 名公司高级主管的调查表明，几乎 90%的高级主管认为，一个公司领导人的责任是确保最大数量的利益相关者的最大利益。过去，企业主管们也谈利益相关者，但实际上只关心股东的利益，现在，他们开始认为，着眼于更广泛的利益相关群体，归根结底有利于公司的发展。美国公司主管们的这种变化，并不意味着他们较少关心利润，而是在用更长远的目光看待利润。[②]

■ 三、权力与战略过程

由于权力（power）和与其相关的术语被广泛地运用于学术界和商业界，因而它们的含义很多且很容易混淆。这里用一个简单明了的概念：将权力定义为个人或利益相关者能够采取（或者说服其他有关方面采取）某些行动的能力。权力不同于职权，主要有四点区别：第一，权力的影响力在各个方面；而职权沿着企业的管理层次方向自上而下。第二，受制权力的人不一定能够接受这种权力；而职权一般能够被下属接受。第三，权力来自各个方面；而职权包含在企业指定的职位或功能之内。第四，权力很难识别和标榜；而职权在企业的组织结构图上很容易确定。还应该将权力与政治区别开来。政治是权力的运用，它是由具体的战略和策略组成的。

（一）企业利益相关者的权力来源

1. 对资源的控制与交换的权力

企业的利益相关者控制着企业所需要的具体资源，因而存在许多交换权力的机会。他们可以利用这些权力争取和保卫自己的利益。例如，投资者可增减资本的投入；劳动者可增减单位时间内体力、脑力的支出；经营者可能表现出不同的业绩；政府可通过对企业的政策来争取和保卫自己的利益；等等。但是他们争取和保卫利益行动的有效性取决于他们所提供的资源的稀缺程度与企业对这些资源的依赖程度。例如，股票价格与资本供求情况有关，在资本过剩的不景气时期，股息自然下跌；职工工资与劳动力供求有关；有卓越经营才能的经理人员和掌握专用技术的专业人员由于掌握关键资源往往可争取到数倍于普通劳动力的薪酬；在波特的五种竞争力模型中，企业对其供应者和购买者的资源越依赖，供应者和购买者讨价还价能力就越强；等等。

米歇尔·克罗泽（M. Crozier）在他著名的法国烟草企业的案例研究中，提供了一个

---

① Cyert, R. M. And March, J. G., A Behavioral Theory of the Firm, Englewood Cliffs, NJ: Prentice Hall, 1963.

② 李令德等：《企业战略管理》，上海，华东理工大学出版社，1998。

通过控制关键信息而获得权力的生动实例。[①] 该企业是政府控制的垄断企业，面临着不变的竞争环境和不变的产品需求。因而，生产中的关键环节是保持机器的运行和避免在生产中突然出现故障。而企业中维修工人处理故障、保证机器运行的技术和经验是通过口头培养工程师的传统进行，而不是通过标准的图纸。一些年后，这些机器的原有资料不见了，这些维修工人和工程师由此获得了相对于管理层和操作工人更大的权力。然而，如果工厂管理者能建议工厂更换机器设备，由于新设备的资料容易获得，维修工人和工程师的权力来源就会减少。

2. 在管理层次中的地位

企业管理层次的不同地位使得处在这些位置上的人比其他人有着正式的权力，这种权力被称为职权。前面我们已经区分过权力与职权两种概念，职权也是权力的一种类型，但权力不一定是职权。由于在管理层中的地位而获得的权力主要有三个基础：法定权（Legitimate Power）、奖励权（Reward Power）和强制权（Coercive Power）。法定权力意味着通过他（或她）的职位优势，在做出具体决策时，企业中其他人要遵从。法定权力又来源于对奖励或惩罚的行使。奖励权的行使，会使下属执行命令，因为下属相信他们会因此得到某种金钱上的或者精神上的奖励；强制权（或惩罚权）也会有同样作用，下属由于怕受到惩罚或怕被剥夺奖励而不得不服从命令。奖励权与强制权的区别在于实施者和被实施者之间关系强度的含义不一样。强制权意味着实施者和被实施者之间产生了一种敌对关系而且会减少长期合作的预期；而奖励权则更为积极并能发展为一种长期关系。

3. 个人的素质和影响

尽管因正式的职权而有决策权增加了管理者对下属的影响力，但是，来源于组织正式职权的权力是有限的，有两个因素会削弱正式职权的权力：第一，企业中不同部分的劳动分工意味着管理者必须把企业活动的具体细节授权给下属，使这些下属在工作中可以做出自己的判断；第二，存在许多客观因素限制了管理者监督下属的能力。因而，即使有正式的职权，管理人员仍要依靠下属。为维持管理者的权力，需要有除组织中正式职位和职务以外的东西。个人的素质和影响就是一种非正式职权的权力的重要来源：约翰·科特（Kotter）提出，成功的管理者需要建立起一些基本权力，尤其是榜样权（Referent Power）和专家权（Expert Power），这两者比正式职权、奖励权或强制权更具有持久性。[②] 榜样权和专家权是个人素质和影响的重要方面。专家权来源于对其他人或作为整体组织而言有价值的特殊知识的占有，它也可以被认为是在特定情景中对专家的理所当然的遵从。榜样权为那些受人尊敬的人所拥有，他们得到尊重是因为他们具有某些特殊的能力或性格特征，或是具有能保证他人服从的个人气质或形象。榜样权与专家权不仅存在于正式组织之中，企业的非正式组织中也大量存在。

4. 参与或影响企业的战略决策与实施过程

参与或影响企业战略决策与实施也会形成一定权力。例如，那些有机会接触决策制定人的人们可以说具有一定的权力，“能够接近那些有权力的人”本身就是一种权力来源。财务专家们经常参与企业战略决策与实施过程，这种参与实际上给了他们运用权力的机

---

① Crozier, M., The Bureaucratic Phenomenon, Chicago: University of Chicago Press, 1964, pp. 16～142.

② Kotter, J., "Power, Dependence, and Effective Management", Harvard Business Review, July-August 1977, pp. 125～136.

会。又如，企业内部那些和外部环境打交道的个人或利益相关者，能够减少、控制或者吸收环境中的不确定因素而影响战略的制定与实施，也因此具有一定权力。再如，那些支持企业价值链上关键环节的外部利益相关者享有权力，因为这种参与企业内部管理的知识是企业外部利益相关者与企业讨价还价的一种本钱。

5. 利益相关者集中或联合的程度

团结就是力量，这是人所皆知的真理。股东、经理、劳动者影响企业决策的实力与他们自身的联合程度有关。例如，目前通行世界的八小时工作制及法定最低工资制等，就是工人阶级坚持不懈、联合斗争的结果。西欧及北欧由于产业工会强大，他们在与雇主谈判决定工资福利方面发挥着重要作用，导致了这些国家同一产业的企业工资福利差别较小的格局；而日本产业工会对劳动力市场缺乏控制力，因此企业之间工资差别较大。又如，小股东们如果团结一致，运用“用脚投票”的市场机制，能够对不称职的经理形成制约；再如，供应商、购买者的权力在很大程度上受到他们集中程度所影响。他们的集中程度越高，讨价还价的潜力就越大，就越能够争取到较好的协议和合同。

(二) 在战略决策与实施过程中的权力运用

权力本身是战略管理过程中的重要基础，制定战略和有效地实施战略需要权力和影响力。战略家应该是一个有效的政治家。下面介绍的是五种一般的政治性策略，这是从企业各方利益相关者在企业战略决策与实施过程中权力的应用。

如果用合作性和坚定性两维坐标来描述企业某一利益相关者在企业战略决策与实施过程中的行为模式，可以分为以下五种类型（见图 8—8）。

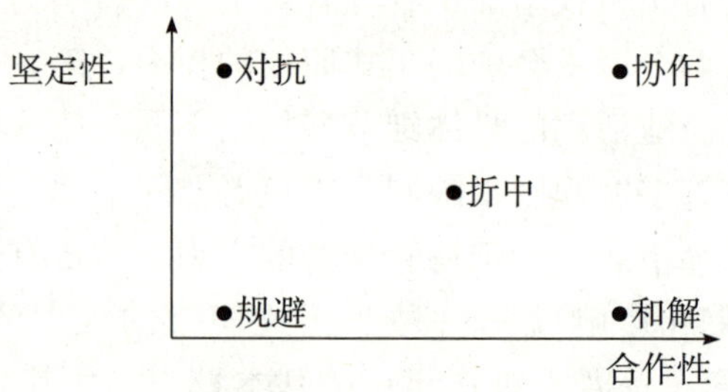

图 8—8　对待矛盾与冲突的行为模式

1. 对抗

对抗是坚定行为和不合作行为的组合。企业利益相关者运用这种模式处理矛盾与冲突，目的在于使对方彻底就范，根本不考虑对方的要求，并坚信自己有能力实现所追求的目标。例如，1997 年，我国一家国有特大型远洋运输企业的总公司管理层考虑到业务重组的需要，决定将原有按地区划分的事业部组织结构改为按产品进行划分。这样，原来的一家子公司的资产被合并至另一家子公司，致使这家子公司的员工大部分处于“待岗”状态。这家子公司的全体员工联合起来，为捍卫自己的基本权益进行了坚决的抗争，最后，总公司不得不做出让步，恢复该公司的船主地位。子公司全体员工以对抗的行为赢得了自己的利益。

2. 和解

和解是不坚定行为与合作行为的组合。一方利益相关者面对利益矛盾与冲突时，设法满足对方的要求，目的在于保持或改进现存的关系。和解模式通常表现为默认和让步。例如，在前一例中，对于该远洋运输公司总公司的管理层来说，他们对待这场冲突的策略就是和解。

3. 协作

协作是坚定与合作行为的组合。在对待利益矛盾与冲突时，既考虑自己利益的满足，也考虑对方的利益，力图寻求相互利益的最佳结合点，并借助于这种合作，使双方的利益都得到满足。例如，跨国公司进入东道国市场，一个很主要的目的，是将其产品打入该国市场；而东道国引进外资，一个主要目的又是利用外资的国际销售渠道将本国产品打到国际市场上去。这是一对针锋相对的矛盾。20 世纪 80 年代，中国政府提出了“以市场换技术”的利用外资政策，在中国投资的外资企业积极配合，向“二型”企业——先进技术型或产品出口型企业发展：要么，投入先进技术，获取中国市场；要么利用其自身的外销渠道将我国具有优势的传统工业产品打入国际市场。中外双方的协作使得双方的优势得到最佳的结合，也使双方不同的市场目标得以统一。

4. 折中

折中是中等程度的坚定性和中等程度的合作性行为的组合。通过各方利益相关者之间的讨价还价，相互做出让步，达成双方都能接受的协议。折中模式既可以采取积极的方式，也可以采取消极的方式。前者是指对冲突的另一方做出承诺，给予一定的补偿，以求得对方的让步；后者则以威胁、惩罚等要挟对方做出让步。多数场合，则是双管齐下。例如，经营卫生洗涤用品的 P&G 公司在与中国北京日化二厂合资时，不得不根据中方的要求，同时采用汰渍（外方商标）和熊猫（中方商标）两个商标。

5. 规避

规避模式是不坚定行为与不合作行为的组合。以时机选择的早晚来区分，这种模式可分为两种情况：一种是当预期将要发生矛盾与冲突时，通过调整来躲避冲突。例如，我国政府曾酝酿出台公车改革方案，由于考虑到可能导致的各种利益矛盾，时机尚不成熟，暂停执行。另一种情况是当矛盾与冲突实际发生时主动撤出，如 90 年代初，海湾战争爆发时，伊拉克在全球掀起对美国跨国公司的恐怖主义活动，许多美国跨国公司被迫从东道国撤出。

◀本章小结▶

· 结构跟随战略是钱德勒的经典理论，这一理论主要包括两个层面：战略的前导性与结构的滞后性；企业发展阶段与结构。尽管钱德勒有关结构跟随战略的理论已得到实证研究的广泛支持，但是对结构与战略的关系仍有一些不同看法。

· 汉迪关于企业文化的分类至今具有相当重要的参考价值。四类文化分别是权力导向型文化、角色导向型文化、任务导向型文化和人员导向型文化。文化与战略关系主要体现文化与绩效的关系：文化为企业创造价值的途径；文化、惯性和不良绩效；企业文化成为维持竞争优势源泉的条件。此外，关于战略稳定性与文化适应性关系的讨论也是研究文化与战略关系的重要方面。

· 企业的主要利益相关者可分为内部利益相关者和外部利益相关者。由于企业利益相关者利益追求不同，因而会产生利益的矛盾与冲突。这些矛盾与冲突主要表现在：投资者利润最大化要求与经理人员销售额最大化要求的矛盾；员工高收入和工作稳定要求与企业利润最大化要求的矛盾；企业效益与社会效益的矛盾等。企业利益相关者讨价还价实力的大小取决于他们各自权力的大小及权力运用的手段。权力来源于对资源的控制与交换的权力、在管理层次中的地位、个人素质和影响、参与或影响企业的战略决策与实施过程的程度、利益相关者集中或联合程度等方面。权力运用与讨价还价的行为模式有协作、对抗、和解、规避、折中等。

★ 关键概念

战略前导性 指企业战略的变化快于组织结构的变化。

结构滞后性 指企业组织结构的变化常常慢于战略的变化速度。

企业文化 是企业成员共有的哲学、意识形态、价值观、信仰、假定、期望态度和道德规范。

利益相关者 是对企业产生影响的或者受企业行为影响的任何团体和个人。

权力 个人或利益相关者能够采取（或者说服其他有关方面采取）某些行动的能力。

案例分析

案例8—1 一项私营化改革方案[①]

在科技城，政府是房地产业最大的业主，为该城市超过半数人口提供居所。政府所提供的永久性住房计划有两种：一种是"自置居所计划"，是由政府发展并售予那些收入较低的人士；另一种是公共住宅，也是由政府发展，但出租给那些没有租住私人房屋的人士。由于两种计划都是对较低收入人士的一种补助，因此，两种方案都要对希望购买或租用政府房屋的人士进行收入的审查。"自置居所计划"中的楼宇的售价只是市场售价的一半，公共住宅的租金也仅是市场租值的20%～30%。在1997年，政府宣布在未来将把租住的住宅出售给租户，估计在1998—2007年的10年内，将有不少于250 000个单位的租用房屋将推出发售。

房屋署是负责管理所有这些住宅的政府部门。这项工作是非常复杂而广泛的。一般来说，这项工作包括收取租金、保安、清洁、修理、道路管理、小贩管理、停车场管理、住宅商场管理，甚至于家养狗的管理。

长期以来，房屋署的房屋管理工作都低于满足程度。事实上，房屋署是政府部门中收到最多投诉的部门之一。市民投诉部门的效率低，职员的态度过于官僚。部门中部分职员也承认由于部门是一个大机构，内部所发的命令太多太繁杂，导致他们解决问题时感到有心无力。

与此同时，房屋署也需整顿自己。由于在未来的10年内将有250 000单位公共出租住宅出售，新的业主应有选择物业管理公司的权利。因此，房屋署在未来需要和其他私人公司争夺房屋管理的合同。但是，房屋署官员们自己也担心，政府的官僚架构，使员工习惯于标准的薪酬制度与按章办事，会使政府可能不能应付市场上的急剧变化。假若房屋署失去这些合约，在未来10年间便有约4 000人成为冗员。

---

① 本案例选自《财会资格证书中文项目》(The Chinese Programme of The Certified Diploma in Accounting and Finance)，载《企业分析》，1999-06-13。

房屋署现有员工约15 000人，而员工数目将继续增加，因为扩展公共房屋是政府的主要政策之一。与此同时，管理这么大的部门不可避免会产生很多管理上的问题。为了控制员工的数目及改善管理效率，部门正计划把房屋管理及维修的部分私营化。如果私营化的计划成功，此经验将应用到其他部分。政府刚刚发布了改革行政机关系统的建议，许多公务员已了解到私营化是政府尝试提高行政机关的效率及控制成本的大方向。

事实上，所有“自置居所计划”以及于1997年后完成的新建公共出租房屋的物业管理已经通过投标发给私人物业管理代理承办。直至现在，成绩都是令人鼓舞的。私人管理公司的成本较政府的成本还要低1/3。但是，仍然有大约620 000个出租单位仍是由房屋署直接管理的。

为了准备应付即将来临的竞争，房屋署于去年聘请了顾问，研究把房屋的管理及维修服务进一步私营化的可能性。根据刚发表的顾问报告，房屋署所花费的管理费用比私人管理公司高出82%，主要是因为高层行政的间接费用及支援员工的成本。假如房屋署把所有房屋管理及维修服务分离出去的话，每年可节省10亿的开支。实行私营化计划，顾问提出五个方案，其中两个可认真考虑。这两个方案如下：

第一，分阶段转移服务。即每次把数以千计的单位的管理权公开给私人公司投标。投票得胜者需安置一些现任公务员，这是接受管理合约的条件之一。但这些员工可能不再保留公务员的聘用条件。规模较大的私人管理公司对于吸纳现任公务员作为其员工很有保留。他们认为这些公务员所拥有的技能在市场上很容易找到，而他们的文化及价值观可能对生产力有负面影响。

第二，房屋署的职员可以自组公司，与其他私人物业管理公司竞投房屋的管理和维修工作。但是，“职员公司”必须由自己提供资金及自负盈亏。这种方案便是“管理层收购”。但顾问对于应否把所有公共房屋的管理合约一次性推出投标还是分为许多较少的合约在一个较长的时期内分开投标还没有定论。

不管哪一个方案，租户或业主都需要自己组织管理委员会，跟投标得胜者签订合约，以及在往后的日子里监察他们的工作。在开始时期，政府将扮演一个活跃的角色，举行投标和监察投标得胜者的工作。

在顾问报告发表后，员工的反应非常强烈。虽然报告中强调了重新聘用现任员工的重要性，但报告也很清晰地表明不论选择哪一个方案，房屋署中的约9 000名员工将受到影响。他们大部分将被调离公务员岗位，部分甚至将被解雇。事实上，这些政府职位所提供的高度的工作安全感、优厚的福利、有吸引力的薪酬使得这一职业在现实的经济不景气期间成为大多数寻找工作者的第一选择。此外，员工们认为，在整个私营化发展计划中，他们始终蒙在鼓里。工会认为，企业高额的管理费用主要是由于总部高级行政人员成本偏高所致。工会提议，现职的房屋署职员可以在其现有的职责上加上行政、财务及人事管理工作，使得成本降低。在1999年4月，超过10 000位房屋署的职员连同其他政府部门的代表举行了一次反私营化计划的示威活动。

分析与思考

分析该案例中主要利益相关者及其各自的利益追求与矛盾。

利益相关者是对企业产生影响的或者受企业行为影响的任何团体和个人。

（1）本案例中的主要利益相关者。

内部利益相关者：包括房屋署、管理层（高级行政人员）、公务员、工会。

外部利益相关者：包括科技城政府、同级其他政府机构、其他私人公司、市民、科技城其他房屋业主单位、聘请的顾问咨询单位。

（2）利益相关者的利益追求与矛盾。

房屋署与科技城政府：房屋署的利益，利益体现在自身稳定运营和前进，以及相应产业发展。科技城政府，追求的是顺利实施“自置居所计划”，提高下属政府部门效率，用私营化的办法改革行政机关系统，尝试增进行政机关效率并控制成本。由此产生了一定意义上的部分与整体、具体与宏观等矛盾。

房屋署与高级行政人员：房屋署为执行私营化改革方案，要减少高级行政人员数量，对高级行政人员提出更高的工作效率要求，这与高级行政人员追求高收益、低付出的个体利益之间存在矛盾。

管理层与公务员：私有化过程中，管理层为提高效率和执行上级部署的改革，要做出对部分公务员个人不利的决定。受影响的公务员，认为效率不高的主要原因在管理层臃肿以及间接费用、薪水高等问题，特别是处于受损方的部分公务员，意味着放弃政府职位所提供的高度工作安全感、优厚福利及有吸引力的工资，与管理层产生矛盾。

房屋署与工会：工会作为基层人员的利益代言，没能从双方的利益角度出发，也没有提出整套解决方案，通过示威的办法解决问题，只能提出问题，没有解决问题，激化了矛盾。

房屋署与其他私人公司：面对增长的房屋管理市场，房屋署的改革方案中，该署相当于是教练员同时也是运动员。私人公司追求自身利益最大化及相应的较好市场环境。由此产生市场不正当竞争关系，在投标竞争市场方面，双方进行竞争。

房屋署与市民：房屋署的工作作风与效率，不能满足市民享有更好服务的权利和要求，投诉率一直居高不下。

公务员与顾问单位：顾问单位根据改革要求和方向，提出若干计划，但由于利益问题，没能提出完美方案，且无论哪种方案的实行，均会使部分公务员个人利益受到调整。

主要参考文献

[1] [美] 迈克尔·波特，陈小悦译．竞争战略，北京：华夏出版社，1997

[2] [美] 迈克尔·波特，李明轩等译．国家竞争优势，北京：华夏出版社，2002

[3] [美] 戴维·贝赞可等，武亚军等译．公司战略经济学，北京：北京大学出版社，1999

[4] [英] 尼尔·胡德和斯蒂芬·扬，叶刚等译．跨国企业经济学，北京：经济科学出版社，1994

[5] [英] 托马斯·加拉文，杰拉德·菲茨杰拉尔德，迈克·莫利，马春光等译．企业分析，上海：上海三联书店，1997

[6] [美] 伊莱扎·G·柯林斯等，张宇宏等译．工商管理新论，上海：上海译文出版社，1997

[7] [美] 格里·约翰逊，凯万·斯科尔斯，金占明，贾秀梅译．公司战略教程，北京：华夏出版社，1998

[8] [日] 小岛清，周宝廉译．对外贸易论，天津：南开大学出版社，1987

[9] [英] 拉奥．新跨国公司——第三世界企业的发展，伦敦：Joho Wiley & Sons 出版社，1983

[10] [美] 汤姆森等，段盛华等译．战略管理，北京：北京大学出版社，2000

[11] [美] 乔普瑞和梅因德尔，李丽萍等译．供应链管理——战略、规划与运营，北京：社会科学文献出版社，2002

[12] 张维迎．博弈论与信息经济学，上海：上海三联书店、上海人民出版社，1996

[13] 腾维藻等．跨国公司战略管理，上海：上海人民出版社，1992

[14] 史占中．企业战略联盟，上海：上海财经大学出版社，2001

[15] 徐二明．企业战略管理，北京：中国经济出版社，2002

[16] 徐二明．国际企业管理概论，北京：中国人民大学出版社，1991

[17] 金占明．战略管理，北京：清华大学出版社，1999

[18] 胡建绩．企业经营战略管理，上海：复旦大学出版社，1994

[19] 刘冀生．企业经营战略，北京：清华大学出版社，1995

［20］李令德等．企业战略管理，上海：华东理工大学出版社，1998

［21］罗进．跨国公司在华战略，上海：复旦大学出版社，2001

［22］康荣平．大型跨国公司战略新趋势，北京：经济科学出版社，2001

［23］马春光．国际企业经营与管理，北京：对外经济贸易大学出版社，2002

［24］包铭心，陈小锐等．国际管理教程与案例，北京：机械工业出版社，1999

［25］吴文武．跨国公司新论，北京：北京大学出版社，2000

［26］王兆华等．基于工业生态学的我国工业可持续发展问题研究．中国地质大学学报（社科版）．2003（5）

［27］S. H. Hymer. International Operations of National Firms：A study of Direct Foreign Investment. 1976

［28］C. P. Kindleberger. Monopolistic theory of direct foreign investment. in International Political Economy. 1975

［29］R. Vernon. International investment and international trade in the product cycle. Quarterly of Economics，May 1966

［30］R. H. Coase. The nature of the firm. Economica，November 1937

［31］P. J. Buckley and Mark Casson. The Future of the Multinational Enterprise. 1976

［32］Allan M. Rugman. Inside the Multinationals. 1981

［33］J. H. Dunning. International Production and Multinational Enterprise. 1981

［34］Kiyoshi Kojima. Direct Foreign Investment：A Japanese Model of Multinational Business Operations. 1979

［35］S. H. Hymer. The Multinational Corporation：A Radical Approach. 1979

［36］F. T. Knickerbocker. Oligopolistic Reaction and Multinational Enterprise. 1973

［37］Kast and Rosenzweig. Organization and Management：A Systems and Contingency Approach. 1979

［38］Hotelling. Stability in Competition. Economic Journal. 1929（39）：41～57

［39］Chamberlin. Monopolistic Competition Revisited. Economic Analysis. New Haven：Yale University Press，1951. Chamberlin. The Theory of Monopolistic Competition. eight edition. Cambridge. Mass.：Harvard University Press，1962

［40］Lancaster. A new Approach to Consumer Theory. Journal of Political Economy，1966（74）：132～157.

［41］Gabszewicz and J. F. Thisse. Price Competition. Quality and Income Disparities. Journal of Economic Theory，1979（20）：340～359

［42］Gabszewicz and J. F. Thisse. Entry（and Exit）in a Differentiated Industry. Journal of Economic Theory，1980（22）：327～338

［43］Shaked and J. Sutton. Relaxing Price Competition through Product Differentiation. Review of Economic Studies，1982（49）：3～13

［44］Shaked and J. Sutton. Natural Oligopolies. Econometrica，1983（51）：1469～1484

［45］Rosen. Hedonic Prices and Implicit Markets：Product Differentiation in Pure

Competition. Journal of Political Economy，1974（82）：34～56

［46］Edgeworth. In English：The Pure Theory of Monopoly. in Papers Relating to Political Economy. Volume I，ed. F. Edgeworth（London：Macmillan，1925）.

［47］Salop. Strategic Entry Deterrence. American Economic Review. Papers and Proceedings，1979（69）：335～338

［48］Kreps and J. Scheinkman. Quantity Precommitment and Bertrand Competition Yield Cournot Outcomes. Bell Journal of Ecorlomics，1983（14）：326～337

［49］Macdougall. The benefits and costs of private investment from abroad：a theoretical approach. Economic Record. 36，1960：13～35 reprinted in Dunning. J. H.（ed.）. International Investment. Harmondsworth：Penguin Books. 1972. 129～158

［50］Baumol. Business Behaviour. Value and Growth. New York：Harcourt. Brace. Jovanovich. 1967. 45

［51］Marris. Economic Theory of Managerial Capitalism. London：Macmillan. 1964

［52］Williamson. The Economics d Discretionary Behaviour：Managerial Objectives in a Theory of the Firm. Englewood Cliffs. NJ：Prentice Hall. 1964

［53］Penrose. The Theory of the Growth of the Firm. Oxford：Blackwell. 1959

［54］Raymond Vernon. Location of economic activity. In John H. Dunning ed. Economic Analysis and the Multinational Enterprises，1974

［55］Johnson. The efficiency and welfare implications of the international corporation. In Kindleberger C P.（ed.）The International Corporation. Cambridge Mass.：MIT Press. 1970. reprinted in Dunning J H.（ed.）International Investment，Harmondsworth：Penguin Books，1972. 455～475

［56］Moses Abramowitz. Resource and Output in the United States since 1870. Papers and Proceeding of the American Economlc Association，1956. 46

［57］R. M. Solow. Technical Change and the Aggregate Production Function. The Review of Economics and Statistics，1957. 39

［58］R. Hal Mason，Robert R. Miller，Dale R. Weigel. International Business New York：Wiley，c 1981

［59］H. Chenery，S. Robinson，M. Syrquim Industrialization and Growth：A Comparative Study，Oxford University Press，1986

［60］Gerald M. Meier. Pioneers ln Development，Oxford University Press，1987

［61］Arrow. Economic welfare and the allocation of resources for invention. In Nelson R R（ed）The Rate and Direction of Inventive Activity：Economic and Social Factors. Princeton N J.：Princeton U P，1962

［62］Schumpeter，Capitalism. Socialism and Democracy. New York：Harper & Row，1947

［63］Gilbert and D Newbery. Preemptive Patenting and the Persistence of Monopoly. American Economic Review，1982. 72

［64］Magee Information and the multinational corporation：an appropriability theory of direct foreign investment. in Bhagwati J N. (ed.) The New International Economic Order Cambridge. Mass: MIT Press, 1977. 317~340

[65] Dasgupta and E. Maskin. The Simple Economics of Research Portfolios. Economic Theory Discussion Paper 105, Cambridge University. 1986

[66] Judd. Closed—Loop Equilibrium in a Multi~Stage Innovation Race. Discussion, Kellogg Graduate School of Management, Northwestern University. 1985

[67] Klette and Demeza. Is the Market Biased R&D Rand Journal of Economics, 1986 (17): 133~139

[68] Bhattacharya and D. Mookherjee. Portfolio Choice in Research and Development. Rand Journal of Economlcs, 1986 (17): 594~605

[69] Glazer. The Choice of Research Techniques with Uncertain Success Probabilities in Rivalrous Situations. Mimeo. Bell Communications Research. 1986

[70] Hirsch. An international trade and investment theory of the firm. Oxford Economic Papers, 1976. 28

[71] Chamberlin. Duopoly: Value Where SelIer8 Are Few. Quarterly Journal of Economics, 1929 (43): 63~100

[72] Hall and C. Hitch. Price Theory and Business Behavior. Oxford Economics Papers, 1939 (21): 12~45

[73] Sweezy. Demand under Conditions of Oligopoly. Journal of Political Economy, 1939 (47): 568~573

[74] Bain. Barriers to New Competition. Cambridge. Mass.: Harvard University Press, 1956

[75] Rotemberg and G. Saloner. A supergame-Theoretic Model of Business Cycles and Price Wars during Booms. American Economic Review, 1986 (76): 390~407

[76] Bemheim and M. Whinston. Multimarket Contact and Collusive Behavior. Mimeo. Department of Economics. Harvard University, 1986

[77] Scherer. Industrial Market Structure and Economic Performance. second edition. Chicago: Rand—McNally. 1980

[78] Ortega-Reichert Models for Competitive Bidding Under Uncertainty. Ph.

[79] D. thesis. stanford University. 1967

[80] Milgrom and J. Roberts. Limit Pricing and Entry Under Incomplete Information: An Equilibrium Analysis. Econometrica, 1982 (50): 443~460

[81] Bain. A Note on pricing in Monopoly and Oligopoly. American Economic Review, 1949 (39): 448~464

[82] Salop and Shapiro. A Guide to Test Market Predation. Mimeo. 1980

[83] Scharfstein. A Policy to Prevent Rational Test-Market Predation. Rand Journal of Economics, 1984 (2): 229~243

[84] Roberts. A Signaling Model of Predatory Pricing. Oxford Economic Papers (supplement), 1986 (38): 75~93

［85］Pigou. The Economics of Welfare. fourth edition. London：Macmillan. 1920

［86］Knickerbocker. Oligopolistic Reaction and the Multinational Enterprise. Boston：Harvard U P. 1973

［87］Perry. Price Discrimination and Forward Integration. Bell Journal of Economics，1978 (9)：209～217

［88］Spengler. Vertical Integration and Anti-trust Policy. Journal of Political Economy，1950 (58)：347～352

［89］Hirschlelfer. On the economics of transfer pricing. Journal of Business. July 1956

［90］Aliber. A theory of direct foreign investment. in Kindleberger. C. P. (ed.) . The International Corporation. Cambridge. Mass：MIT Press. 1970

［91］Lall and Streeten. Foreign Investment. Transnationals and Developing Countries. London：Macmillan，1977. 26

［92］Cyert And March. A Behavioral Theory of the Firm. Englewood. Cliffs，NJ：Prentice Hall，1963

［93］S. Lall，P. Streeton. Foreign Investment，Transnational and Developing Countries. London：Malmillell. 1977

［94］John. Dunning. The Changing Geography of Foreign Direct Investment. International Investment and Business Research Paper. Reading University. 1996

［95］R. A. Mundell. International Trade and Factor Mobility. America Economic Review. 47，June，1957，PP321～335

［96］B. J. Cohen. The Question of Imperialism：the Political Economy of Dominance and Dependence. London：Macmillan. 1973

［97］J. D. Thompson. Organizations in Action. New York：McGraw-Hill. 1967

［98］J. R. Galbraith，R. K. Kazanjia. Strategy Implementation：The Role of Structure and Process. 2nd，ed.，St. Paul，MN：West Publishing. 1986

［99］A. L. Stinchcombe. Information and Organizations. Berkeley，CA：University of California Press. 1990.

［100］P. R. Laurence，J. W. Lorsch. Organization and Environment. Boston：Harvard Business School Press. 1986

［101］A. D. Chandler. Strategy and Structure. Cambridge，MA：MIT Press. 1962

［102］T. H. Hammond. Structure，Strategy，and the Agenda of the Firm. in Rumelt，R.，D. E. Schendel，and D. J. Teece. Fundamental Issues in Strategy. Boston：Harvard Business School Press. 1994

［103］R. R. Nelson，S. G. Winter. An Evolutionary Theory of Economic Change. Cambridge，MA：Belknap. 1982

［104］A. Alchian，H. Demsetz. Production，Information Costs，and Economic Organization. American Economic Review. 62，1972.

［105］G. Becker，G. Stigler. Law Enforcement and Compensation of Enforcers. Journal of Legal Studies. 3，1974

［106］E. Lazear. Why is There Mandatory Retirement? . Journal of Political Economy. 87，1979.

［107］ W. G. Ouchi. Markets，bureaucracies，and Clans. Administrative Science Quarterly. 25，1980.

［108］W. G. Ouchi，J. B. Johnson. Types of Organizational Control and Their Relationship to Emotional Well Being. Administrative Science Quarterly. 23，1978.

［109］ J. R. Lincoln，A. L. Kalleberg. Control，and Commitment. Cambridge，UK：Cambridge University Press. 1990，chap. 1.

［110］J. B. Barney. Organizational Culture：Can 1t Be a Source of Sustained Competitive Advantage. Academy of Management Review. 11，1986.

［111］ A. Chandler. Scale and Scope：The Dynamics of Industrial Capitalism. Cambridge，MA：Belknap. 1990

［112］ L. G. Thomas. Regulation and Firm Size：FDA Impacts on Innovation. RAND Journal of Economics. 21，Winter，1990.

［113］R. D. Buzzell，B. T. Gale，and R. G. M. Sultan. Market Share；A Key to Profitability. Harvard Business Review. Jan-Feb 1975.

［114］G. Miller. Managerial Dilemmas：Political Leadership in Hierarchies. in Cook，K. S. And M. Levi，(eds.)，The Limits of Rationality，Chicago：University of Chicago Press. 1990.

［115］O. Williamson. Strategizing，Economizing and Economics Organization. Strategic Management Journal. 12，Winter 1991.

［116］ P. Milgrom，J. Roberts. Economics，Organization and Management. Englewood Cliffs. NJ：Prentice-Hall，1992.

［117］S. Grossman，O. Hart. The Costs and Benefits of Ownership：A Theory of Vertical and Lateral Integration. Journal of Political Economy. 94，1986.

［118］T. Muris ，D. Scheffman and P. Spiller. Strategy and Transaction Costs：The Organization of Distribution in the Carbonated Soft Drink Industry. Journal of Economics and Management Strategy. 1，Summer 1992.

［119］B. Klein. Vertical Integration as Organizational Ownership. Journal of Law，Economics，and Organization. 1988.

［120］T. Palay. Comparative Institutional Economics：The Governance of Rail Freight Contracting. Journal of Legal Studies. 13，1984.

［121］C. K. Prahald，R. A. Bettis. The Dominant Logic；A New Linkage Between Diversity and Performance. Strategic Management Journal. 7，1986.

［122］Y. Amihud，B. Lev. Risk Reduction as a Managerial Motive for Conglomerate Mergers. Bell Journal of Economics. 12，1981.

［123］A. Shleiferv，L. H. Summers. Breach of Trust in Hostile Takeovers. in Auerback，A. J. (ed.)，Corporate Takeovers：Causes and Consequences，Chicago：University of Chicago Press. 1988，chap. 3，pp. 33～68.

[124] R. Ndsborn , C. C. Baughn. Forms of Interorganizational Goverrnance formultinational Alliance. The Haworth Press inc. 1993

[125] C. C. Baughn, R. N. Osborn. The role of Technology in the Fornationand Form of Multinational Cooperative Arrangements. in F. R. Root, K. Visdtibhan International Strategic Management, Taylor &Francis New York Inc. 1992

图书在版编目（CIP）数据

企业战略管理/邹昭晞主编．—北京：中国人民大学出版社，2010
21 世纪远程教育精品教材·经济与管理系列
ISBN 978-7-300-12683-8

Ⅰ.①企…　Ⅱ.①邹…　Ⅲ.①企业管理-远距离教育-教材　Ⅳ.①F270

中国版本图书馆 CIP 数据核字（2010）第 174716 号

21 世纪远程教育精品教材·经济与管理系列
企业战略管理
主　编　邹昭晞

出版发行　中国人民大学出版社
社　　址　北京中关村大街 31 号　　　**邮政编码**　100080
电　　话　010－62511242（总编室）　　010－62511770（质管部）
　　　　　　010－82501766（邮购部）　　010－62514148（门市部）
　　　　　　010－62515195（发行公司）　　010－62515275（盗版举报）
网　　址　http://www.crup.com.cn
　　　　　　http://www.ttrnet.com(人大教研网)
经　　销　新华书店
印　　刷　北京七色印务有限公司
规　　格　185 mm×260 mm　16 开本　　　**版　　次**　2012 年 1 月第 1 版
印　　张　14.75　　　　　　　　　　　**印　　次**　2018 年 12 月第 7 次印刷
字　　数　352 000　　　　　　　　　　**定　　价**　28.00 元

教师信息反馈表

为了更好地为您服务，提高教学质量，中国人民大学出版社愿意为您提供全面的教学支持，期望与您建立更广泛的合作关系。请您填好下表后以电子邮件或信件的形式反馈给我们。

您使用过或正在使用的我社教材名称		版次	
您希望获得哪些相关教学资料			
您对本书的建议（可附页）			
您的姓名			
您所在的学校、院系			
您所讲授的课程名称			
学生人数			
您的联系地址			
邮政编码		联系电话	
电子邮件（必填）			
您是否为人大社教研网会员	□是 会员卡号：______ □不是，现在申请		
您在相关专业是否有主编或参编教材意向	□是 □否 □不一定		
您所希望参编或主编的教材的基本情况（包括内容、框架结构、特色等，可附页）			

我们的联系方式：北京市海淀区中关村大街31号

中国人民大学出版社教育分社

邮政编码：100080

电话：010-62515912

网址：http：//www.crup.com.cn/jiaoyu/

E-mail：jyfs_2007@126.com